U0678813

北洋风云人物

张宗昌

董　尧◎著

中国言实出版社

图书在版编目(CIP)数据

张宗昌 / 董尧著 . — 北京 : 中国言实出版社,
2015.10
　(北洋风云人物)
　ISBN 978-7-5171-1618-9

　Ⅰ . ①张… Ⅱ . ①董… Ⅲ . ①张宗昌（1881 ～ 1932）—
生平事迹 Ⅳ . ① K827=6

中国版本图书馆 CIP 数据核字（2015）第 247794 号

责任编辑　宫嫒嫒
责任校对　张国旗

出版发行　**中国言实出版社**
　　　　　地　址：北京市朝阳区北苑路180号加利大厦5号楼105室
　　　　　邮　编：100101
　　　　　编辑部：北京市海淀区北太平庄路甲1号
　　　　　邮　编：100088
　　　　　电　话：64924853（总编室）64924716（发行部）
　　　　　网　址：www.zgyscbs.cn
　　　　　E-mail：zgyscbs@263.net
经　　销　新华书店
印　　刷　北京温林源印刷有限公司
版　　次　2016年1月第1版　　2020年4月第3次印刷
规　　格　710毫米×1000毫米　1/16　17.25 印张
字　　数　283千字
定　　价　39.80元　　ISBN 978-7-5171-1618-9

目录

第一章
出远门，要说吉利话

春。大阵大阵的海风，从莱州湾吹过来，夹带着湿潮潮的水意，把掖县那片久不见雨的土地润得笑嘻嘻的，尽管那股海腥味令庄稼人皱眉，萎靡的麦苗还是焕发了精神。

各种树木的枝头都吐出了嫩芽——金黄的、碧翠的、赭黑的，还有毛茸茸粉白的。地面上，丛丛草芽破土而出，羞怩着，摇晃着身体。

庄稼人终于走出密封的草舍，伸伸腰臂，昂昂脸膛，迎着海风和阳光，深深地舒了一口气。祝家村就这样从冬眠中醒了。这是公元1904年。

二十三岁的张宗昌，曲着身子从低矮的茅屋里走出来，伸伸懒腰，把腰间长巾解开，掀开为结婚才穿上的新棉袄，让那副黝黑的胸膛去接受阳光，接受海风，去洗涤一冬天承受的浊气和污尘。然后，他又曲着身子从低矮的门洞走回屋里，摸起烟袋，吧嗒吧嗒地吸起掺着豆叶的老旱烟。缥缈的烟雾，令他心神极乱——

三年前，也是这样一个春天，已经在同乡呆村武荷钧黄酒馆当了四年小伙计的张宗昌，忽然回家来了。那时候的家，就只有这两间破草屋，四壁空空，墙角上的土坯支起的铁锅里，焦干冰凉；破床上席不成片，被子只是一把烂絮，除了冷飕飕的风之外，连只有气的老鼠也没有。家空了，母亲侯氏，凭着两只大脚板，东村下神，西村驱鬼，干了半辈子巫婆营生，还是没饭吃；一怒之下，改嫁到八里庄刘姓家去了。张宗昌成了没娘的孩子。老爹是个吹鼓手，四邻八村婚丧嫁娶他都捧着喇叭去吹一阵，平时还挑着担子串四乡剃头，虽有双套技术，还是清早顾不了晌午，只能自己饱一顿、饥一顿。后来，索性剃头挑子、喇叭都带上，像云游僧人一样四海为家去了。张宗昌连爹也没有了，只有破草屋。二十岁的男人，身子长得如树桩般高大，巴掌如蒲扇似的，两条长腿一步能跨一条河沟，饭量大得像头牛，在武家酒店当小伙计既不受喜欢，也填不饱肚子，他早该远走高飞了。可是又巧，做吹鼓手的他爹的师弟叫赵科谋的，又费尽周折在茔里村为他保了一家媒，把贾家一个女儿许他为妻了，他又恋着走不动了。那位未来的老岳父贾永泉却正儿八经地发了话：

"忠昌（张宗昌原名忠昌，还有个字叫效坤），我得把丑话说在前面，闺女是许给你哩，你得混个样儿出来。就这样家徒四壁，日无聊生，我可不答应哩。如今，咱胶东人不少下关东去了，我看呀，你也该去闯闯，说不定会寻出一条路，也是个出息。你看呢？"

老岳父指路了，张宗昌得吃馒头赌口气，一下狠心，下了关东。先在黑河淘金，后在宝局当镖手，又去吉林三道沟煤矿下井挖炭。汗流了不少，倒也混了几个钱，春天回来了，匆匆赶到茔里村，把两封银元朝贾永泉面前一放，笑嘻嘻地说："大爹，我回来哩。"

贾永泉搭眼望望银元，又瞅瞅穿上新装的张宗昌，陡然觉得他与三年前不一样了。心里乐，面带笑，口气也温和了：

"忠昌，我没说错吧，我知道你会在外闯个出息的嘛。"又说，"这三年，吃苦了吧？"

张宗昌咧开嘴"嘿嘿"两声，然后说：

"大爹，年轻人吃点苦算嘛？正如您老说的，吃得苦中苦，才能成人上人。忠昌就按老人您指点的路走，不怕苦哩！"贾永泉一听这话，心里乐了，忙安排家人准备饭菜，又说：

"忠昌，你既有这份心肚，说明你长大成人哩。成人哩，就得成家立业。这钱你拿去，收拾收拾草屋，添置点用物嘛的，请人望个吉日，我把闺女送过去，也少了一份心事。"

张宗昌要成家、有妻室了。忙对老岳父千恩万谢。不久，果然就与贾氏完了婚。

婚是结了，张宗昌手里的钱也用光了。再在家中蹲下去，吃穿用全没着落了。得走，再下关东，却又舍不得新婚娇妻。所以，此刻心里极乱。

吸着老旱烟，脑里打转转，那脸蛋也就渐渐地蒙上了一层阴云。

妻子贾氏比他小一岁，却也是一个机灵人。瞅着丈夫那脸蛋，心里也够焦急的。她慢步来到他面前，有些羞怩地说：

"不能总是发愁，愁坏了身子什么的，更难哩。不然，你再去关东。"

张宗昌仰脸望望妻子，没说话，只轻轻地叹了声气——一个穷光蛋，乍娶了妻室，热乎尚未热乎够，咋舍得远去？何况，下关东也不是一条宽敞之道，淘金、下煤窑都是脑袋系在腰带上的事，说把命丢了就丢了。妻子尚不理解这些，她只觉得穷家破屋，吃穿无望，再就是觉得男人不忍别去。又说：

"去吧，不去又能咋？你走了，我就回爹家，他还养得下我。你别挂心。混个三两年，好了，就回。"

张宗昌心里酸溜溜的：你说这算啥？娶了妻竟养不起，还算人？他想起了自己的这条苦命！娘改嫁之后，他十三岁便跟着父亲的喇叭班子敲钹。敲钹也得跟着节奏，有个"点"，老爹训导他许多遍，敲起来总是跟不上点。爹很生气，于是，腰间便装了一根木棍，他啥时敲走了点，爹便拿出木棍，照头便捧；后来跟随老爹摆摊剃头，实习了几个月，第一次给人洗头，还灌了人家两耳污水，气得老爹大骂：

"没用的东西，死笨猪，躺到树下让老鸹屙着屎喂你去吧，我养不起你哩，滚！"

让妻子跟爹生活也不是办法，何况一个出了嫁的女人。张宗昌没答应妻子的，只说：

"你干你的事去吧，容我想想看。"

张宗昌闷在家里，连连吸了几袋烟，门路未曾想出，倒是想起了村头上那座五道庙。他决定到那里去"请教"一番——

对于庙堂神鬼，张宗昌是从不放在心上，他不敬他们，也不骂他们；别人敬也好，骂也好，他一概不管。唯独村头那个五道庙，他却有点特殊意思，有事没有事，到里边转转；有时逢上香火，还丢几个铜板在里边。有人说，当年他的老娘侯氏装神弄鬼行巫时，就常常打着五道将军的旗号，并且表明五道将军就是她的前夫，常常梦见同五道将军睡在一个被窝里。这样，人传五道将军是张宗昌的亲爹。是不是这样？张宗昌没有点头承认，也没摇头否认。张宗昌在人前学舌般地赞扬五道将军，这却是事实。他说五道将军是东岳大帝的属神，是专司世人生死荣辱之职的。又说五道将军是阎罗王的兄弟，可以代表阎罗王决定人生死。所以，张宗昌想向五道将军求个签，问问关东去得去不得？

张宗昌在杂货铺里买了一炷香、两卷黄裱纸，又在一片汪塘里洗了洗手，这才匆匆朝五道庙走去。

五道庙，已经破烂不堪了，院墙没有院墙，房顶茅草多朽，三间庙堂两头全漏雨；五道将军的全身也朽得连体形、面貌都不成体统了；面前那个泥堆的香案上，蒙了厚厚的一层灰尘，一点余香气味也嗅不到了；半截竹筒中的一束竹签，也长短不齐。唯有五道将军那苍老的脸膛，还呈现着一派慈善眉目。张宗昌点上香，燃起黄裱纸，然后虔诚地跪下，祈祷了半天，立起身来，小心谨慎地从签筒中抽出一支竹签，细打量起来。

张宗昌在私塾里念过一年书，娘改嫁走的那年，他便辍学了，所以并不认识几个字。对着竹签端详了半天，还是认识不全。只好说：

"对不起哩，大将军，我得把签带走，请人看看意思，再送回来。"

张宗昌怀揣着竹签，来到一位学究家中，说明来意，拿出签来，又说："请老先生为我批解批解，明示个路子。"

那老先生戴起花镜，一边看签，一边暗想：这张忠昌可算得上村中的小痞子，鸡鸣狗盗的事都干过；关东闯了几年，表面老实点了，谁知骨子里如何？在村上也是个祸害，能远走高飞，倒是村中一件好事。于是，他把签朝桌上一放，笑了，说："好签，好签。上上签，上上签！"

"怎么说的？"张宗昌急着问。

老先生晃着脑袋，有声有韵地念道：

> 乌云遮月不久长，
> 桃红柳绿好风光。
> 鲲鹏展翅十万里，
> 驾雾腾云上天堂。

"要上天堂了，岂不是上上好的签。"老先生对张宗昌拱手以贺，又说，"只是么……"

听说要上天堂了，张宗昌惊喜万分，又见老先生把话题顿了一下，觉得有麻烦了，忙问：

"老先生，怎么样，还有灾难？"

老先生摇摇头，说：

"灾难倒不至于。这签上说'鲲鹏展翅十万里'，好像有点意思。"

"什么意思？"

"怕是说你的成功不在本地，得走出去，高飞。"

"对，对！"张宗昌说，"我正盘算着再下关东呢。"

"噢，我明白哩。"老先生说，"这签告诉你，走得越远，飞得越高，前程越大。我祝贺你了。到那一天，老朽还得讨你一杯喜酒呢！"

"一准哩，一准。"张宗昌收回签，一边往外走，一边说，"有朝一日我混个人模样哩，一定回咱祝家村来谢您老。"

张宗昌又回到五道庙，把竹签放进签筒里，伏身跪倒，拱起双手，面对五道将军泥胎，说道：

"多谢大将军指点哩，我明儿便下关东。此去若真出头，混出个人模狗样，我一定重修庙宇，再塑金身。"

拜完五道将军，回到自己草屋里，对贾氏说："定哩，定哩。我再下关东。"

听说丈夫真要走了，贾氏反而流泪了。

"你不是劝我出去么，为么又哭呀？哭我就不走哩。"

"不是不想让你走，是觉得你无法走。"贾氏说，"常言说得好，穷家富路。你瞧，咱屋里四个角空，拿啥给你当盘缠呢？打咱家到关东，隔着大海，千里迢迢，你可怎么走呀？"

张宗昌这才猛醒，是啊，路费还没着落，怎么动身？他皱起眉来。三年前，张宗昌第一次下关东时，是靠着同乡祝欣德的资助。到东北之后，淘了三个月的金才还清，还弄得两个人反目为仇。现在，求谁帮忙呢？张宗昌思来想去，也没个主张。他忽然想起当年跟老爹敲钹时认识的一个伙伴叫何付居的，听说这两年日子过得挺不错。他想念着当年喇叭老爹对他的情分，何付居不会拒绝他。于是，当日张宗昌就跑了九里路赶到何付居家——何村。张宗昌打听着家门，便径直走去。

"何大哥在家吗？"

　　何付居比张宗昌大两岁，但个子却矮了半尺，体形猴儿似的瘦，是个偷鸡摸狗的小能手。这两年，人大、胆也大了，伙着几个狐朋狗友干起"下夜"的勾当来了。昨夜掏了一个富户的窝子，白天躺在屋里正休息。听得人叫，先是打了个寒战，以为是"东窗事发"了呢。想想来人叫声"大哥"，心里才平静点。悄着手脚来到门边，趁着门缝儿往外瞅瞅，见是张宗昌，忙着双手拉开了门，张开双臂扑过去，嘴里唏嘘着笑起来。

　　"爹哎，嘛风把你吹来哩？上年听人说你在三道沟挖煤死在坑里了，早天又听说你阔了来家娶女人哩。咋又想起老哥我哩？快进屋，快进屋。"

　　张宗昌跟着何付居走进屋，见小木床上只有一条被子，全屋里没一件女人的用品，知道他还是光棍一条，便说："何大哥，听说你发了，嘛，咋还是木棒一条？"

　　"我不喜欢女人。"何付居说，"女人都是累货，要吃要穿，生了孩子，还得替她养。孤身一条多好，一人吃饱了全家不饿，有钱了想干么事干么事，多自在！"

　　"总得有个家嘛的呀！"

　　"要家干啥？不要。"何付居说，"没事你不上门，找我么事？你只管说。我能办的，立马办成；我办不了的，你走你的路。"

　　人爽爽快快，话也爽爽快快。张宗昌也是这个急性子，开门见山地说："兄弟混迫哩。在家娶了女人，身上光哩。想下关东，少盘缠。为这，来找哥。看在老爹份上，拉兄弟一把，兄弟活翻了，本利一起还；若是不看在老爹份上，不愿拉兄弟，兄弟转脸就走。"

　　"嘛，你勒索我？"何付居把脸一放，说，"堂堂三尺汉子，下关东要路费，凭这，孬种一个！嘛？一路上打打劫劫，还怕没钱花，我不信！"何付居就地转了个圈，叹声气，又说："兄弟，你想的也有理，你是办大事的人，不能走一路卖一路。打家劫舍是小人物干的小打小敲，你不干也好。要多少钱，只管说，别老爹不老爹的，拉大旗当虎皮。当初跟老爹学吹喇叭，蒙老人家关爱，我不会忘。可是，这不关你屁事。老爹死了，我跟你也是朋友，还能说嘛？"

　　张宗昌咧着大嘴笑了。"大哥说得在理，兄弟混蛋。"张宗昌说了个想借的钱数，又咧着嘴笑笑。

　　何付居皱着眉想想，说：

"打咱掖县到关东，这个数紧打紧。可是，你不同我，光杆一条，一走了之。你家里还有个熊女人，你总不能把人家丢下不管。这样，我再给加一翻，这一翻是留给女人过日子用的。"

张宗昌拱起手，又咧着嘴笑。

"多谢大哥，还是大哥想得周到。"

"你别高兴得太早，"何付居说，"我手中眼下分文没有。你得给我三天的空子。"

"你又得去动手？"

"你说的嘛话？不动手还有人送上门来？别看一些家伙富得流油，你不动手，他分文也不舍给你。"

"这么说，大哥有难哩。兄弟我就不借了吧，再想别的办法。"

"你怕嘛？又不要你动手。"何付居说着，把嘴贴在张宗昌耳上，压低声音说："昨儿一个'踩窝子'弟兄回报，前村汪家又接了几十亩地约，钱全准备好，咱们拿他几个用用还不行？汪家也不是好东西，大儿子当县官，刮地皮能手，咱得刮他。你走吧，三天后我送上门。"张宗昌走了。

学了两年吹鼓手的何付居，虽然也会了几套喇叭牌子，总觉得来钱太慢，索性丢下不干了，便和几个狐朋狗友一道，干起梁上君子的勾当。只是，他们绝不惹平民百姓，下手的，都是大富、大官，富而不仁、官而带霸的主，并且有时还周济穷人。所以，地方百姓对他们不仅不反对，有时还护着三分。那天晚上，何付居找到几位兄弟，说明"是为一位穷兄弟下关东弄盘缠"，希望大家出把力。几位兄弟也乐意，第二天晚上就下了手。

十分顺利，一举成功。端了汪家一只银罐，留下一张"借条"，借条表明：

> 兄弟闯关东无路费，只好暂借。来日运好发了，本利都还。若
> 兄弟混落蛋了，对不起，该你倒霉。

第二天一大早，何付居便揣着劫来的银元来到祝家村，交给张宗昌，并且说：

"兄弟，我不给你送行了，祝你一路顺风。在关东混个人模狗样的，别忘了这弟兄；若是碰上野猫死在深山老林里，也别怪大哥不收你的尸！"说罢，便抽身不见踪影了。

　　有了路费，又有了安家的钱，张宗昌给妻子作一些安排，又到岳丈贾永泉家里告了别，这才定下动身日期。动身前，贾永泉带了一壶酒来为女婿送行，说了一串祝福的话。张宗昌捧起杯，送到老泰山面前，竟也说出几句正儿八经的话：

　　"老爹，家下拜托你了，吃住您得多关照，她手中有几个钱，不多，省着花。我到关东混个三五年，好了便回来，和您老一起过日子。万一出了祸灾……"

　　贾永泉忙摇手阻止，说：

　　"出远门，要说吉利话。三五年后，我高搭彩棚迎你！"张宗昌也点头，说：

　　"到时候，我坐着八抬大轿到您老的门上磕头！"

第二章
天下没有干不成的事

哈尔滨郊野，一片荒山坡上，两间破草房中，六七个山东汉子正围着一堆柴火取暖。火苗不旺，木柴是新打来的，散发出浓烈的松香味。松香随着浓烟飘向草房外，飘向积着皑皑白雪的山顶。

这是张宗昌和他的同乡二下关东的第五天了，天寒地冻，金无法淘了；落了大雪，山被封了，木场也停止了伐木；荒山中几座小煤矿里早挤满了人。一切用得着劳力的地方都不再要人了，张宗昌他们坐吃山空，身上的盘缠也花光了，到明天，嘴便无处放了。怎么办？他们不得不共谋一条生路。

张宗昌算是这伙人的小首领，有几位第一次出来的，都是靠着他。他比别人着急。眉头锁了半天，他最先开了口：

"黑龙江的天，绝咱哩；黑龙江的人，也绝咱哩。没么办法，咱要把各人的百多斤都埋在这里哩。可怕哩！"他望望大伙儿，又说："难道咱非回山东不行吗？大伙儿说说。"

人群里有个叫程国瑞的，比张宗昌大两岁，处事也比较稳重。他一边在火苗上揉手，一边说：

"回山东，咋回？身无分文钱，冰天雪地，回家路上不是冻死，便是饿死。再说，回老家又咋办？回家这条路，不能走。"

张宗昌也明白，家不能回。他只是因为想不出出路才这么说。听了程国瑞的话，张宗昌点点头，还问："老家不能回，眼下难处这么大，咋办？大家都说说。"

谁说呢，说什么呢？老牛掉进枯井中，有力无处用，只有等死了，哪有可走的路？

张宗昌又抱了一捆松枝堆在火堆边，说：

"大家也别只管愁，办法是愁不出来的。现在，火烧眉毛哩，别的好办法全没哩，我有一个孬办法，如果大伙愿意，咱便走走看。"

"什么办法，快说说。"

"当年我在黑河边上淘金时，就曾结识过一些人，他们嘛事也不干，走哪吃哪，有香有辣，还有钱花，终天神仙一般，咱们不妨投他们去。"

"有这样的地方，他们是干么的？"有人问。

"干么的？"张宗昌说，"嘛也不干，打家劫舍，是胡匪。"

大家一听是胡匪，都瞪了眼——

胡匪，是北满地方上的一股武装强盗，打家劫舍，拦山剪径，或数人结帮，或数十人、数百人成伙；有时还打出官府的招牌，摊粮募捐，是东北人的一大祸害。这伙人多与流窜关东的无业痞子相结合。因为他们手里有武装，又处在深山老林里，官府拿他们也没有办法，对于一些成了气候的团伙，还常常以招安的办法，收归官军；也有一小股打劫暴富了之后，便洗手不干，携带金银转回老家。但是，这伙人的强盗名声却臭满关东，无论官民，都恨之入骨。张宗昌一见大家答应得并不爽快，心中不悦。

"嘛？胡匪当不得？那咱就只好等死哩。好吧，今把话说明：我领大伙儿闯关东，领进来了，就对得起你们哩；咋着混？各找门路吧。我自己走哩。"

张宗昌一要走，大伙儿慌了，其中多数人是第一次走出家门，钻进关东，两眼黑，没人领了，还不死路一条？于是，大伙儿齐站起，拦住张宗昌。还是程国瑞说了话："你着急嘛？大伙儿没说不干呀。只是，拉胡匪得有家伙，咱两手空空，凭么拉呀？"

张宗昌想想也对，没枪称什么胡匪。他眨着眼，想了一阵子，说："大伙儿既然没话说，我看这样，咱就不管什么名声哩，一锹动土，百锹埋人，咱们就先放响它一炮！"于是，他说出了自己的"办法"。

大伙听了，齐点头。"好，只有先这么走了。"

松嫩平原的初春之夜，来得特别早，太阳坠入大兴安岭的群山之后，片刻，便四野漆黑了。

哈尔滨北郊，离城市大约十五公里的一个小镇上，有一家很像样的钟表店，是俄国人伊万诺夫夫妇开的。他们卖俄国钟表，赚了中国人大把大把的银元，在镇上造起了楼房，买了枪支，雇了保镖，不仅地方人士对他极其敬畏，连官府也不得不高看几分。那一日，太阳刚落山，伊万诺夫就叫伙计把门关上了。

"今天天冷，大家早早休息去吧。"

伙计们各自回了家，两位保镖也上了炮楼。店主人给炮楼上送来半瓶酒——他不许他们多喝酒，说酒喝多了误事——交代了几句守护注意事项，便下楼去了。两个保镖喝完了酒，商定一个守上半夜、一个到下半夜轮班，然后便各行其是了。

大约二更天的时候，那个站岗的保镖听得楼后有"嚓喇嚓喇"的响声。刚想转身探视，早从窗洞处窜进一条大汉来。此人行动敏捷，一个箭步便搂住了保镖的脖子，另一只手把利刃伸到其面前，说："不许声张，听我的！"

保镖立刻胆战心惊，连连点头。

穿窗而来的不速之客，便是张宗昌。随后跟上来的，是两个同伙。

张宗昌把保镖的枪支收下来，又叫醒了另一个保镖，这才发了话：

"老子是从黑河过来的，姓胡，懂吗？手头紧了，想请二位老大帮咱一把。二位明白点，够奔头了，俺就走人，怎么样？"

一个保镖说：

"胡大爷，您听我说，小人只管守户，钱财全在老毛子手里，小人实在没办法。"

"那好，不难为你们，你领我们去找老毛子好了。"

保镖不敢怠慢，只好下楼去喊店主人的门。

俄国人机灵，半夜里听得保镖叫门，知道凶多吉少，便大声说："胡闹，胡闹！夜半三更叫我，还懂礼貌吗？滚开！有什么事情明天再说。"

保镖的腰间有张宗昌的刀顶着，不敢动，只得又说："伊万老爷，事太急了。您开开门再说。请您开门！"

"滚！远远地滚开！"

张宗昌一见俄国人顽抗了，十分气恼，把保镖交给一个兄弟看守，又从正门喊进三个人来，一阵敲打，便把伊万的房门砸开了。他领着人闯进去，摸到床上，不容分说便动起刀来。眨眼工夫，这两个俄国人便成了刀下鬼。

人，杀死了，张宗昌点着火把，前台后柜，钟表、金钱，抢了个光，然后扬长而去。

钱有了，抢来的钟表又变卖掉了，张宗昌一伙有精神了，觉得当土匪比干什么都好，于是，拿出钱买了枪支，便流落北满，真正做起胡匪来。

也该着张宗昌时来运转，钻入北满之后，连连顺手，几个大窝子都是他们端的。这在那些乌合之众的胡匪中，便意外地树起了威信。胡匪中有些山东人，也慕名向他送好，想同他合伙。张宗昌来者不拒，并且把所有抢劫一律均分。不久，张宗昌便成了北满胡匪中影响颇大的人物。于是，他找了一片隐蔽的地方，建立了根据地，抽空练起兵来。

北满的胡匪，多以打家劫舍为业，劫来财物，分光花光，今日有酒今日醉。张宗昌却颇有点心计，打打劫劫闹了两年多，身边人多、钱多、枪法、马技也都娴熟了，他倒另打起了算盘。一天深夜，他把程国瑞拉到一个山坡上，单独对他说：

"程大哥，我想跟你商量个事，你愿意听吗？"

"么事？你说吧。"程国瑞说。

"北满虽好，不是咱的根。"张宗昌说，"胡匪虽强，也不是咱的业。我想咱得另打主意，改弦更张。"

"咋改？"

"两条路。"张宗昌说，"咱腰里都有存了，要么，从今洗手不干，回咱掖县，各人守着老婆、孩子去过日子；要么，找个机缘，投靠官府，干他个光明正大的，说不定还会混个前程。打家劫舍不是咱的祖业，咱也不能传给子孙。你说哩？"

程国瑞他们，老辈虽穷，却都是正经人家，当土匪，也是无路可走才为之。听了张宗昌的话，觉得有理。便说：

"我也想哩，北满不是咱久留之地；打家劫舍也不是长久办法。你想得对，咱得寻退路，早打算。"

"这么说，你跟俺想到一个窝子上去了。好，咱们退。"

程国瑞倒是多了一个心眼，胡匪中，虽然多是亡命之徒，但也有他们的亡命义气。靠张宗昌的胡匪多了，有些人便常谈"生死与共"和"叛变共诛"的话。现在，正是匪气兴旺时，无论朝哪里退，都有极大危险，弄不好，会发生火并。胡匪中虽有些山东人，北满人还是占多数，弄起事来，走也走不利索。于是，他说：

"这事只有你知我知，咱们放在心里认真想想，有了十全的办法再动，免得出意外。"

张宗昌点头同意。

就在张宗昌思索退路的时候，在海参崴的华商总会出了一个大案件：商会警察队队长孙经利带领全队士官抢了银库潜逃了，并且带走了全队长短枪支。商会报请政府，政府差兵缉拿，缉拿无着，悬重金通缉。

得到这个消息，张宗昌欣喜万分，他对程国瑞说：

"程大哥，咱们出头之日到了……"他把上述案件说了一遍，又说，"我估计，孙经利准和咱们一样，拉起胡匪哩。我来帮官府破这个案。"

程国瑞一听，心里很不是滋味。他皱着眉头想：孙经利反叛了，肯定商会对不起他；孙经利拉了胡匪，又肯定有他不得已处。帮着官兵灭同类，会遭世人唾骂。想着，他不安地说：

"为拿赏金，去干这种事，不值得。我不能答应。要干你自己干，我回山东。"

"么，你当我出卖同伙？"

"这样做就是出卖同伙。"

"屁！"张宗昌腾地跳起来，"我让官兵动不了孙经利一个毫毛，就把案子息了！"

"怎么息？"程国瑞不相信。

"我自有办法！"

"还是为了拿赏金。"

"不！"张宗昌坚定地说，"是为孙经利免灾。"

"我不信。"

"你陪我去试试，达不到这个目的，咱说嘛也不干！行不行？"

"试试吧。"

在胡匪中混两年多了，胡匪的内情张宗昌了如指掌。最近，大兴安岭深山里忽然从天降下一支同伙，有钱有枪，他估计十有八九是孙经利一伙。要不，枪、钱都有了，肯定自己的窝子扎得很牢，为什么还跑到深山老林里来？这队人马和官府通缉的相差不多，肯定是他们。张宗昌领着程国瑞扎进了深山老林里。经过两天的打听问寻，终于打听到了这帮人的下落，他们便直奔孙经利的营盘而去。在入山口处，即被岗哨拦住。

张宗昌对着持枪的岗哨说：

"嘛？不欢迎。知道我是谁吗？"

"凭你是谁，概不欢迎。"

"说出名字，怕吓崩了你的狗魂！"张宗昌摆牌子了，"告诉您大当家的，就说我张宗昌来拜，看他敢不出来迎接！"

岗哨听说他是张宗昌，心里一惊，但又不相信，便说："既然你是张大当家的，你就知道进山的规矩。委屈一下，如何？"

张宗昌眯起眼睛，打量他一阵，说：

"嗯，像个溜子样儿，懂点行当。"说着，便主动掀开自己的衣服，"瞧瞧，带没带家伙？不信，再搜搜。"

岗哨真的下手摸摸，然后，扯起长长的腔调，"嗯——"了一声。张宗昌朝程国瑞示意一下，两人各自从衣袋里拿出黑布巾，把自己眼睛蒙上，才说：

"怎么样，可以进家了吧？"

岗哨吹了两声口哨，又过来两个哨兵，才领着张宗昌进山。大约走了半个时辰，哨兵让张宗昌他们站住，又从脸上揭下黑巾，才说："请二位稍等，我去禀报一下。"

张宗昌揉揉眼，这才认真打量一下。原来这是深山老林中的一座破庙，跟他老家五道庙一样破，只是多了左右两个厢房；由于四周全是高大树木，这庙显得阴森了许多。

正在张宗昌对破庙打量的时候，正房里走出一个黑大个儿，蓬头垢面，满腮黑乎乎的胡须，一件黑长衫披在身上。距张宗昌五步远，停住脚步，勾着眼睛望了望，问："哪位是张宗昌？"

张宗昌往前跨了一步，冷冷地笑了：

"哼，我以为孙经利是一条好汉哩，原来还是这般熊样！告辞了。"

"你……"黑大个儿一惊。

张宗昌只转了身，并未走，又说：

"我是按规矩进来的。凭这一点，得算你的客人。瞧你那熊样，是迎客人吗？你绑票哩！"黑大个儿笑了。

"果然是一条山东好汉，请！"说着，朝旁边一闪，拱起了双手。张宗昌笑了，说："这还差不多！"

进了庙堂，围着土台子坐下，黑大个儿又拱起双手，说：

"久闻张大当家的大名，落脚之后便想去拜，只是官府这一方……"

"这么说，你真是孙经利，孙队长了？"

"在下孙经利，但已不是队长了。张大当家的突然光临，不知有何见教？"

"你怕哩？"张宗昌摇摇头，说，"莫怕。我不想收编你，也不想入你的伙。我是解救你来哩。"

孙经利刚刚露笑的脸膛，"唰——"地又寒下来，说："是不是奉官府之命，来劝降的？"

"屁，官府算熊！"张宗昌说，"你既到深山老林里来了，咱们是同伙，管咋说，我比你早来两年，有责任保你安然无事。劝嘛降？"

孙经利抢商会，当了胡匪，来到深山里，心里总不扎实；听到官府已通缉在案，更是有些不安。听得张宗昌这么一说，心里有些动，忙说：

"二位进山一定辛苦了，我摆酒为二位洗尘，咱们边喝边谈如何？"说着，便命人摆上酒来。

酒过三巡，张宗昌说明了此来的想法：

"孙大当家，你别误会，我张宗昌谁的命也不奉。你丢掉官差不当，跑进深山老林里，我佩服你，你是一条汉子。因为抢了银库、携出枪支，商会恼哩，报给官府，才出了今天这局面。管怎说，官府是咱的对头，势力比咱强，能相安无事，算烧高香了；真弄得出动大兵追呀，剿呀！也怪心烦的。我做梦哩，想了一个折衷的调解办法，特跑来找你。"

"张大当家的，在下先领你的这份情，还请把话说明，咱好商量。"张宗昌捧起一杯酒，把杯举到孙经利面前，说：

"伙计，不就是几支枪、几两银子么，咱哪里弄不到。还给他，求个平安，如何？"

孙经利也端起酒杯。

"祸已经惹下了，只怕不是几支枪、几两银子的事。"

"嘛？杀人不过头点地！咱这样做了，他们不答应，咱就不鸟他们蛋了，看他能咋？"

"张大当家能够从中协调，我等乐意。"

"好，痛快。"张宗昌仰脸喝尽了自己的酒，又说，"我试试看。不过，我也不想太刻薄咱们自己。枪拣好的，留几支；花去的银子钱，咱也不再补。还有，官方不明白先让步，不撤了通缉令，咱也不放鹰，如何？"

"好，痛快。我等你的吉音！"孙经利仰脸喝尽了自己的酒。

张宗昌只身来到海参崴，当他只身坐在华商总会会客厅、面对那个趾高气扬的会长时，他没一点乞求的婢态，他只说了一段话：

"孙经利敢这样走，你得相信他有胆量。有胆量的人，没么事干不成，你想镇压，是压不下去的。我把你失去的东西给你找回来，面子就足哩。再说，事情弄僵了，孙经利狗急跳墙，杀了你，你又会咋？"

商会长寒着脸膛，想了半天，深深地叹声气，终于点点头，说："好吧，谈谈条件吧。"

"没有过高要求，官府撤销通缉，你们不再追究，就行哩。"

"那么奖赏呢？"

"这个？"张宗昌笑了，"你以为我是为奖赏才干这事？错了。我一分一文也不要，我可以出字据给你。"

商会长一见张宗昌如此大方，马上转变了对胡匪形象的认识，说："不为奖赏，你为什么呢？"

"为的是大家都有安全日子过。如今天下够乱哩，冤家宜解不宜结。说到底，我是为你安全着想哩。"

"那么，我可以向你提个要求吗？"商会长十分诚恳。

"请说。"

"我的警察队队长和警察全没有了，我想请你当我的警察队队长，由你组织警察队，可以吗？"

张宗昌原想就是这个结局，但他还是说："看看这件事你办得利索不利索。你办好了，我就可以答应；办得不好，我还自由自在的，何必受你管？"

"好，咱们一言为定。请你看事实。"

第三章
他可投到真主了

满身匪气的张宗昌，摇身一变，竟成了华商总会的警察队队长，在东北边城海参崴竟然耀武扬威起来。于是，这片地方上的嫖客、赌徒、老海鬼以及妓院、赌场、烟馆，无人、无处不把他当爷侍奉；流氓、地痞、土霸，也都向他送情。由于张宗昌是胡匪出身，深谙匪盗行踪及手段，打着官方的旗号，也办了几件漂亮的缉案。于是，他便成了这片地方上的神奇人物，在邻近的俄国警察中也有许多头面人物跟他交朋友。

就在张宗昌发迹东北的时候，中国发生了一件惊天动地的大事——中国资产阶级民主主义革命武昌起义爆发了！这场革命，它不仅震撼着中国两千多年的封建君主专制制度，使民主共和的观念深入人心，而且唤醒中国一切有识之士都来重新思索自己的命运与国家前途的关联，而后决定去从。

消息传到海参崴，张宗昌脑门子一下热了起来，他买了一坛老酒，包了几包卤肉，把程国瑞等几位老乡拉到一个密室，一边大吃大喝，一边谈起武昌革命来了。

张宗昌这帮穷兄弟，早已变了模样，不仅人人有钱了，还都有一帮小武装，说起话来，气自然也粗了。张宗昌依然是他们的首领，他仰脸喝了一海碗酒，一边抹着嘴角，一边说："弟兄们，咱们的好运气来哩，祝贺吧！又升官发财哩。"

程国瑞愈显得老练了，他端着酒不喝，笑得也不开心，他倒是泼起冷水来了：

"咱们运气已经不赖了，说下关东便到关东了；说拉杆子当胡匪便当得惊天动地；现在又是堂堂的官府队伍。咱们业已从洼湖底爬到高山顶了。没风没火，安安生生地在山顶混几年吧；若是再动，一定是朝下坡、朝湖底走的。"

"你为么扫兴？"张宗昌说，"你不了解天下大事。乱哩！知道武昌吧？"

程国瑞摇摇头问："武昌在哪？"

"我也不知道。"张宗昌说，"不知道武昌在哪不要紧，得知道武昌发生大事哩！"

"么事？"

"革命哩！"

"革命，啥玩意？"

"推翻大清王朝，再建一个新朝。"

"建一个么朝？"

"我知道建么朝？"张宗昌生气地喝了半碗酒，又说，"改朝换代就比不改好。赶上改朝换代的人就好运气，只要伸头，就是开国元勋！像刘邦身边的萧何，朱洪武身边的刘伯温，连卖狗肉的樊哙都被封了大将！"这是张宗昌小时候听评书听到的，没有忘。可是，樊哙是谁的大将？他分不清。他觉得这番话已经搜肠刮肚了，大伙儿准能五体投地。但他抬眼对大家望望，却见大家不大动神，只呆呆地瞪眼。他知道自己的话没起到作用。他只"咳——"了一声，又去喝酒。

程国瑞怕扫了张宗昌的兴，忙端起碗来，说：

"咱不懂的事太多了，别打破沙锅问（璺）到底哩，你说咋干？咱跟着你。别说武昌，就算六昌、七昌、八昌，咱都去。来，干一碗！"大家也都举起碗，齐声说：

"对，你上山，咱跟你上山；你下海，咱跟你下海。死不二心！"

张宗昌笑了："哪里、哪里事哩。我得打听准，能去咱再去；不能去，拴也拴不去咱。"

张宗昌是个不安分的人，也是个不满足的人，他觉得自己会闯出名堂来：这么阔大的天地，我不信混不出一个人模狗样！

他终于摸清楚了武昌发生的是怎样一件事了。他叹息了：革命党是个什么党，孙中山有多少人马？他能推倒大清王朝吗？他想起了往天听故事听到的造反不成被杀头的事：乖乖，跟革命党走了，万一革命党败了，我不得成了反叛吗，那是全家遭斩、户灭九族的大罪！得小心，看看再说。

然而，武昌起义那场革命，毕竟怒潮般地冲击着中国大地上所有的灵魂，何去何从？人们都在为自己做着抉择。张宗昌沉默不住了，他想到那个潮流中去试试。他忽然想起了一个人——张作霖。他张作霖也是拉杆子出身，钻进二道沟永不出来，到今，还不是土匪？看人家，闯出来了，只几天，已经混个师长当了！不闯咋行？

张作霖是东北的一个人物，早几天，奉天总督府奉北京政府陆军部的命令，授他为陆军中将，任命他为二十七师师长，宣扬得全东北都知道了。张宗昌想：他张作霖也是一个头，两只胳臂，没比谁多长一个蛋！他能当师长，我就不能？他有那个命，我就没有？我不信。我看我就不比他差哪里。干，我得干大的！决心下定了，武昌的事也弄明白了，张宗昌决定南下。他盘算一下，自己手里只有一营兵，一营兵南下，有困难。莫说到南方投不了革命党，就是这条南下的路，也很难走通——我要有一团人，什么困难也没了。他皱着眉，苦思两天，还是想起了深山老林中的两位朋友：一位是从商会拉走的孙经利，一位是在哈尔滨郊区结识的胡匪刘大胆。眼下这两人手下都有一帮人马——把他们拉过来，军威便会大震！

张宗昌只身离开海参崴，先找到孙经利，孙经利对他极冷——因为张宗昌骗他交出武器后，他自己却当上了商会警察队队长，他认为张宗昌不够朋友——只说"自己不想再入官场，对官场不感兴趣"，便把张宗昌推走。张宗昌走后，孙经利冲着他的背影大骂：

"孬种，卖友求荣。还想拉我上当，我不干！有一天，我还得好好摆治你一番。"

张宗昌只好去见刘大胆。

那是一片深山窝穴，张宗昌被领到刘大胆面前时。刘大胆正为几个匪徒出手不慎、落入官府发愁，一见张宗昌来了，忙说："张警察队长，你是不是奉命来抓我的？"

"你咋啦？"

"几个兄弟犯事了。"

"哪帮人干的？"

"官府。"

"噢！"张宗昌笑了笑，"你以为我是奉官府命来的？我是奉我张宗昌的命来的。"

"找我啥事？说吧。"

"帮你把几个出事的弟兄要出来。"

"你有办法？"

"么，不相信俺老张？"

"我只怕有碍你前程。"

"么前程？芥末般的小前程，还吸着我的魂了？不知哪一天，我不得回深山。能救弟兄时，我不会袖手旁观的。"

"我先谢谢张大哥。"

"谢么，我有事正想求你帮一膀子呢。"

"说吧，要脑袋，我有一个；要人马，我有一队，全归你。"

"让你说中了，"张宗昌把要扩大队伍南下的事说了一遍，又说，"我同南方联络好了，人马一到，我当团长，你当团副，正儿八经的革命军。怎么样？"

刘大胆听说过革命军，只是南方北方相隔遥远，没放在心上。今天说要去投革命军了，一时不知去从？所以，只皱着眉，不说话。张宗昌以为他惦记着几个被抓的弟兄呢，便说："你放心，要干也得把咱弟兄救出来，一起干。"

"能这样更好，我也算对得起弟兄们了。"

两天之后，张宗昌果然从官府把刘大胆的几个弟兄送回来。刘大胆不食言，拉着人马归了张宗昌。

1912年，张宗昌把队伍拉出来，到了辽宁的海边，又抓了一艘官船，漂洋过海，来到了上海，投靠上光复军的江苏陆军第三师，弄了个骑兵团的团长，在上海落了脚。

世纪之初的大上海，灯红酒绿，群魔乱舞。连东洋人、西洋人也赶来上海刮阴风，点鬼火。黄浦江畔这座新兴城市，早已折腾得乌烟瘴气，人鬼难分。

张宗昌手下有队伍，腰包里有银元，一入上海，便如鱼得水，何况他在海参崴早已混熟了妓院、赌场和烟馆，到上海不久，他便成了这些场所有头有脸的人物。那时候，革命军尚不成大气候，辛亥起义之后又展开了南北和谈，各方军政人物都插足上海。于是，争风吃醋、争权夺利的大小纠纷此起彼伏，浑水摸鱼的人渐渐多了起来。张宗昌的顶头上司是沪军督都、革命党人陈其美，这也是一个难走顺道的人物，一心抓兵、抓钱，不管下属好坏。张宗昌也就更放肆地作为了。

那一天，他忽然想起了曾经睡过两夜的外滩名妓花四宝——那可是一个挺喜欢人的小妮，长得窈窈窕窕，脸蛋粉里透红，小嘴又甜，说起话来，铜铃一般；笑起来，腮起波。张宗昌第一次遇她就出了天价。

"小乖乖，我把你这个金身买下了，你可不许惹我生气哟。"

花四宝伏在张宗昌怀里，娇滴滴地说：

"四宝是张大爷的人了，什么客都不再接。只怕张大爷心不一。"

"你放心，大爷永远是你的靠山。"

山盟海誓了，张宗昌也就放心了。不想，今日张宗昌一进门，鸨儿便告诉他"四儿屋里有人了"。

张宗昌立即大怒："是么狗东西，敢占四儿？"

"是一位老爷。"鸨儿说。

"什么龟老爷，老子问他手里有多少银子？敢往这里闯。"

"张老爷，可别说这个话了。"鸨儿说，"这位老爷穷得快吸不起老旱烟了，他来了，茶还得我奉献，分文也不给。"

"他凭什么敢这样？"

"张老爷，您不知道，他是冯督军冯国璋大人手下的一个宪兵司令，权大着呢！"

"你说是陈调元陈雪暄吗？"

"可不？是他！"鸨儿说，"上海人谁不怕他！"

"我就不怕他！"张宗昌肚皮一挺，"看我如何教训他，叫他永远不敢再来！"

张宗昌把武装带紧了紧，又摸了摸腰间的快慢机匣子枪，"蹬蹬蹬"地走上楼去。"姓陈的，你胆子不小，敢占我的'包房'！出来出来，老子给你算账！"

宪兵司令、地头蛇陈调元何曾遇见过敢在他面前如此放肆的人？

"唰——"从腰间摸出手枪，"呼啦——"推开了房门。"何处来的狗杂种，敢在这里撒野？"

张宗昌一见陈调元摸出枪，要拼了，也从腰间拔出枪。

"老子张宗昌，来上海后还没碰上对手哩，看我咋样收拾你！"

陈调元一听是张宗昌，心里"腾——"一下子。他早听说过，有一个叫张宗昌的关东大盗，领着人马来上海投靠光复军了，光复军给他个骑兵团长当。此人在关东早有"混世魔王"之称，无恶不作，是个亡命之徒。陈调元想，不能跟他拼，在妓院里拼死不值得。他把手枪往腰间一插，笑了。

"我说是谁呢，原来是张团长！久仰了，久仰了。早想登门拜访，今日竟这样相会了，也算缘分吧。"说着，用手指着方桌边的太师椅子，"张团长，请坐！"

张宗昌愣了：

"你知道俺，你要拜访俺？"

"大名远扬的张效坤，'天下谁人不识君'！我正准备在上海大码头上组织一场欢迎大会，为你接风呢！"

尽管陈调元说的是一溜假话，张宗昌心里却热辣辣的——一个土匪出身的兵痞，人家没有骂他，他就念佛了。上海滩一个宪兵司令要为他"接风"，光这话，就值千金！至于被占去宠妓，他早丢到脑后去了。张宗昌把枪插进腰里，拱起双手，笑了：

"'大水冲了龙王庙——一家人不认一家人'哩！陈司令，宗昌粗鲁，撞了您的好事，请您原谅。"

"哪里，哪里。"陈调元也顺水推舟，"雪暄不知四儿是张团长的尤物，知道了，无论如何也不敢如此非分。还得请张团长原谅呢！"

"不打不相交。今日起，算我认识陈司令哩，也算咱有缘。宗昌，我就有话直说了吧。刚才听鸨儿说，司令是个穷官。官穷了十有八九是清官，我佩服您，敬仰您！论钱，您比我强，我是个江洋大盗！陈司令，我的钱来得不干净，不说帮您捧个钱场。您不是喜欢四儿么，好，我让给您，明儿我出钱给她赎身，您就收她为妾好了，也算我的一份见面礼吧！"

陈调元哪是什么清官，只是尚未得手而已。初见张宗昌，又是化干戈为玉帛，更蒙让爱，早已五体投地，急忙站起身来，双手拱起，又作揖又敬礼，连连说道：

"生我者，父母也；知我者，效坤也！承蒙厚爱，永世不忘！"

革命党和以袁世凯为代表的北洋旧军阀，总是合不到一起去，从南到北、从东到西，又和谈、又打仗，谈谈打打，打打谈谈。到了公元1913年中期，二次革命爆发了，张宗昌的光复团便奉命去打驻在徐州的两江总督、江北镇守使张勋和江苏督军、江淮宣抚使冯国璋。殊不知，张宗昌根本不是北洋军的对手。二郎山一战，张宗昌兵败山倒，自己的胳臂也受了重伤。退到隐蔽地方，守着残兵仔细想想，他恍然大悟："光复军不是北洋军的对手，还是北洋军势力大。"于是，他领着残部投到了冯国璋名下。冯国璋在他的行营里招见张宗昌时，张宗昌泪流满面地说：

"冯督军，我可投到真主哩！张宗昌有生之年，都交给您哩！"冯国璋淡淡地笑着，说：

"我们也欢迎你。会走路的话，你的路很宽呢，今后看你的。"不久，冯国璋便派人给张宗昌送来可观的一笔经费，并答应给他留个旅长的缺，但有一个任务：要他除掉陈其美。

接受任务之后，张宗昌犹豫了。想想当初他两眼一抹黑地来到上海，投到陈其美名下，陈其美没有歧视他，当即便给了他个团长，使他在十里洋行的上海滩上，风光至极。投靠冯国璋，叛了陈其美，也未曾听到陈有什么指责。现在，怎么好去暗杀他呢？张宗昌讲起了江湖义气，他不想干对不起人的勾当。可是，张宗昌毕竟是有野心的，他不满足团长这个位子，冯国璋许他一个旅长，他垂涎了，他想得到这个位子。他告诫自己：赌场上还父子不让呢，官场上讲不得仁义。你讲仁义了，么官也到不了手，一生也别想向上爬了。张宗昌又看看钱，觉得也够花一阵的。冯督军够朋友！我不能负了这个上司朋友。

张宗昌选派了几个精干的弟兄，每人给了大数目的金钱。同样答应"事办成了，每人升三级"，把杀陈的任务交代下去了。又说："只许办成，不许办坏！办成了，奖。办不成，杀！"

重赏之下，必有勇夫！张宗昌派往上海的人，果然不负所望，一周不出，即将陈其美暗杀了。

冯国璋不食前言，陈其美死后不久，张宗昌便升任旅长，后来又改任军官教育团监理，再后来，他当了陆军暂编第一师的师长。

官大兵多了，张宗昌真的人模狗样了，一边收拢文武助手，装模作样地训练军队，一边"积极、认真"地向冯国璋请命，"愿为国家效力"。

这几年，冯国璋的日子也不顺畅。他是北洋武备学堂出身的，早时协助袁世凯办北洋军。辛亥革命之后，被清政府任命为第一军总统，率领北洋军到湖北镇压革命。1913年国民党发动讨袁战争时，冯奉命攻下南京，任了江苏都督。袁世凯死后，北洋军分了家，他成了直系军阀的首领。皖系军阀段祺瑞控制了北洋军阀政府，冯又和湖北督军王占元、江西督军李纯联合反段。1916年冯国璋当选为副总统，现在又为代理总统，冯国璋知道反对他的人不少，他想多派心腹分占各地，以巩固地位，自然想起了张宗昌。他把张宗昌叫到跟前，对他说："效坤呀！你每每请命，我总想派个有你用武的地方。现在决定了，你带着队伍把江西省占下来吧，将来也是咱的一片根据地。"

张宗昌正想占一片地方为王呢，忙说："请总统放心，我一定抓牢江西。"

张宗昌率领他的陆军暂编第一师，开往江西。

第四章
俺得来给大帅拜寿

混战中的军阀，无不视地盘如命！

张宗昌是打出"援湘"的旗号率军去江西的。可是，兵到宜春，他便驻足不前了。

江西督军陈光远，同样是个地盘欲极强的人，一见张宗昌率师占下宜春，便把眉头皱起来："张效坤，不怀好意。"

陈光远想用兵把他赶出去，但又觉得出师无名。现在正是集中兵力对付革命党之时，湘战正急，出兵内讧，显然是不行的。

陈光远想借故收编张宗昌的队伍，但也觉得不行。张宗昌是受陆军部调遣的，陈光远一个督军无权收编他。

陈光远不安了，自己的床前边躺着个陌生大汉，他怎么能心安？陈光远手下有能人，他们终于商定了驱赶张宗昌的办法……张宗昌兵临宜春，"援湘"任务算是完成了。他命令军队，加固阵地防务，接管地方政权，做好长期驻屯、练兵打算；他邀约社会人士，探索四周形势。忙活了好多天，才抽出空去作"官场"上的拜客。他带领三五随员，先去南昌拜访督军陈光远。

张宗昌到南昌时，陈光远不仅把迎宾楼准备好，连陪员、宴会和游程都安排好了，并且一再表示："效坤将军临赣，江西父老倍感荣幸，我们停办一切，以上宾待之。"于是，从张宗昌踏上南昌的第一分钟起，陈光远便与他形影不离，从宴会厅到戏院，由戏院到风景区，不是山，便是水；深夜之后，还送来南昌名妓"侍候"，弄得张宗昌昏昏然然，再不思蜀，一再对陈光远表示感谢。

就在南昌花天酒地、莺歌燕舞的时候，陈光远派他的弟弟陈光逵率领一队人马，携带大批银元到了宜春，一边拉拢张的高级军官，一边煽动张的士兵闹饷。几天工夫，宜春便乱哄哄的了。陈光逵以"平乱"为借口，将张宗昌的行营包围缴了械，随后，又将他的队伍收编。当张宗昌在南昌大梦方醒时，城头早已换了大王旗，就连他从关东带来的亲兵，也都易主重归他人了。

陈光远顿时变了脸膛，下了一道逐客令，张宗昌光杆一人逃出了江西。此时，冯国璋已死，张宗昌靠山已倒，兵无一员，彻底混光蛋了。

张宗昌从江西跑到北京，在天不收、地不留的情况下，他跑到紫禁城外的护城河边，真想一头扎进水里去，了却此生——到今天，我混成什么熊样了，哪里还有脸见人？他走到河边正想寻个"吉地"往河里跳时，一只青蛙突然从他脚下蹿出，连蹦带跳，扎进水中逃命去了。张宗昌心里一动：这样的小东西还贪生，我堂堂五尺汉子，也曾领过千军万马，难道就被一泡尿憋死了吗？死了算熊？狗都不吃。不死。我得活下去！我不信俺张宗昌就不能东山再起？找一个墙角坐下来，拿出烟来，大口大口地喷起云雾来。车到山前必有路！

几袋烟过去，张宗昌灵感急闪，他竟想起了一件事，他"腾"地站起来，一拍屁股，笑了：对哩，陆军部还欠我一个月的军饷，我得找他们去讨债！

原来在张宗昌率军南下时，他就该去陆军部领这个月军饷。可他竟做梦"军饷到江西去筹"，这份饷留作后备呢。也许是天遂人愿，张宗昌留下一个月的薪饷，不想眨眼便成了他的救命绳。他拍拍脑袋，自言自语："哎哟，怪不得狡兔都有三个家，人不留后手是不行哩。"

张宗昌匆匆忙忙跑进陆军部，竟意外地顺利，一个月的军饷领出来了，总共二十几万银元。张宗昌笑了：俺回掖县哩，买上几百亩田，我的几辈孙子都够受用的哩。管他谁争谁斗，狗咬驴还是驴咬狗，俺张宗昌不问哩！他把银票揣在怀里，真想回山东。

张宗昌混军营几年，早已对土地失去了素有的感情，但他毕竟是从垄沟里长大的，身上还有一点泥土味，于是瞬间产生了恋土之情。可是，他经受不住官场的诱惑，这决定了他的命运。他很快就放弃了购置田产的想法——儿孙自有儿孙的命运，我管这么多事？我不会永远爬不起来的，我要找门路，东山再起！

张宗昌在北京办理军饷时，结识了一个叫许琨的人。此时，许琨正任着直鲁豫巡阅使曹锟漕河军官教育团的教官。在张宗昌孑然一身的时候，有个朋友能谈谈心，自然是件好事。张宗昌去找许琨。

"星门，"他呼着许琨的雅号，说："你是知道的，我手里有二十几万大洋，可我，却是一个光杆司令，这二十几万咋用？我难哩。请你帮着出个主意。"

许琨皱了一阵子眉，还是反问他一句："你有什么打算呢？"

"我——！"张宗昌说，"先想到的，是想回掖县买地，过好日子。"

"不错呀！该这么想。"

"我自己把这想法勾销了。"

"为什么？"

"不为么。"张宗昌摇摇头，"张宗昌老祖爷只有二三亩薄田，我不敢欺祖。我还是想拿这些钱去拉队伍。"

"还想当师长？"

"心里不服气。"

许琨也狠狠地摇头道：

"自己去再拉一个师，不容易！"

"你说我就再也起不来了？"

"不是。"许琨说，"但是，重新拉队伍不是个办法。"

"你有办法？"

"我得想想。"许琨眯起眼，思索好大一阵子，说，"我倒真有个办法，不知你听不听？"

"你说说。"

……许琨把自己的想法对张宗昌细说了一遍，张宗昌没有点头，也没有摇头，只是微闭双目在思索。

许琨又说："我这是个意见，你也不必马上定局，你细想想，想准了再说。"

张宗昌叹了声，说："别想了，你的意见对，只有拿二十万元大洋去买了。"

直隶，保定。

直鲁豫巡阅使曹锟的衙门外，车水马龙，鼓乐喧天。几个身着长衫、外罩马褂的差役，点头哈腰，满面带笑，迎接一群群盛装艳服的男男女女；几个穿着便装的武士，双手背剪，瞪着饿狗寻食的眼睛，迈着八字步，游神般地晃动。衙门显得既庄严威武，又阴森可怕。

突然，车马群中出现一个不军不民、浪浪荡荡的大个儿，此人约莫三十七八岁的年纪，脸膛宽大黝黑，光着脑袋，短装束腰，足上却穿着一双到膝盖的黑色马靴，脸仰上天，迈开八字步，大大咧咧地朝衙门直闯。

"站住！什么人？"守门武士用大枪挡住了高个儿。

高个儿立住脚，勾起浓黑的大眼睛，朝门卫打量了一下，冷哈哈地笑了。

"什么人，俺是什么人还用得着你来盘查？"说着，又迈着脚步往里走。

一个武士，箭步来到他身后，轻盈地拉了个架势，上搭手，下抬脚，企图玩他个狗晒蛋。不料，那个高个儿只轻轻地一甩手，"啪——！"那武士便被摔出三尺之外，随之，发出一声尖叫："娘呀！"

几个武士一见同伙被打了，一拥而上，将那汉子团团围住，一个个摩拳擦掌。

"嘛？是想打架，还是想抢劫？"只见那汉子两条腿一站，脖子一提，树桩般地竖在那里。"不是俺吹牛，你们这一套，全是老子娃娃时代耍的把戏！莫说你们几个，去，再喊十个、二十个来吧，老子用两只手，不是好汉！想不想试试？"

一个身着长衫、脸膛白皙的人走过来，笑咧咧地说："尊家别生气，今天是老爷五十五岁大寿，来者都是客，下人如此无礼，真有点对不住。敢问……"

"嗯，这还有点像人说话。"那人活动了一下双腿，又甩了甩袖子，才说，"请传一下，就说俺山东掖县张宗昌来给大帅拜寿了！"

那人一听来人是张宗昌，心中一怔，定睛一看，果然不一般，忙说："请，请！先请客厅落座，我这就去向老爷禀报。"

张宗昌随着那人走进小客厅，不用招呼便径自坐下。白皙脸膛为他端来香茶，这才急忙走进后院大厅向曹锟作了禀报。

直鲁豫巡阅使曹锟，刚刚坐上直系军阀第一把交椅，正是春风得意之时，故而利用五十五岁做寿之机，想显显威风，借以笼络势力。可是，他一听张宗昌来了，脸膛便有点冷——

曹锟也是冯国璋手下的得力大将，他听冯国璋说过张宗昌此人，但又想：张宗昌？张宗昌不是到江西去援湘去了吗，听说被陈光远打得一败涂地，只身跑到北京来了。今天到这里来干什么？

"来人。"曹锟锁了锁眉，叫来一个贴身的随员，对他说，"张宗昌无家可归了，趁着我大喜的日子，准是来打抽丰的。那好，你拿几两银子给他，就说我今天太忙，没工夫见他。"随员答应着，转身要走。

参谋长熊炳琦在一旁说了话。"大帅，不可这样。那张宗昌毕竟是做过暂编师长的，今天落魄了，正怕人瞧不起他，大帅能够以礼相待，不仅为自己留后路，更有益于大帅的名声！依我之见，隆重接待张宗昌。"

曹锟虽然身居巡阅使高位，其人却草包得很，基本上保持着年轻时在津沽地区贩卖土布的水平。但有一点，沽名钓誉的本领大了许多。一听参谋长说厚待一个落魄的师长有利声望，马上变了脸膛。"对对对，参谋长的话对。"曹锟说，"请，请！快请张师长！"

张宗昌被盛情请到大客厅。

张宗昌不认识曹锟，在大厅门口见一个穿长衫马褂、留着八字胡的人，他还以为是个招待呢，便不答话，直往里闯。

那穿长衫的正是曹锟。张宗昌刚跨上台阶，他便拱手相迎："效坤师长，大驾光临寒舍，仲珊（曹锟，字仲珊）蓬荜生辉。只是迎接来迟，还望海涵。"

张宗昌明白了，他便是曹锟，心里"噔——"了一下：名声不低，原来就是这个熊样！但还是笑笑，先拱手，然后恭恭敬敬地鞠了个躬，才说：

"祝大帅长寿无疆！"

曹锟走上去，紧紧握着张宗昌的手，肩并肩走进大客厅。

大客厅里，高朋满座。曹锟正想把这位素昧平生且又落了魄的客人介绍给各位时，不想那张宗昌早已向满座的客人拱起双手，挺起脖儿，报起家门来了：

"俺，山东掖县张宗昌，如今落魄哩。听到大帅做寿，俺想哩，都是行伍出身，和尚不亲帽子亲，俺得来给大帅祝寿！"转过身来，又对曹锟说："曹大帅，眼下俺手里穷，没厚礼，千里送鹅毛，表表俺的心意吧。一点点，您千万千万别嫌礼薄呀！"

说着，张宗昌便向自己短上衣怀里去摸。结果，摸出一个灰污污的布包；又把手插进布包里，摸半天，拿出一件东西，朝桌上一放。

这一放，竟惊呆了四座！原来是一只金光灿灿的纯金金仙寿星！正在大家目瞪口呆之际，张宗昌又连声说："不成敬意，不成敬意！"

这么说着，把手伸进布包里摸一阵子，又拿出一只金仙寿星，金光灿灿！

又一只，又一只，又一只……

张宗昌一气从布包里摸出八只纯金铸的金仙寿星。八只金仙寿星，光闪闪、金灿灿，把整个大厅照耀得光芒四射！

大客里骚动了，无论是长衫老朽，还是戎装官僚，无不目不转睛，惊口难闭——如此重的寿礼，没有一个人能相比！

——曹锟心绪很乱：他知道张宗昌是土匪出身，生怕张宗昌牵连着他什么。冯国璋器重张宗昌时，他就曾劝过冯，让冯"远他一点"。今天，张宗昌刚入大客厅，就表明他和曹锟"和尚不亲帽子亲"，曹锟老大地不愉快：什么"帽子"亲，我和你戴过同样的帽子吗？混说！他正想寻个机会澄清这句话。当他看到张宗昌拿出第一只金仙寿星时，心情就轻松了些：难为他了，没几万大洋，做不出这寿星！当他望见面前一溜排放着八只同样的寿星时，他的眼花了，脑门热了，心跳更快了：厚礼，厚礼！少说也得二十几万大洋！他马上想起他的家务总管、守财奴四弟曹锐，我做大寿，好说歹说，他才拿出十万大洋。这要比张宗昌的寿礼少一半还多呢！这么想着，不仅不厌烦张宗昌"帽子亲"的话了，反而觉得他真和张宗昌戴过同样的帽子，这帽子真亲着呢！

曹锟满面带笑，拱起双手向全客厅里的客人连连致意，然后来到张宗昌面前，拉着他的手，大声说：

"效坤弟，"——他刚刚还假惺惺地称他"效坤师长"，现在称"弟"了——"你这样做，大哥我就生气了。许多天来，我多次派人到京中找你，就是不见。我多想委你重任、助我一臂！还想等我喜日子过了，抽出身来，亲自去京找你。大哥喜日子你来了，我万分高兴；带此厚礼却惹我生气哟！"

——张宗昌此行，便是许琨——许星门那一日为他出的主意。当时，许琨对张宗昌说：

"这年头，有土地、钱财全没有用，不用说什么大兵了，来股野兵都会弄得你倾家荡产，说不定连小命也得搭上。千万千万不能买田地！"

"那买么呢？"张宗昌问。

"买枪，买兵，拉队伍！"

"我也想了，只怕名不正、言不顺。"许琨拍着脑门想想，说，"有办法了，有办法了。"

"么办法？说说。"

"曹锟最近要在保定做寿。"许琨是曹锟的部下，深知曹锟的举止。"曹锟又新任直系首领，直系势力独霸京津。投上他的门子，大小占个位置，骑着马找马，滚雪球般地翻腾，我看，要不了多久，就会兵强马壮！"

张宗昌想想，觉得这主意好，便说："得投多少本呢？"

"多多益善！"许琨说，"曹锟是个见钱眼红的人。钱多了，眼红得重；红重了，就会迷。我看，二十几万全拼上。"

"全拼上？"张宗昌有点心疼。

"舍不出孩子捕不住狼！不就是一师兵的一月薪饷么，弄个师长当当，何止一月薪饷，何止二十几万……"

"好，二十几万全拼上！"这才有了今日。

张宗昌一见曹锟许愿了，知道与许琨合谋的目的将要达到了，他心里十分佩服许琨，觉得他肚里有墨水，虑事有谋略。他对曹锟说：

"大帅如此不忘效坤，效坤万分感激。今天，守着满堂名人，效坤说句心里话：我随大帅随定了！大帅用着效坤处，砍脑袋、开肚子，刀山火海，寒寒脸，是孬种！"

曹锟握着张宗昌的手，笑着点头，心中大有"相见恨晚"之感！

第五章

此处不留爷　爷就下关东

　　曹锟把张宗昌的八只金仙寿星收下之后，着实兴奋起来：张宗昌够朋友，如此慷慨，是一位大肚量汉子，能办成大事！他想用他，想给他高位。

　　天津武备学堂毕业的曹锟，经历了三十年的军营岁月，也实在是不容易，直到武昌起义，才混上个师长。起步艰难，发迹艰难，艰艰难难地有了今天——

　　曹锟的老家在天津大沽，老爹靠着为人排船养家糊口。排船是个苦行当，老爹不想让儿子继承这个行业。曹锟在家排行第三，生成膀大腰宽个儿高，老爹想让他成为一个好庄稼把式，去种田；可是，曹锟到田中就懒得弯腰。老爹让他去卖布，曹锟又好酒贪杯，常常醉卧街头，连布也被人偷去了。老爹便对他失去了信心，任他去游荡吧。结果，他投了淮军，竟从士兵小卒干起，混到今天成为一方霸主。他还想再往上爬，故而，才有了"天下人才为我用"的想法。张宗昌来得很及时。曹锟思索了两天，他把张宗昌找到面前，摆上酒菜，二人对饮起来。

　　"效坤，我本来想派你去一个重要地方，让你多管点军队。但又想想，觉得不妥……"

　　张宗昌一听这话，心中一冷：嘛？曹老三想甩我，想白吞我的金仙寿星？他对曹锟望了望，却没有开口，但突然锁起了眉头。曹锟看明白了。

"效坤哪，你不要误会，我没有别的意思。"曹锟又摇手，又晃头，"你是领过兵的人。领兵的学问可是三五九等。派你领别人的兵，那不是一件好事。弄不好，吃力不讨好。我想这样，早时，我从段祺瑞的边防军中收了一批枪械，算算数量，是够装备一师人马的。我想拨给你，你收拾收拾旧部，自己组织一个师，干自己的，岂不更好？"

一听这话，张宗昌一块石头落了地，并且对曹锟产生了感激之情：是的，我不能去带别人的队伍，别人的队伍不一定听我的，我得组织自己的兵。曹锟说的那批军械，张宗昌也相信，不久前结束的曹锟、段祺瑞"直皖大战"，段祺瑞是大败了，皖系的军队被直系打得落花流水，军械自然也都收回曹直了。所以，他认定曹锟说的是真心话。

"效坤感谢大帅厚爱。大帅的意思，俺打心里佩服。我去组织队伍，一定不辜负大帅对俺的厚爱。"

从曹锟的巡阅府出来，走回暂住的驿馆，张宗昌兴奋一阵子之后，突然又锁起眉来：乖乖，一师人马，到哪里去组织呢？到江西去找陈光远要，陈光远能还给我吗？到关东去收容胡匪，几年不得信了，胡匪还有多少？人家愿意来吗？再说，拉起一师人马，也不是短期能成之事，用泥捏，也需一些时日。张宗昌毕竟是光杆一个了，到什么地方去拉一师人？他心里没有底。

张宗昌坐在床上，拿出烟枪，勾着脑袋，一袋一袋接着吸起来。缕缕白云烟雾在他面前缭绕，聚聚散散，旋旋转转；谜团越旋转越大，以致小房子里很快浑浑浊浊，云山雾障了。

"这枪械暂时不能领，待我组织起人马再说。"张宗昌无可奈何地做了决定。夜长梦多！

天有不测风云！

就在张宗昌准备招兵买马之际，此事被曹锟属下一个能够左右形势的人物知道了，并且立即阻拦起来。他就是张宗昌的同乡、蓬莱人吴佩孚——吴子玉。

吴佩孚，秀才出身，有名的儒将，现任陆军三师师长，南下征伐护法军的前敌总指挥，是直系军阀中的二号人物。吴佩孚以儒将自居，从不与匪盗为伍，甚是歧视那些人。

吴佩孚得知曹锟要把一师军械交给张宗昌，立即拍案而起："胡闹！张宗昌什么人？张宗昌是土匪！拿武器给土匪，由他组织队伍？他组织的队伍，依然是土匪。我们怎么能与土匪为伍呢？"

吴佩孚派队伍把许给张宗昌的那批武器全部运走。然后，才将此事告诉曹锟。

曹锟没有办法，只好对这事支吾起来。

张宗昌无可奈何了，他拍着屁股，大骂吴佩孚：

"狗日的吴佩孚！有一天，我让你知道我'胡匪'的厉害！我准叫你无家可归，叫你死无地方埋！"

眼看着二十几万大洋打水漂了，张宗昌心疼呀！此事是许琨促成的，他去找许琨。

"星门，吴佩孚先下手哩，军械全运走不说，还骂了俺一通。俺这是为么？这是挖窟挖到牢里——自找罪受！他曹锟连屁也不放哩，俺得讨说法。"

许琨也正对此事着急。他觉得吴佩孚不该这样做。但是，他又有幻想，他觉得曹锟会想出另外的办法弥补。于是，他说：

"你别着急，我去见巡阅使，我想他会有其他办法。要不，他能安心么？"许琨去见曹锟了。曹锟把两手一摊，叹着气说：

"星门，你不是不知道，这军械上的事情，还得吴子玉说了算。当初，效坤能抓紧一点，及早把枪械运走，也没今天的这事了。"

曹锟不仅不另拿办法，还把此事归罪到张宗昌不积极、不认真上去了。许琨说：

"大帅，组织新的队伍，也不那么容易，何况张效坤在直隶这边又人地生疏？现在看来，重新拉队伍，有困难了，大帅是不是在军中给张效坤一点事做做，别管大小，有个位子，也好交代。"

曹锟沉默不语——原来吴佩孚运武器的时候，就曾对曹锟打过招呼，让他"千万千万不能收留张宗昌。那样，会坏了军队声誉的"。曹锟不敢做主了，才沉默不语——思索半天，才又说：

"张宗昌的名声太不好了，无论给他一个什么差事，军中会有人反对。"

"这么说……"许琨想讨说法了。

"星门，"曹锟急忙解释，"张效坤的厚礼，我会永怀不忘之情的。这样吧，在他无处可去期间，他就先在我家住下，日后瞅着机会了，我自然会提携他的。"

听曹锟这么一说，许琨心里凉了：曹仲珊把张宗昌当成讨饭的人了。人家八只金仙寿星，三五代人也够受用的，人家非在你家吃闲饭不可？他后悔了，他觉得自己把曹锟看错了；同时，也觉得张宗昌无希望了。

许琨匆匆走出巡阅使衙门，去见张宗昌，如实地把情况对他说了。

张宗昌跳了起来，他把帽子往地上一摔，拉开衣衿，喷着唾沫大骂：

"我操他曹锟的祖奶奶！有朝一日我有了人马，不挖他天津的祖坟我不姓张！"许琨也火上加油，他说：

"此地不养爷，自有养爷处！我就不信，辽阔的中国，就没有你立足的地方？要走便快走，不在这个无情无义的军阀手下。"

"我也走，陪着你走。"

"走，咱们一道走！"

话是这么说了，真的要走，张宗昌又有点意冷了。不到保定来，手中还有二十几万大洋，多少也是个本钱。如今，兵无兵、钱无钱，到哪里去呢？难道还回深山老林，再拉胡匪？想着想着，他心不由己地念叨起"关东，关东"来了。

这一念叨，竟开了许琨的眼界。他忙说："对，下关东！"

"你也同意我下关东？"

"当然同意。"许琨说，"日前你不是结识了张少帅张学良了么，我看那人是个正人君子，你可以去找他。"

许琨这么一说，张宗昌眼前一亮，忽然想起前几天的事——

在曹锟的大会客厅，当人们聚精会神地瞧那八只金仙寿星时，一个年轻的将军走到张宗昌面前，伸出双手，面带微笑，先喊了一声"张师长"，然后说：

"在下张学良，久仰阁下大名，今日此处相会，别是一番情谊。家父也常常称道你，说你勇敢、仗义。在你乐意的时候，欢迎张师长再去关东！"

张宗昌知道面前站着的是少帅张学良，也忙热情地说：

"张大帅是俺张效坤最敬仰的英雄之一，请少帅代俺向大帅问好，就说张效坤想他哩！有一天，俺一定到东北向大帅请安！"

"学良在奉天敬候张师长！"

……想到这次相聚相识，张宗昌觉得东北可以去。但又想：张学良对俺说了那么多好话，大约是对那八只纯金寿星来的吧？真去了，会不会像曹锟一样，也给条冷板凳坐。再想想，却又觉得张学良倒也真诚，谈吐不凡。况且自己又处在无处可归之际，最后下了决心："好，下关东！"许琨忙说："下关东，我陪你！"

张宗昌不辞而别，离开保定，和许琨一起，星夜赶往奉天。二人进了沈阳，先觅了一家客栈住下，然后便想方设法靠近张作霖，以求一见。

绿林出身的张作霖，当了二十七师师长不久，便任了奉天督军兼省长；从1918年起，又任了东三省巡阅使，成为正儿八经的奉系军阀首领。从此和皖系军阀段祺瑞、直系军阀曹锟形成三足鼎立之势，瓜分了中国。四十五岁的张作霖作为"东北王"之后，又萌生了入关、取中原的野心，便暗自收拢人才，扩大队伍。张宗昌来得正及时。

张作霖决定在新建成的督军府大客厅召见张宗昌，并派遣儿子张学良到客栈去接。

到奉天之后的张宗昌，心情十分矛盾，住定之后，躺到床上，他便胡思乱想起来：张作霖是从绿林来的，他不会歧视我这个胡匪，兴许念着"帽子亲"的份上，会给一条腾达之路让我走！下关东，张宗昌在很大成分上，是受了这种情绪的驱使。但是，他张宗昌毕竟是山穷水尽、光杆一条来奉天的，连送给曹锟的那份礼也拿不出了，张作霖倘若也是个见财眼才开的人，给我一顿闭门羹吃，那又怎么办呢？张宗昌翻来覆去，心神不定，又想同许琨商量，又不要把话说明。当他得知张作霖要接见他，并且派儿子来迎，他才急忙问许琨："星门，张作霖要见咱们了，你估计吉凶如何？"许琨知道，此刻张宗昌对在保定时遭受的打击记忆犹新，生怕重走覆辙，便抱着安慰的心情对他说：

"你放心，奉天不是保定，张作霖更不是曹锟、吴佩孚。"

"咱们毕竟是虎落平阳、兵钱两空哩！"

"这更可以验证他张作霖是英雄豪杰，还是孬种小人呢！"

"你说得对着哩。"张宗昌胆子壮了，"张作霖有眼光，热情待咱，咱就为他两肋插刀；张作霖对咱冷冷眼，咱转脸便走。"

"哪去？"许琨问。

"大不了重操旧业，还到深山老林里当胡匪！"

许琨笑了，说："莫说赌气话了，我想张作霖不会是那种小人的。"

"虎心隔毛翼，人心隔肚皮。兵多了、权大了的人，多半黑了心肠、死了魂。我得把孬心放到前边。"

"你打算怎么见张作霖？"

"我有我的打算，到时候你自然明白。"

这是一个春天。

奉天的新春，总是那么姗姗来迟，季节的"公文"早已下达了，老天还是瘦瘦的，一派寒冷压在大地上，连积雪也不消融；老树新树都沉沉酣睡，枝条铁一般不见生机；大街上行走的城里人、乡下人，还是棉袍毡帽，一张张嘴巴冒出淡淡的云雾。

张学良来请张宗昌的时候，张宗昌说："要见大帅了，一定得带点见面礼。"张学良笑了：

"家父不是做寿，而是迎接朋友。"

张宗昌也摇头笑了：

"俺张效坤连骨头加肉也不值八只金仙寿星哩，只有一根鹅毛！"张宗昌说话时从床上拉出礼物，竟是两只柳条儿编的挑筐。那编工也十分拙劣。此为何意？张学良、许琨都愕然不解。他们只好闷吞吞地带上。

车到督军府，张宗昌一手提一只挑筐，跟着张学良朝客厅走去。

张作霖正坐在客厅里等待。一见张宗昌这举止，进来了，心中一跳：张宗昌这是哪路的礼节？他眯着眼睛略加思索，明白了：嗯，好一份深情厚谊！想着，忙站起来，匆匆走出迎接。

张宗昌一见举动，便知出来的人是张作霖，忙把两挑筐放下，双手拱起，深深一揖，说：

"张效坤给张大帅请安哩！"

张作霖走上前，拉着张宗昌的手，仰起面来，哈哈笑着说：

"请安？那是慈禧老娘们他们王朝的行当，咱学他们干啥？让它跟着老娘们一起死了吧！咱学孙中山，拉拉手就行了。我让六子去接你，你不怪吧？"

张宗昌知道"六子"是张学良的乳名，张作霖不分场合，都这样叫他，便说：

"我和少帅算是老朋友了，他去迎我，正说明情深义重哩，高兴还来不及，有嘛怪！"

张作霖把张宗昌领进客厅，叙礼坐下，又说：

"六子说在保定认识你了，把你夸得像天神似的。我说：'那你不把张效坤拉到沈阳来？'六子说，你张效坤是曹老三的座上客，不能夺人之美，我想也是……"张宗昌笑了。

"大帅真会开玩笑，俺张宗昌在曹锟面前真够美的，美得跟屎壳郎差不多！"

"我知道有一天你会来。"

"啊——？"张宗昌有点惊。

"今天你不是来了么。"张作霖说，"来得很隆重：你给曹老三只带八只金仙寿星，却给我带来两只大筐！"

"大帅……"

张作霖忙摇手不让他说下去。

"效坤，你有心为我张雨亭的事业挑重担，而且是两只筐挑，我感谢你。但我也对你说句心里话：我给你一根桑木扁担，让你永远挑不断！"

张学良和许琨二人，这才明白张宗昌带筐来的意思。张学良想：张宗昌值得信赖！许琨想：张宗昌有胆有心，是个人物！

"效坤，"张作霖又说，"你和星门先歇几天，养养神，等我把'扁担'准备好了，再让六子去找你。"又转脸对张学良说："好好照顾好他们的生活，有空领他们城里城外看看。以后有事做了，说不定没时间看了。"

张学良答应着，和张宗昌一起走出来。

中原混战频仍之际，关东渐成一片安详之地，一些直系、皖系失意政客、军人纷纷来到奉天。张作霖来者不拒，一律盛情招待，安排位置。奉军尚不强大，一时间僧多粥少，张宗昌的位子便难得如意了。一个月后，张作霖只委张宗昌到宪兵营去当营长。听到委任，张宗昌又跳了起来：

"嘛？要我当营长！妈的，张作霖也不够朋友。我一个师长只领一营兵？去！"

许琨见张宗昌又想走，忙劝道：

"效坤兄，有收别嫌薄，有个营长当当总比坐冷板凳好，何况宪兵还是奉系的亲兵？靠张作霖近了，总有好处。再说，咱们同张作霖毕竟算萍水相逢，人家难免有点介心，给个宪兵营长，该算不错了。"

听了许琨的劝说，张宗昌细想想，觉得有道理。"对么，买个毛驴会不会拉磨，还得套上夹板试试呢！当营长就当营长，干给他们看看。"张宗昌在奉军当上了宪兵营的营长。

第六章
白卫军成了张宗昌的支柱

张作霖的东北三省，也不是铁板一块、和睦家庭，别人没有打进来之时，他们自己也打。就说这吉林省吧，在张作霖眼中，就是一片"心病"似的地方，朝思暮想地要"调理"他们。

原来，吉林省的督军孟恩远是袁世凯天津小站练兵起家的正统北洋系人物，和张作霖绿林系新北洋不是一家。这样一个人物在吉林，张作霖不放心。孟恩远的贴心军队是高士傧旅，高士傧又连连扩兵，这更引起张作霖心疑：高士傧是孟恩远的外甥，外甥扩兵，当然是护着他的老娘舅！思来想去，张作霖还是采取了措施，借故把孟恩远的督军给撤下来，换成自己人了。

孟恩远知道，这是张作霖挤他的。于是，把外甥拉到身边，对他说：

"士傧，红胡子（东北人称绿林强盗为红胡子）先下手了，来势很猛，先挤走我，再灭了你这支军队。你得有准备，要对付他呀！"高士傧有一旅精兵强将，他不买张作霖的账。他对老舅说："舅，你先挪个地方休息几天，等我教训了张作霖一顿之后，你再回来。"

孟恩远走了。

高士傧虽然是个飞扬跋扈、目空一切的人，可是，自知一旅兵马，不一定能稳住吉林一省的形势，何谈再去斗张作霖？思来想去，最后决定与在深山老林中的胡匪卢永贵的兵马联合，然后去打张作霖。

东三省的内战开始了，他们在吉林、辽宁毗连处拉开了战线。大战伊始，张作霖的队伍便节节败退，不仅吉林无他的地盘，本省奉天也危在旦夕了。

张作霖的重兵大多摆在长城线上，以防直皖劲敌入侵，吉林防务便无力支持。虽节节溃败，也不敢轻调长城之兵。在无兵可派之际，忽然想到张宗昌：对，张宗昌不是当过师长的么，让他率领队伍去支援吉林吧，再拨给他两百支打铅丸子的别烈弹枪，扩充点人马，也算一支不小的队伍了。

张作霖找到张宗昌，把吉林战况说明之后，便对他说：

"高士侯太不像话了，平平安安的日子不过，偏闹事，要造反。效坤，你知道的，我的注意力在长城，吉林的安危只有拜托你了。我们的生死存亡只在此一举了，拜托阁下，万望尽心尽力！"

张宗昌知道孟恩远、高士侯都是老北洋人，跟曹锟、吴佩孚一样是从小站出来的，心里恨他们，要报八只金仙寿星之仇。于是，便挺着肚皮说：

"请大帅放心，我一定马到成功！"

张宗昌把队伍整顿一下，又增了兵，便起程赴吉林。张作霖亲自赶来送行，握着张宗昌的手，说：

"效坤，我本该随你上前线，又怕长城有险，只好拜托你了。我在奉天敬候胜利喜讯。凯旋那一天，我到城外迎你。"

张宗昌也说：

"请大帅放心，不获全胜，决不收兵！"

张宗昌领着许琨和队伍，匆匆来到前沿，把队伍安排住下，派出哨兵前去打听敌情，自己便闷在屋里，思索"这个仗怎么打"了。江西一败，张宗昌学得精明了。他知道打仗不仅要拼武力，还要拼智谋；保定的冷遇使他又懂得了做人不能直来直去的道理。他开始动脑子想问题了，以师长的身份去当营长，按他的性子他是承受不了的。可是那一天，听了许琨的劝告，他便想：江西丢了兵，我又是穷光蛋了，就跟当年闯关东一样，淘金、挖煤窑全干过了，当营长得算上天堂哩，有什么掉价不掉价？人家张良、韩信当年不得志时，还下河为人家拾过鞋、钻过别人的裤裆哩，到后来不是被封为诸侯了吗！张宗昌还没有敢做诸侯梦，他只明白做事得动脑子，大丈夫得能长能短。张宗昌要在吉林这一仗中显显能耐——该用兵的用兵，该用计时用计，咋能胜咋干！

前哨探兵回来了，向他报告说，除了高士侯的官家兵以外，还有卢永贵的人。张宗昌问："卢永贵什么人？"

"是深山老林中过来的胡匪。"

"胡匪？"张宗昌心里一动。

"是的，是胡匪。"哨兵说，"高士傧答应他，仗打胜了，都给个官当当，还有赏钱。"

"好，歇歇之后，你再去打听。"

哨兵走了之后，张宗昌去找许琨。一照面他便乐哈哈地说："星门，星门，我们胜利哩，胜利哩！"

"仗还没打，你咋就知道胜利了？"

"不用动枪炮哩，我去收卢永贵的兵，缴卢永贵的家伙！"许琨摇着头，笑了。

"那个卢永贵，可是个亡命之徒，手下全是土匪，有重赏，命都不要。"

"土匪？嘿……"张宗昌摇着头笑了，"你瞧，我就是大土匪。当年在深山老林里，除了没断过皇杠，没日过娘娘，我可坏事干绝哩。这不，今天还成了你的朋友哩！"

许琨自知失言，尴尬地垂下头。

张宗昌拍着他的肩说：

"开个玩笑，别往心上放。明儿你看着队伍，按兵不动。凭多大的动静，不开火。我去走一趟再说。"

"哪去？"许琨问。

"去找卢永贵。"

"危险呀！要多带几个弟兄。"

"带弟兄干么，又不打仗。"

"防备点。"

"死不了！我活得仔细着呢。"

第二天，张宗昌换了装，打扮成一个闯关东的汉子，马褡子朝肩上一扛，大摇大摆地越过前沿阵地，朝敌营走去。

话还得朝远处说说，这并不是无巧不成书的故事，是真事。张宗昌是当过胡匪的，胡匪营中有许许多多是山东人，有的是他们一起出来的；有的是在当胡匪之前淘金、挖煤窑、修中东铁路时认识的；有的虽然不认识，凭着老乡关系，也觉着亲，何况他张宗昌还是个人物——扎进敌营，难道就找不到几个老乡，拉不出几个新朋友？就凭这，张宗昌才敢只身闯敌营。

　　混到敌区，张宗昌很快便打听出，胡匪中有个叫程玉山的团长，是黄县人，与他的老家掖县只有一河之隔。如今是卢永贵的劲旅，兵屯最前线。张宗昌下了决心："好，就找程玉山去！"张宗昌指着名字找程玉山，程玉山出来见他了。

　　"你找我？"程玉山望望他，不认识，"你打从么地方来？"

　　"这真叫'大水淹了龙王庙——一家人不认一家人'哩。"张宗昌走进营房，大大咧咧地坐下，拿出老旱烟袋，自装自燃自吸，吐出一阵烟雾，又说，"你不认识俺哩？你才当个团长，要是当个师长、军长嘛的，怕连山东、连老祖宗也不认哩！"

　　程玉山一听地地道道的老乡话，口气便缓了下来，忙问："请问，你是……"

　　"正要报家门呢！"张宗昌磕了磕烟袋，仰起脸，说，"俺，掖县祝家村，俺叫张宗昌！"

　　程玉山一听是张宗昌，神不自主地叫了起来：

　　"我的爷，你不是跟了张大帅了么，为么来这里？"

　　"正是跟了张大帅，"张宗昌说，"今天才到这里来。"

　　"么事？"

　　"来收拾你们的！"

　　"打仗哩？"

　　"最好不打。"

　　"你找我么事？"

　　"瞧你说的么话！"张宗昌笑了，"俺和你不是一块土上的人么。山东人打山东人，俺张宗昌不干。"

　　"你到底为么事来的？"

　　"来找你谈判。"张宗昌说，"打仗就得死人。你的人得死，俺的人也得死。最后，一胜一败。那样的话，还不如先谈判好哩。"

　　"咋谈？"程玉山问。

　　"看看还是俺投降你，还是你投降俺？"

　　"这……"程玉山没有思想准备，他不知道该对这位老乡敌人提出的问题如何回答，他皱起了眉。

"别皱眉哩，"张宗昌站起来，反客为主站在程玉山面前，说，"俺把话掀明吧，那个卢永贵不是个正派人，高士傧更不是个好东西，就那么几个兵，成不了大气候。东三省早早晚晚都得姓张，人家张作霖势力多大？卢永贵哪能斗过他，莫说高士傧，督军孟恩远怎么样？还不是卷着行李滚蛋了！再说，咱们也不能在关外久居。落叶归根，闯荡一阵子还不得回山东。咱在这里为他们拼什么命，你说呢？"

程玉山心动了。

——程玉山虽然当了胡匪的团长，自觉是乌合之众，没多大来去。胡匪再盛，没根没棵。老爹老娘都在山东，落叶归根得回到山东去，白山黑水再富庶，那不是他久留之地。程玉山站起身，拉着张宗昌的手，说：

"张大哥，你在这里多住一天，我把咱山东老乡全招来，你跟他们好好唠唠。我看，要走咱都走，都跟你，咋样？"

"行，行哩！我等你们。"

闯关东，拉胡匪，大多是因为穷，寻碗饭吃。凭着这条路升官发财的，没几个人。程玉山也是这样。张宗昌的名声在胡匪中很响，他们大多知道他是从胡匪中走向官场的。现在，张宗昌来动员他们了，大家谁还恋战，于是纷纷表示"愿随老乡归正"。程玉山对张宗昌说了，张宗昌接见了几个头头，具体商量了改编方法，头头们愿当官的都给官当当。这样，卢永贵的胡匪在一枪不响的情况下，十有八九归了张宗昌，剩下的也无法成军了，便跟着卢永贵逃回深山。卢永贵兵败了，高士傧独力不支，也趁着天黑逃走了。吉林境内，顿时风平浪静。

张宗昌有心计，借着收编胡匪的机会，扩大自己的队伍，一下子便大了三个团的兵力，他将亲信许琨、诸玉璞和一同闯关东的程国瑞分别任命为团长。一切都既成事实了，张宗昌才领着几个亲信到沈阳去报喜。

闻得张宗昌在吉林获得全胜，张作霖的心病全好了。他真的迎张宗昌到城外，并且在督军府门外高搭彩棚，为张宗昌庆功！当张作霖知道张宗昌是凭着智谋和勇敢说服胡匪归降的，便十分高兴地对他说：

"效坤，你是一个合格的将领，勇谋双全，你为奉军立了一大功，为东北三省老百姓立了一大功！"张宗昌把收的胡匪已经编成自己的队伍，有了三个团，再让他当营长是不行了。收回他的队伍，也不行。张作霖不得不给了个顺水人情，他在欢迎大会上说："张宗昌指挥有方，作战勇敢，现在升任他为吉林省省防军第三旅旅长，兼任绥宁镇守使，驻兵吉林！"

张宗昌由营长到旅长，连升三级，十分得意，便走到张作霖面前，挺着肚皮表示：

"张效坤感谢大帅提拔重用之恩！张效坤手下的这支部队永远忠于张大帅，像狗一样为大帅守好家，护好土！永不变心！"

张宗昌屯兵吉林欣喜了一阵之后，觉得张作霖玩他了，急忙把许琨等人找到面前，说：

"我们驻兵吉林上当哩，得找张大帅算账去。"

"上什么当了？"大家问。

张宗昌拿出一把奉天币，说：

"咱们驻吉林，军饷却是由奉天发来。一元奉票只当八角银元用；到了吉林，奉票只当八角用，三折五扣，咱们咋吃饭呀？"

大家听了这个账，再看看现实生活，确实觉得有点上当。但是，都觉得不能去闹，奉天的票子到吉林贬值，张作霖也没有办法；要他增发军饷，提高军饷标准，这事也一时办不到。许琨说：

"旅长，别去闹。咱们自己想想，看看有没有别的办法可以弥补？"

"有嘛办法？"张宗昌说，"钱是硬东西，咱们又不能去抢。我看，难哩。"

褚玉璞也说："张大帅也有张大帅的难处，人马发展那么快，库里银钱又不多。他虽然是三省巡阅使了，黑龙江、吉林两省还是不亲，奉票在吉林贬值就是一例。俗话说得好，'旱不死的葱，饿不死的兵'，咱们想想门路怎么样？"

听了大家的劝说，张宗昌想想也有道理，便说：

"那好吧，大家都想想门路，能不让老天饿死就行。"

兵荒马乱，战事频仍，有什么办法好呢？商贾也都断了路，生意买卖都不行。走投无路了，张宗昌想起当年在荒野中附带干的勾当——种植鸦片烟。于是，他安排了一队人马，在辖区一片僻静处，种起大烟来。用这个办法，确实解决了好大的困难，使他能够在吉林立住脚了。

中国乱，外国也乱。

中国的北邻——苏联，也是内战连起的地方。一批仇视新生的苏维埃政权的人，以沙俄反动军官为主，组织了一支白卫军，靠着外国武装的支持，与孟什维克、社会革命党人勾结在一起，发动了一场企图推翻苏维埃政权的国内战争。虽然一度盘踞了顿河、库班、乌克兰、白俄罗斯、高加索、土尔克斯坦和西伯利亚等重要农业区和边疆地，最后，还是被红军彻底消灭了。

白卫军在苏联没有立足之地了，活动在西伯利亚的一伙人，便偷偷地跑到了中国的东北。

白卫军是被赶到中国来的，中国没有人管他们吃喝，他们的日子困难了。

来到吉林五站的白卫军达一万多人，枪马甚多。这支败军的司令是涅洽叶夫，他不忍这支部队被冻饿而死，便想把部队交给中国军队，派人来见张宗昌。张宗昌早在北满铁路学过几句俄国话，交谈起来倍觉亲切。涅洽叶夫说："我的军队没有地盘了，到中国来避难，回国无期，都交给贵军如何？"张宗昌问他：

"你们有多少人和枪，还有别的要求吗？"

"没有别的要求了，只求你收下他们。"涅洽叶夫说，"我的队伍共有一万人，有步枪八千支，机关枪五十多挺，陆用大炮十八门，还有铁甲车，都随军队给你们。只求你们收编他们，养活他们。他们都是勇敢的战士！"

一听说白卫军有万把人，几千支枪，张宗昌脑门一下子热了：当初我有这帮人，看他吴佩孚敢收我的武器？又想：张作霖手下那群老小，至今还在瞧不起我，还不是因为我的兵不强，马不壮。我有了这批白俄，看谁还敢小看我？

"好吧，我收下你们了。"张宗昌说，"你告诉你的部队，从今以后，要听我的指挥。"

"听你的指挥，没有问题。"涅洽叶夫说，"为了把这支军队指挥好，我留下我的副将米诺夫做你的顾问，可以吗？"张宗昌连连点头：

"可以，可以。欢迎、欢迎！"

有了这批白卫军，张宗昌一下子膨胀起来，他把其中有技术的人组成工兵队，把铁甲车开上铁路，把炮兵编成队列纳入铁甲车。从此，他开创了中国军队铁甲车炮兵的历史。势力范围也渐渐从吉林扩大到黑龙江，扩大到东北三省。至此，张作霖才不得不把他当成自己人。张宗昌总算有了立脚点。

第七章
该咒骂正规练兵

白山黑水之间的气候，总是变幻无常，乍晴的天，忽然就刮起风来：漫天扯地，上翻下卷，从城市刮到乡村，又从乡村刮到城市！

这风也怪，没有树木的地方，它便匆匆而过；有树木的地方，它竟盘盘旋旋，缠绕不脱，连枝加蔓，都给卷得摇摇晃晃。

奉天城里，靠新建成的督军衙门不远处，有一片空旷的地带，那里长着老少三代树木。大风初起的时候，由于四周有房屋，尚不见枝蔓惊动；风卷了，风急了，几株高大的老树便醉了，便疯了，发出呼啸，甩开膀子，呼呀呼，啦呀啦！先是把那些三心二意的叶子扔了出去，继而把那些生命力弱的枝条扔出去；再呼啦下去，竟连根拔起，让整棵树匍匐着躺在地上！

大树被刮倒了，风也小了，只在天空中呼啸着示威！那片空旷的广场上，只剩下几株弱小的树苗，天空更显得空旷了！倒下的大树——独自在那里抽泣着。

一连刮了几天的被黎民百姓称作"龙卷"的风，终于在大树倒下之后渐停了。东三省巡阅使张作霖揉揉疲惫的双眼，望望又是湛蓝的天空，伸了伸懒腰，竟张开大口骂起天来：

"他妈拉个巴子，不想过你塌下来不好么？把所有的生灵都压死，散熊！发什么疯，没日没夜地刮风！"他望望院子中的落叶和尘土，又叹息着自言自语："该飞的飞走了，该留的留下了，这都是天意。"

总参议杨宇霆匆匆忙忙走来了。张作霖抬头望见他，忙说：

"麟阁（杨宇霆，字麟阁），这两天也不见你了，哪去啦？"杨宇霆淡淡地笑着说：

"几件小事缠着，说来看您，直拖到今天。大帅还好吗？"

"好，好着呢。"张作霖说，"几天的大风，刮得人魂都飞了。"

"该刮风时必然刮风，该下雨时必然下雨。这都是老天的事，人问不了。"杨宇霆说，"人只需问人该问的事就行了。"

张作霖听着他阴阳怪气的话，知道他还是有情绪的，忙用话岔开，说："有件急事，我正想跟你商量。你来了，很好，谈谈吧。"

"我来也有急事，想向您报告。"

"好，好，想到一个点子上去了。"

二人回到大厅，对面坐下，这才谈起来——

比张作霖小八岁的杨宇霆，奉天法库人，算是张作霖的同乡。早年毕业于日本士官学校炮兵科，回国后，历任奉天军械局局长，张作霖做二十七师师长时，他任参谋长，成了张的股肱；张作霖做督军时，杨仍是参谋长，凭着同张的关系密切，挪用了大批军款，被免了职。从此，他对张心怀不满，认为张不保他。直到张任巡阅使时，才重新用他，作了巡阅使署的总参议，二人才算释疑，杨宇霆也决心为张的统治出一把力。

"最近，吉林的事你知道吗？"张作霖问杨宇霆，"我听了不少风言风语。"

"我也正为此事而来。"杨宇霆说，"大帅，张宗昌不应该拥有这样大的一支军队。危险呀！"

张作霖心里一跳，他没想到总参议会如此激动。这些日子以来，他耳朵里业经灌满了关于张宗昌的事，说他擅自招兵，扩充队伍，军纪极差；又通胡匪，又抢地盘，还种大烟。

"麟阁，张效坤的为人，我是了解的。当初到奉天，我只给他一个营长，你明白我的用意。后来，吉林一战，他确实有功劳。难道说咱把他俘获的兵马也要回来吗？那是不行的。只好让他当旅长了。至于他收白卫军，这也是天意，老毛子白俄不争气，竟被赶了出来。他们既然来到中国了，收下反而比不收好。不收也不能把他们饿死，更要防止他们投靠革命党。收下了，可以为咱所用……"听到张作霖为张宗昌摆功，杨宇霆心里很沉，忙插话说：

"张宗昌的兵马散乱得很，纪律更差……"他本来还想说"土匪气味依然浓重，总忘不了抢抢夺夺"。可是一想，张作霖也是土匪出身，不能对着和尚骂秃驴，便改了话题，"听说张宗昌在五站还种植了大面积鸦片烟，这就更不像话了，军队种鸦片，成何体统！"

张作霖说："你想怎么办呢？"

"借个机会，除掉他算了。"

张作霖陡然锁了一下眉，没有说话。可他心里却在激烈地翻腾：张宗昌走投无路来到奉天，吉林一战立了大功；收胡匪，收白卫军，无论他自己怎么想，他总是为奉军扩大了力量。张宗昌身上是有毛病，经过提醒之后，他总是改了许多；至于他招安的匪兵，虽然匪习难改，却不曾叛乱。张作霖不忍心除掉这支人马，更不忍心除掉张宗昌——张宗昌，胡匪。胡匪又怎么样？闯天下，创大业的人，有几个干净的，干净了又怎么样？金銮殿上一坐，地蛐蛐也成了真龙！谁敢如何？

"麟阁，这样吧，秋天要举行一次陆军演习，张宗昌的队伍也要参加。通过这次演习，看看他们行不行？不行，遣散他们就算了。"

对待张宗昌和杨宇霆持相同意见的，还有张作霖身边的大将李景林、郭松龄等，连张学良也感到"这支队伍太缺乏素质"！奉军秋操，是张作霖练军的一种手段，每年一次。今年秋操由李景林、郭松龄、张学良三人组成校阅委员会来主持秋操这项活动，最后评定优劣，提出整治和处理意见。

秋操之前，杨宇霆先后找到李景林等三人，一再表明"除掉张宗昌"的意思，并说：

"奉军要成为国家军队的骨干，骨干军队还保持匪气，那怎么行呢？我同大帅谈了，大帅也是这个意思。秋操时，你们多多注意这帮人。演习完了，向大帅写个报告，了结此事就放心了。"

李景林、郭松龄等，都是和张作霖一起从二道沟摔打出来的，是割头的交情。对于张宗昌的突飞猛进，早已心存芥蒂了。经总参议这么一提，他们更是心领神会，个个表示赞成。

屯兵吉林五站的张宗昌，连日来，心情十分烦躁，连连做噩梦，并且每每做着同样的噩梦，都是在深山老林中被人暗算了，不是掉进陷阱，就是被人打了黑枪；还有一次，竟梦见自己掉进松花江里去了，岸边站着那么多人，大家只管笑，就是没人救他。他被淹死了，他的灵魂从水中出来，冲着岸上旁观的人大骂：

"你们是什么人，为何见死不救？不知道我是张宗昌吗？我张宗昌有兵、有钱，救我有你们的好处哩！"岸上的人都仰面大笑了。

"我们知道你是张宗昌，才不下水救你。你说你张宗昌是什么了不起的人物呢？你是胡匪，你是种大烟的坏蛋！自己不淹死，你的上级也会杀了你的！快走吧。"醒来，张宗昌通身汗湿。

张宗昌把他的参谋长王翰鸣找来，对他说了"梦"，然后问他："老王，你来破解破解，这到底是主吉呢，还是主凶？"

王翰鸣，陆军大学的毕业生，原在河南督军赵倜身边就职，中原大战时，冯玉祥把赵倜赶走了，王翰鸣便来奉天找同学。最初被安排在郭松龄主持的讲武堂任中校教官，不久，他又去五站找陆军大学同学许琨，通过许的关系，任了张宗昌司令部的中校参谋，不久又任参谋长。此人十分机灵，文化很高，军事很熟，又善于为人处事，很受张宗昌垂爱，而张宗昌有事也常常同他商量。王翰鸣听了张宗昌的梦情，心里独自嘀咕——

原来王翰鸣在奉天时，张作霖身边的一些要员对张宗昌嫉妒，他已经有所了解，并甚为不平。到张宗昌身边，他原想劝劝张宗昌，"不可太露锋芒。"可是，他又觉来军中时间太短，所了解情况不十分真切，还是存在心中吧。何况，这王翰鸣还是一个比较有素养的人，不愿在人与人之间惹是非。现在，张宗昌要他解梦了，他便想用旁敲侧击的语气，令他注意也就算了。于是，他说：

"旅长，翰鸣素来认为做梦只不过是一种幻觉，吉凶都是不可凭据的。这就是俗话说的，'恶梦醒来是早晨！'万不可以梦来推论吉凶！不过……"

张宗昌见王参谋长把话停住了，知道他心中另有思索，便说："梦解不解，玩笑哩，参谋长有什么心里话，不妨直说。你来的时间虽短，我们却是一见如故，何况你是星门的知心好友，咱们更是无话不谈哩。你说对不对？"

"是的，是的。"王翰鸣说，"我和旅长有同感，有同感！"

"那就有话直说么。"

"旅长，"王翰鸣说，"翰鸣虽曾在奉天与各位相与共事，但时间却不长，知道的事情不多，还得算是一个局外人。我也想以局外人的情绪劝旅长几句……处事容易，处人难。这大概是生活中的惯例吧。往往因为人难处，事情该办好的也会办坏。请旅长多注意看看左邻右舍。请记住：木秀于林，风必摧之！万一不幸有什么事出来了，也请旅长能以冷静态度待之，且不可冲动对事！"

张宗昌忙问：

"参谋长听到什么不好的事了吗？"

"这倒没有。"王翰鸣说，"只不过是对你的梦分解而后随便谈谈。"

"嗯——"张宗昌明白了，他只沉沉地"嗯"了一声，便不再说话。

奉军的秋操演习，是让各部队驻地自行安排的。张宗昌的队伍便在五站选了一片空旷的田野，搭了一些临时建筑，算是有了目标。

这是一片刚刚收了庄稼的田野，灰蒙蒙的土地上，高粱茬子一丛丛孤傲地朝着天；去了棵儿的大豆田，满地叶飞根刺，野草枯萎地蜷在地面上；田埂上几株并不旺盛的树木，也光秃秃地向天而泣。张宗昌和他的参谋长、团长们依照地形把操练的队伍安排定了。秋操第一阶段是步兵基本功的操练，张作霖要求极严，必须达到一等标准，张宗昌就把任务交给了王翰鸣、许琨这些曾经在陆军大学受过专门训练的人，并且对他们说：

"操练得好坏，就看你们的哩。我的那一套上不得托盘，你们也别让我丢人现眼。过了这一关，我重重赏你们。"

许琨忙问："你干什么？"

"我？"张宗昌说，"现场听命吧，叫干啥干啥。"

"那不行，按上边要求，你是操练总指挥呢。"

"好，好，我是总指挥。"张宗昌说，"我指挥你们，要你们好好把这次秋操指挥好。"说得大家都笑了。

这是操练前一天办完的事情，谁知天不作美，夜间竟纷纷扬扬下了一场鹅毛大雪。

张宗昌焦急了，半夜爬起来，推开房门，一股卷着圈儿的风把雪团抛进屋里，抛了他一头一身。他打了一下寒战，骂道："狗日的天！"

昨天傍晚，一切都部署就绪之后，抬头望望灰蒙蒙滚动的乌云，他就这样骂了一句，心里暗想：你他奶奶的，再给我一场大鹅毛才算够"朋友"哩！不想，竟被他说中了。他望着门外飘飘落着的雪阵，不骂了，反而祈祷起来：皇天老爷，下一阵就算了吧，湿湿地皮也知道你老人家给雪哩。果真下它个盖地三尺三，我的队伍可就苦哩！张大帅不会因为雪大不演习的。你就可怜可怜俺吧！

张宗昌祈祷他的，老天照下它的大雪，从入夜下到凌晨，从凌晨下到黎明。天亮了，从长空到地面，雪还像揉碎了的梨花，纷纷扬扬地往下洒！庭院中的那个半人多高的砂缸，早被大雪埋得严严实实。张宗昌叹息了："娘呀！田野里的雪还不得三尺厚！"早晨，雪在急落了一阵之后，终于小了，渐渐地停了。一阵集合哨，大队人马按时开进操练场！操练在白茫茫的雪丛上进行了。高粱茬子不见了。豆棵根儿和叶片不见了，灰蒙蒙的土地，一望无际的皑皑白雪，足足有过膝深。走在上边的战士，一步踏下一个深深的坑儿，不用发号施令，许多人便自动卧倒了——卧倒爬起——爬起再卧倒；队形无形了，卧——爬混乱着，整个队伍就跟被驱赶的野兔子一般，散散乱乱，跌跌撞撞，哪里还有丝毫齐整。

有的人摔在雪洞里，爬不起来了；有的人被隐藏在雪中的树枝儿扎伤了，鲜红的血滴洒在雪上；有的人因为互相碰撞，头脸流了血；有的人哭了……

站在雪地上望着混乱的队伍，张宗昌心里很不是滋味：这样的冰天雪地，怎么练兵啊？

自从闯进关东起，他便十分注意拉帮结党。他明白，一个人再有本领，办不了多大事；只有一伙人，才能办大事。带兵了，他爱兵；江西一败，他更知道兵对领兵人的作用——当年我若有一旅兵，我拿八只金仙寿星孝敬曹老三干啥哩？现在，无论是对张作霖给他的宪兵，还是卢永贵那里收来的胡匪，还是接收的白卫军老毛子，张宗昌都把他们当成亲兄弟。这样的兄弟多了，他的腰板就硬了；兄弟越多，他的腰板越硬。现在，冰天雪地，北风凛冽，他眼看着自己的兄弟倒在雪地上，受伤了，流血了，他能不心疼？他娘的，死在敌人刀枪下，才算英雄好汉！死在练兵的雪地上算么？算熊！他对身边的军官大声发出命令："回营休息！"

散乱的队伍停止了前进，他们按照命令，各自回营房避雪！张宗昌领着一群助手没有走。他不能离开阵地。这是规矩，休息也不行。何况，那些前来校阅的大员不知何时便会从地下钻出来。若是他们来了，秋操场上官兵没有一个，那可不好交代。尽管北风呼号，张宗昌他们还是不得不在操场上休息。

幸好，操练场上有三间独立的房子，四周无依傍，更无人居，张宗昌便领着参谋长等人走进去暂避一下雪。

草房子里空空荡荡，只有一个土炕，炕边放着一堆长长短短的树枝。从地面上的尘土可以看出，这里已经许久没有人光顾了。张宗昌拿出火柴，把树枝燃着，就着火堆，把随身携带的烧酒拿出来挡寒。

两半碗酒下了肚，张宗昌觉得脑门热了。脑门一热，情绪也就来了。他端着酒碗，望着屋外又纷飞起来的雪花，想起了受伤的士兵，想起了啼哭的士兵：他们都是娘养的呀！为么到这片鬼地方受这个洋罪？我对不起他们，我不该让他们受这份罪……这么想着，又喝了半碗酒。我拉的什么队伍呀！当初在深山老林里多自在呀！谁能管得了我？我怕过谁？今天，吃皇粮了，弄成这份熊样，我图个嘛呀？想到这里，张宗昌自然联想到了秋操，联想到了所谓的演习，他挺挺胸脯，高声大骂起来：

"他妈的，这是哪个龟孙的计划，弄得我们受这个罪！"

张宗昌一句娘刚骂完，校阅委员郭松龄正推门进来，张宗昌的话他听得明明白白，本来，他就想借故整治张宗昌一顿，生恐岔儿找不到。现在，亲耳听见他骂街了，哪能放过他呢？郭松龄严肃着脸膛，问：

"张宗昌，你在骂谁？"

张宗昌抬头一看，面前站的是校阅委员郭松龄，知道言语惹祸了，想缩头也缩不下了，便用懒懒的口气说：

"这是我的口头语，并没有指名骂任何人呢。"

郭松龄哪里肯让步，他觉得只此一事，便可挑起一战，张宗昌敢顶撞，我就可以随时撤他的旅长职，旅长给撤了，队伍就不是他的，他就得滚蛋。于是，郭松龄气势汹汹，大发雷霆，指着张宗昌的鼻子大骂：

"我 × 你妈！这也是我的口头语！"

张宗昌"腾——"地站了起来，他从火炕上跳过来，脸膛由黄变红，由红变黑，两只大眼也瞪得几乎出了眶；他垂下的、有点颤动的手慢慢地往上移动，缓缓地，渐渐移到了插在腰间的手枪边——那是一支黑乎乎的家伙，压了满膛子弹。小屋子将要发生什么事情，在场的人无不把心悬了起来……

第八章
还是以大局为先

秋操场上,雪又下大了,先是纷纷扬扬,继而分不清片儿地从天扯到地,一幅白色的大雾帐。风依然凛冽,依然呼啸,只是再也分辨不清被卷起的是雪团,还是雪幔了。

小屋子里气温下降着,火堆渐至熄灭。但气氛却十分紧张——张宗昌果然拿出枪来、朝着郭松龄打出几响,一切就大乱特乱了。依张宗昌的性子,这是完全有可能的,他吃过谁的白眼,他被谁如此侮辱过?当年在哈尔滨之郊那个小镇上杀俄国人,抢钟表,还不是眼睛一闭就办成了。他怕么?不怕。郭松龄要"×"他的娘了,他忍得住?

张宗昌的手摸着手枪了,他真想抽出来,把子弹射出去。那只是举手之劳,凭着在深山老林里练就的纯熟枪法,哪怕他背过身去,也会百发百中。可是,他想起了王翰鸣的劝告,想起了遇事该冷静,想起了……他又把手轻轻地放下。手放下了,面上的怒气也渐消了,他竟出奇地哈哈大笑,对郭松龄说:

"郭二大爷,你×俺妈,你是俺的亲爸爸哩。是亲爸爸,还有什么说的。亲爸爸,你坐下说话!"

张宗昌摸枪的时候,郭松龄插在衣袋中的手也在摸枪,并且做好了先下手的准备。郭松龄带军多年,玩枪多年,也是个枪法高超的军人。果然动起手来,他不仅不比张宗昌差,而且他准会先下手。这样结果张宗昌,比勾心斗角排挤爽快得多。所以，郭松龄倒真想一举成功，免得有所后患。

可是，张宗昌却把手缩回去了，放下了；并且出乎意外地承认是"儿子"了，这可把郭松龄"镇"住了。"杀人不过头点地！"你郭松龄要"×人家的妈"，人家马上喊你"亲爸爸"，看你还说什么？郭松龄把脖子挺了几下，终于把怒气吞到肚里，一个转身，负气走了。一场枪刀干戈，顿时烟消云散！

王翰鸣看郭松龄负气走了，怕他小题大做，说张宗昌的坏话，便想走过去，请郭回来，当面和解一下。张宗昌却伸手拦住他，并对他狠狠地摇摇头，低声说："让他滚吧！"

郭松龄走了，走得匆匆忙忙。

郭松龄的背影在茫茫的飞雪中消失之后，王翰鸣这才不无急怒地说："旅长，你怎么这样让他走了，怎么能这样对待他？"张宗昌冷哈哈地笑了。他挺着脖子，拧了几拧，才说：

"你听我说，我叫他爸爸，反正他不是我爸爸，赶他滚蛋不就完了。"王翰鸣惊讶了，惊讶得合不上嘴巴。

张宗昌"认爹"避免了一场干戈，这事在奉军中引起颇大的反响。先是有人说："张宗昌流氓成性，用流氓的办法解决严肃的问题，倒不如真刀真枪，拼它个你死我活壮烈！"后来人们明白了："张宗昌是大英雄，能伸能屈，肚量大，容得郭松龄一时，说不定日后会收拾他。"总之，"认爹"事件在奉军中引起的风波是不小的。

起初，张作霖手下的大将还把这事当作取乐来对待呢，认为张宗昌毕竟是土匪出身，不敢同这一群老奉系相争，低头认罪了。后来，有人觉得不是那么事，张宗昌这样做，说明张宗昌有心地，是个办大事的人，不能轻视他！

也是校阅委员的李景林，不仅如此看，还对张宗昌产生了几分敬仰：张效坤比郭松龄强。郭松龄当面骂娘，太有失自己的身份了，不是高人的手段。骂人的人，都是黔驴技穷、流氓成性的人。排挤张宗昌这样的人物用这种手段也太不高明。可是，李景林也觉得，这是奉军内部的事，奉军当前最要紧的是团结对敌，敌人是直系曹锟、吴佩孚。这么想着，李景林觉得张宗昌受了委屈。张效坤到奉天，是为大帅出了力的，吉林一战，一弹不发，平息了叛乱，得算一大功！

李景林给张宗昌发了个电报，请他到沈阳来。

张宗昌来了。李景林又把郭松龄找来，希望郭能与张和解。同时，请来张学良作陪。

这是一个很奇特的聚会。在一个秘密的小客厅里，张宗昌被推到"主座"上，李景林和张学良坐了个陪席，余下的位子是郭松龄。

郭松龄成了这次聚会的主人了。张宗昌是跑过江湖，又在上海滩混过的人，他懂得李景林的用意，忙拱起手来，对李表示感谢。

"效坤深蒙各位厚爱，早把生死都交给大帅哩。郭委员的那件小事，随风刮走哩！只要郭委员不嫌我粗鲁，我就算沾各位光哩。"他走到郭松龄面前，又拱起双手，说，"论年龄，您是老大哥，小老弟向您认罪了，望大哥宰相肚里能撑船！"

郭松龄对那件事也早有后悔，又经日前李景林从中劝说，更觉自己做事过了头，便走过去，拉住张宗昌的手，面上有点热辣辣的，说：

"效坤老弟，那一天天太冷，我多喝了几杯酒。我这个人，酒后无德，伤了兄弟们的感情，请效坤老弟多多包涵。大哥赔礼了。"说着，又抱拳，又鞠躬。

张宗昌忙说：

"这事烟消了。咱全忘了吧。"

李景林是调解人，见双方业已如此"理解"，便笑嘻嘻地说："两位都是好汉。是好汉。"又说："我们这个团体，自己千万不可闹意见，大家应该拳头握在一起，同心协力，对付直军，赶跑吴佩孚。茂宸（郭松龄，字茂宸）和效坤今天释疑，握手和好，这是咱们大家的喜事。以后无论碰到何事，咱都照这个样子做，谁都不许把别扭事放在心上。"

张学良是少帅，自然盼着老爹的事业兴旺，盼着老爹手下的将领团结一致，共保东北。见此情形，也端起杯来，笑呵呵地说：

"难得各位兄长精诚团结，东北事业从此兴旺！来，咱们干杯！"大家一起端杯，仰面喝光。

李景林好事做到底，马上又说：

"大家平时各奔东西，难得一聚，今天又逢大喜事，我提议咱们兄弟共结金兰如何？"

张宗昌第一个赞成，他举起双手说：

"好主意，好主意！咱们虽不是一娘生的，却都是为大帅的事业，这比一娘生的还亲哩。结下金兰了，就是把巴掌攥成拳头哩，以后干什么事，都更有力！"

大家都同意。于是，放下酒杯，自己去设香案。焚香、磕头，四个人当即便结拜为兄弟，共表"生死一条心"！秋操之后，张宗昌仍屯兵吉林五站。

张宗昌在沈阳的时候，他的参谋长王翰鸣始终为他捏着一把汗，他生怕郭松龄在张作霖面前说他的坏话，而张作霖再偏听偏信，给张宗昌为难。团长程国瑞便多次提议："派兵去沈阳接旅长。"许琨、王翰鸣都不同意。他们说："不见坏消息就动兵，会惹是非。"

"惹嘛是非？"程国瑞说，"别人摸不透张作霖，我摸得透。吃红肉，拉白屎的家伙，转脸无情，咱为嘛非为他效忠到底？"

王翰鸣说：

"咱们先派人打听一下，若有不测，再派兵也不迟。"又说，"沈阳是张作霖的大本营，咱们莫说派一团、两团兵去，全旅兵都上去，也不顶用。"

于是，他们决定先派人打探。

张宗昌回来了，笑嘻嘻地回来了。听说是平平安安，又结了金兰兄弟回来的，大家这才松了一口气。一场接风、压惊又贺喜的宴会之后，张宗昌才把王翰鸣拉到密室，畅谈了一番"认爹"的经历结局：

"那个郭茂宸终于认错了，最后，还和我结为金兰兄弟。你的话说得有理着呢，遇事得冷静，得有肚量！三拼两斗，就把事拼斗坏了。"

王翰鸣把程国瑞要动兵被他劝阻的事说了一遍，又说："旅长，我有个忧心的想法，不知该不该对您说说？"

"嘛想法？说！"张宗昌挺挺肚子，说，"郭茂宸要当爹，我都认哩！还有比这事更大的事？说！"

王翰鸣说：

"既然旅长信我，我就直说。"

"对，莫转弯。"

"咱们在东北、在张雨亭手下要立足，千万千万得抓紧纪律。你看清楚了么，张雨亭自知出身不好，现在特别注意抓军纪。我想咱们也得不失这一着。"

"有嘛坏风声么？"张宗昌问。

"坏风声倒没听到，"王翰鸣说，"只是咱们内部有议论。"

"议论嘛事？"

"程国瑞这个团纪律太差。"王翰鸣说，"程国瑞很不注意纪律。队伍中有些人干坏事，他不处理，还说别人不怀好意。这样下去，会毁了这个队伍的。"

"这么严重吗？"张宗昌不相信，"那该怎么办呢？"

"找个机会，把程国瑞换下来吧。"

"换？"张宗昌把眼一瞪。

"是该换换。"

"不能换。"张宗昌狠狠地摇摇头，"凭换谁，也不能换程国瑞。"王翰鸣知道张宗昌同程国瑞的关系，他们是一块土上的人，一道闯关东、拉土匪、一道杀俄国人、抢钟表店，又是一道下江西共同蒙难逃回北方，真称得上患难兄弟。王翰鸣说：

"你们这段关系，谁都没说的。可是，交情归交情，大业归大业。若因私交毁了大业，旅长可得想想利害关系啊！"

张宗昌见王翰鸣说得那么严肃，那么坚决，知道他决心下定了，便不得不把话说明：

"老王，你是不知道哩，有件事，天下人没有一个知道的！我欠程国瑞的太多、太多了，还不清。无论程国瑞在我面前干么事，我都能答应，都得担待……"

"那为什么？"

"实话对你说了吧，为一件惊天动地的大事。"张宗昌说，"旁人说他再不好，不去管他。你是参谋长，可不能听那些话。"

"究竟为什么？"

"你可千万别外传。"张宗昌说，"当年在上海杀陈其美，是程竟武（程国瑞也有个字，叫竟武，张宗昌只在特别动情时才这么说）花了四十万大洋才办成的，我不光一分钱没给他，他还为我保着密。我总觉得对不起他。现在给他个团长当，什么事我都得担待又担待，你明白吗？"

王翰鸣明白了，他眯起眼睛，陷入了沉思：张宗昌太义气用事了，只怕会毁在义气上。

张宗昌离开沈阳的第二天，张作霖便把儿子张学良找到面前，详细询问了秋操情况。张学良汇报到张宗昌旅时，精神特别振奋，他说："张宗昌的第三旅，科学战术特别优良，士气极高，又能吃苦。操练起来，项项都是极其优良的，并且……"张作霖望着兴奋的儿子，问："还怎么样？"

"三旅素质极高，每一个当兵的都知'为张大帅效力到底'！我问过一些士兵：'为什么要这样做？'他们说："张大帅厚爱张旅长，张旅长要大家死力报效张大帅！'爸，张宗昌对您忠心耿耿，绝无二志！"

张作霖把眉锁起来了，对于张宗昌，他心里并不踏实，一直把他们划入"另册"。秋操之前，他还接受别人的建议，答应"可以借机撤掉他"。现在，儿子竟然意外地说了这个人那么多好处，张作霖一时有点费解：小六子说了张宗昌那么多好话，张宗昌的军队果真那么精良么？张作霖虽然据有了东北三省，成为关东一王，可他那思想却更有固执的一面了：他认为好的人，交给天大的任务不疑；他不信任的人，总在心里悬着。张宗昌给他的印象不坏，但张宗昌毕竟是在他腾达之后来的，与那些并肩从刀光剑影中闯过来的人相比，总是低了一"辈"。吉林一战，印象好了些。但也只是"好一些"而已，尚未完成释疑。现在儿子这样说了，该怎么办？张作霖还得再想想。

"六子，我听说郭茂宸到三旅校阅秋操的时候，张效坤骂了他。这是怎么回事？"

"爸，您听的完全相反。"张学良把当时的情况详细地叙说了一遍，才说，"其实，是郭茂宸要 × 人家张宗昌的娘！"

"张宗昌没有反抗？"

"没有。"张学良说，"不光不反抗，还当即认郭茂宸作爸！"

"有这事？"张作霖一惊。

"您可以问郭茂宸。"张学良说，"前日，我和景林、松龄一起，把张宗昌请来沈阳，二人当面和解，松龄还向张宗昌赔礼认错。"

"那么张宗昌呢？"

"人家张宗昌肚量很大，不光不计较，还坚定地说：'为了大帅的事业，咱得团结。为团结，就不应该计较言差语错。'还说：'我叫你亲爹，反正你也不是我亲爹！'这事一笑完了，您说我们又干了什么？"

张作霖惊讶地问："又怎么样？"

"我们四个人结成金兰兄弟了！"

张作霖猛地站起来，扬起巴掌，朝儿子头上打过去。

"他妈拉个巴子。六子有能耐了！既然你们已结成金兰兄弟了，从今以后，谁也不许再唠叨谁，一心为咱东三省。"

"是的，我们也是这样说。"张学良说，"大家起誓：一定在您老领导下，团结一心，对付曹锟，对付吴佩孚！"

张作霖满面春风，一边微笑，一边自言自语："张宗昌，张宗昌……"张学良也说：

"张宗昌已经把这一旅人训练成了一支很好的军队！"

"对，对！"张作霖说，"我得好好地用这支军队，好好地用张宗昌。"

张作霖器重张宗昌，张宗昌的身价变了，变成了张作霖的亲兵了。不久，他的部队便由吉林省的五站调到沈阳附近的东丰、西丰、西安（今吉林辽源）三县驻扎，并把原来的名称"吉林省防军第三旅"改名为"奉天陆军第三旅"；所属三个团也做了调整：褚玉璞团命名为五十五团，许琨团命名为四十四团，程国瑞团命名为二十八团，又为他增添了一个炸弹团，任命王栋为团长。

部队调防之后，张作霖把张宗昌叫到巡阅府，在自己内宅设了家宴请他。那一天，张作霖便装短打扮，光着脑袋，脸膛也修饰得有边有沿，他挺着胸膛，挺着脖梗，笑盈盈地迎接张宗昌于客厅外。

张作霖望见张宗昌跨进大门时，便匆匆迎上去，张开双手，拉住他，连连说道：

"效坤，效坤。这一段时间，你辛苦了，你辛苦了！"

"谢谢大帅，谢谢大帅！"张宗昌连忙敬军人礼，又拱了拱手。

宴席上只有他们二人，张宗昌重行谢礼之后，坐在张作霖对面，张作霖亲自为他斟上酒，说：

"效坤，今天让你来，没有别的意思，就想跟你聊聊家常。听说你和六子结为金兰兄弟了，那更好，我说的'家常'，不过分吧？"

张宗昌一听张作霖提到与他儿子结金兰之事，只好重新站起，施了晚辈礼：

"大帅——老爸，儿子祝老爸健康、长寿，长寿！"

"免了，免了。"张作霖说，"咱们还是以政局为先，免得有人骂咱是'家天下'！"

张宗昌重新入座，也说：

"效坤靠近大帅身边，多听大帅教诲，好好为大帅效力。"

"效坤哪，"张作霖见张宗昌有点紧张，便想调节一下气氛，"还记得吧，你第一次见我，是带着两只大筐来的。我一眼就看明白了。你是向我要权柄，对吗？"

"不，我是想要扁担。"

"怎么样？你如今有四个团了，还有一帮老毛子——白卫军……"

"如今不叫'白卫军'了。"张宗昌忙说，"叫吉林省防军，不，叫奉天陆军。"

张作霖笑了，说："对，对！叫奉天陆军。效坤，这根扁担还够格吧？"

张宗昌忙说："够、够，够着哩！我一定把我的两只筐挑好！"

第九章

东北得永远姓张

　　自打 1916 年袁世凯死后，他精心培植起来的北洋军阀，终于分成了直、皖两系；奉天的张作霖据有东北三省，又形成一系——奉系。袁世凯活着，他是北洋之祖，天下还统一得起来；他死了，没有"祖"了，都是平辈兄弟，这份"家当"就得分争了。袁世凯死后的第四年，直皖两系为夺北京政权，发生了战争。

　　皖系首领段祺瑞在日本人的支持下，先后担任了国务总理，参战军督办，掌握了北京政府实权。

　　直系首领曹锟、吴佩孚不服气，在英美帝国主义支持下，联合奉系张作霖，结成反段联盟。1920 年 4 月吴佩孚从衡阳领兵北上，与保定曹锟合兵发起"讨段"运动。段祺瑞亦集结兵力于北京近郊。7 月大战开始。

　　7 月 14 日，皖军分东西两路发起进攻，直军西路退出高碑店，东路固守杨村。16 日，东路皖军在日军护路队支持下进占杨村，直军退守北仓。17日，吴佩孚改变战术：西路侧翼迂回，率部插入松林店，突袭皖军前敌司令部，俘前敌司令曲同丰等高级将领，攻占涿县，向长辛店追击，歼灭西路皖军大部；同日，奉军通电向皖军开战。在东路指挥皖军作战的参谋长徐树铮，见西路失利，乃从廊坊回北京，东路皖军投降。7 月 19 日，段祺瑞被迫下野，北京政权落入直、奉军阀之手。

　　直皖战后，直奉两家由于分赃不公，矛盾日深。张作霖推荐梁士诒做国务总理，吴佩孚则认为梁"媚外"，迫其去职，最后，直奉大战爆发——奉军四个师九个旅十二万人，直军七个师五个旅十万人，1922年4月22日激战于长辛店附近。5月3日，吴佩孚集精兵于西路，采取迂回攻击战法，当晚以一部向长辛店奉军作正面进攻，一部出其不意从良乡迂回攻其侧背。4日，奉军十六师临阵倒戈，暂编一师败退丰台，造成全线撤退。6月上旬，两军在山海关时有接触，17日停战言和，奉军以失败退出山海关。

……征征战战，厮厮杀杀，北洋大家庭无一日安宁；中国长城内外，大江南北，黄河上下，无一处安宁之地！

第一次直奉大战之后，张作霖败退奉天，便下定决心，一方面整训队伍，一方面扩充兵马，"有一天，我非报这个仇不可！"

张作霖从失败中吸取教训了，整军也下狠心了，各部均采取考试的方式提拔军官，师旅以上的参谋长、副团长以上的军官，必须是军校出身，军官吃空饷者，必须严惩；军队中有人吸鸦片的，立即免职处罚，官兵每日上两小时军事科学课。卧薪尝胆，一年之后，张作霖已有步兵二十七个旅，骑兵五个旅，两个炮兵独立旅和一个重炮团，总兵力达到三十万人，恢复到直奉大战前的规模。同时，利用原先接收段祺瑞的飞机十二架，又扩建了东北空军，设立航空处，开办航空学校，着手从意大利、德国购买飞机。奉系又兴旺发达了。

兵屯沈阳附近之后，张宗昌忽然一天想起了他离散快三十年的老娘来了。堂堂的旅长，怎么能没有娘呢？何况，娘竟然还结结实实地活着。两年前，掖县闯关东的老乡到吉林，还给张宗昌带来口信，说他娘"很念着忠昌这个儿子"。当时，张宗昌颤动的心随即便矛盾起来：他思念着娘，谁能忘了生身母亲呢？可是，娘毕竟在三十多年前已经不属于爹了。如今该怎么办呢？把老娘忘到九霄云外去，除了憨子、疯子，天底下没有谁会做到，要么他已经泯灭了人性；把娘接到身边来，给老人家一个温馨的晚年。可是，娘的模样他已经淡忘了，更不知道娘的喜怒哀乐了。最后，张宗昌还是把娘从一个陌生的境界中接到身边来。

老娘来了，妻子贾氏自然也来了。军营之外，张宗昌又多了一片温馨的天地——家。

那位已经挨近古稀之年的老太太侯氏，身子骨还挺结实，脾气一如既往，风风火火。一到沈阳，就把儿子叫到面前，来了个约法三章：

"昌儿，你过来，有几句话娘得先给你说明白。你答应了呢，娘就在这里住下；你不答应呢，娘在这里喝口凉水就回去。"

"回哪？"张宗昌。

"回山东。"

"娘——"张宗昌拧了几下脖子，说："有嘛话您只管说，我听着哩。""娘头一句话得说。娘就是娘。你说对不对？"

"娘，您说的嘛话？娘不是娘，能是谁？天底下那么多娘，我咋不接别的娘，偏偏接您！"

"这就对了，娘放心。"其实，她最不放心的就是这一点。张家老汉活得好好的，她便抬身改嫁跟别人去了，十二岁的儿子成了孤儿。她生怕儿子计较这一点。娘放心了，话就多了。她又说："这是头一件。第二件，你外边的事娘不问，这边家里的事，娘得做主。"

"把您老接来，就是叫您老管家的。家里的事全交给你。"

"第三件……"老婆子说了一半，停住不说了。

张宗昌离开娘三十多年了，当初的娘在印象中终日颠动着大脚板，东村到西村、南北到北村，装神弄鬼，又吃又喝又拿，风流着呢；今天的娘啥心性？他说不清楚。今天娘的模样与往天有什么不同，他都说不清楚了。若不是顺着藤儿去认娘，就是在什么地方巧遇了，他还不知是娘呢！看着娘吞吐不安，忙说：

"娘，您心里还有嘛事只管说。我是您的儿子，到一百岁，当了皇上老子，也是您的儿子。该说的话，您说嘛！"

"好，我说。"老婆子拉起衣襟，揉了一把因风而流泪的眼睛，说："娘一生中最怕衙门，看见当官的就生气。以后，凭是比你大的官还是比你小的官，只要到我面前，都得当儿子，不能当官。谁在我面前摆官架，我就得骂他祖宗八代。就这个事，你看行不行？"

"行，行哩！"张宗昌满口答应。

把娘的事情安排好。张宗昌又对妻子贾氏说：

"娘老哩，道三不着两地磨蹭，你千万别跟她计较，顺着她点。没几时活命了，让她后几年活得称心点，咋样？"

"看你说的嘛话，我能对娘不敬么？你放心，我不会惹她老生气。"

家里的事安排好了，张宗昌丢下一头，这才去理军。他找到参谋长，和他对面坐下，商量起当前的急务——

张作霖渐渐觉得东北三省的军事、政治、经济都发展、巩固了，便积极准备洗雪第一次直奉战败之耻。这样，除了继续搞扩军、训练之外，便和日本帝国主义勾结，企图借日本的军事技术用于中国战场。这样，郭松龄就推荐原陆军大学日籍教官永忠雄作张作霖的军事顾问。这个永忠雄野心勃勃，一上任就搞了个军事攻防演习观察团，来实施一次假想式的日本形式的军事大演习，要求东三省师旅长及参谋长全参加。张宗昌对王翰鸣说：

"假想式的军事演习，师旅长都参加，还有参谋长，这样，全军指挥首脑都死哩。啥意思？"王翰鸣也觉得蹊跷，便说：

"日本人那一套，咱还说不清楚。我看，咱们是不是打个折扣，留一手。"王翰鸣总爱自己构思几条可以走的路。

"怎么留？"张宗昌问。在紧急的时候，张宗昌常常表现得束手无策，继而盲目决定。事后验证，有好也有坏，而且坏大于好。所以，他接受教训了，总爱把别人提的问题还交给"别人"。

"找个缘故，您留在军队中，"王翰鸣说，"我去参加'演习观察团'，这不就都照顾到了么。"

"好，就这么办。"

王翰鸣代表张宗昌去参加由日本人组织的"演习观察团"，张宗昌守住大本营。

张宗昌又把他的几个团长找来，交代他们说：

"张大帅对日本人很相信，该不该相信？咱看不透，也不是咱该问的事。一切听指挥。不过，咱也得多个心眼。日本人那一套在中国行不行？咱还没看见。我的想法是，咱不能完全听他的，咱得把咱的队伍抓牢。玩军队的人手中没了兵，比寒霜打的野草还蔫巴，咱可得千万记住。你们说对不对？"

许琨同张宗昌关系不一般，时有想左右他的念头。自从入关以来，尤其是驻军吉林之后，他便积极拉张宗昌向日本人靠近。五站练兵时，许琨对张宗昌说：

"效坤，大帅是靠日的，身边有好多日本顾问。咱们得不失时机，跟上去。"

"咱们也请日本顾问？"张宗昌说，"到哪里去请？"

"有地方。"许琨说，"日本海军上尉仓谷就是我的朋友，只要您愿意，我去请他。"

不久，张宗昌便在自己的旅部里设立了顾问室，聘请仓谷为总顾问。从此之后，张宗昌部队的好多事情都被日本人牵着走了。现在，张作霖靠日本人靠得紧了，张宗昌也想跟上去，许琨自然心领神会。所以，许琨胸有成竹地说：

"旅长，您不提我却忘了。早时，顾问室仓谷先生倒是有个建议，希望我们能建一支以日本人为主的军队。这样，咱们便有了日、俄两支军队，阵容更会雄威。"

"建日军队伍？"张宗昌虽然心动，但却有顾虑，"建日本队伍，谁领导？"

"当然您领导。"

"什么人当军官？"

"那就得日本人了。"

"容我想想。"

"不必想了。"许琨说，"日本人只是这支部队的指挥，指挥这支部队的，还是您。"

张宗昌眯着眼睛想想，最后还是点了头：

"好，组织一支日本军队。这事你和仓谷去具体研究。研究定了，咱们再开会。"

一周之后，王翰鸣从"演习观察团"回来了，坐在张宗昌面前，大谈起日本人演习的"先进经验"："此番演习，收益不小。"

"大到什么程度？"张宗昌说，"说说咱听听。"

"此次演习路线是一条假想路线。或设直军从渤海湾乘船登陆，以营口为桥头堡，向前推进，过辽河，直趋沈阳。预计行军要两天两夜，而我们则采取紧迫战斗，以一昼夜时间走完全程；早作准备，使敌立足不定，随即歼灭它！"

"就这办法？"张宗昌摇摇头，"不怎么高明，两天两夜的路程一昼夜跑完，凭我这长腿，也困难。"

"日本人总有办法。"

"好，咱们看他的办法吧。"张宗昌还是把他和许琨商讨的建一支日本军的打算说了一下，又说，"咱们干咱们的，先把自身功夫练硬。"

张宗昌的梦做得并不顺利，日本人仓谷建议组织一支日本军，日本人就不答应。当仓谷的设想传到日本关东军总部时，那个小胡子司令便大发雷霆：

"胡闹，胡闹！张宗昌手下已经有一支白卫军，那是一支不光彩的军队。日本军人不能与这样下流的军队同流合污，那太有损日本军人的尊严了。要取消你的计划。"

仓谷无可奈何了，他走到张宗昌面前，颇有歉意地说：

"计划撤销了，日本人不能同白卫军混在一起，日本人是有尊严的！"张宗昌气得瞪起大眼睛，骂道：

"他妈的，出主意的是日本人，撤销主意的还是日本人，你们日本人说话还是放屁？我 × 你祖宗，真是玩人哩！"骂过之后，他对翻译摇摇头，示意不让他翻译出这段话。翻译灵机一动，对日本顾问点头哈腰之后，说：

"顾问先生，张旅长说啦，一切都听从你安排，听从关东军安排！"尴尬了半天的日本人，猛然举起拇指，对张宗昌说："张旅长，好人，大大的好人！"

第一次直奉大战，张作霖的奉军惨败了，几支由亲信指挥的主力军，大多溃不成军。可是，唯独张宗昌这支队伍，却完完整整地回了奉天，成为奉军中的劲旅。这就令张作霖高兴得不得了，自然另眼看待。这一年多来，张作霖在恢复奉军时，那些重新组织起来的队伍，都要他花大钱，才装备起来。又是张宗昌特别，军也扩了，就是不向张作霖要钱。张作霖更加赞赏他了。赞赏的同时，张作霖头脑中也打了个问号：张宗昌会不会有反叛的野心？会不会在吃紧的时候，以为我没装备给他，他另有打算？张作霖的防人之心特别强，据有东北之后，他觉得他的兵力可以同国内任何一家抗衡，他独怕倒在自己人手下：这是防不胜防的敌人！莫说张宗昌，就连同他一起从二道沟起家的兄弟，他也常常偷偷地窥视他们的行动，生怕他们忽有一日翻了脸。一场针对直系的大战又要来临了，张作霖要用张宗昌了，要张宗昌为他出一把大力气了。张作霖想最后再考察他一番，亲自考，当面考——放心了，就重用他一下，不放心，就把他往阵后摆摆。这么想着，他就把张宗昌请到督军府来。

到张作霖身边六年了，这是张宗昌第二次被请到张作霖家中。跨进督军府内宅时，张宗昌有点紧张，仿佛他做了对不起大帅的事情，大帅发现了，现在要处治他。他仔细想想，没有什么事做坏——他单独找我为嘛呢？又想：我为张大帅出力不少，难道大帅想提拔提拔我？思着想着，进了内宅。

张作霖迎着张宗昌，笑嘻嘻地说：

"效坤，这两年就想挤个机会，把你叫到家中来，好好叙叙。这不，练兵、打仗、忙忙碌碌，一日一月一年地过下去了。直到今天……"张宗昌迎着张作霖，先敬了个军礼，然后叫了声："大帅——！"

张作霖挽着张宗昌的手，说：

"现在进入内宅了，内宅是家，别'大帅，大帅'地叫，怪生分的。咱不是都姓张么，一笔写不出两具'弓长'，对么？"

"对，对！俺张效坤进了帅府就是进了家哩。看到客厅里灯笼上写的'张'字，俺肚子都挺高哩！"

"这就对啦！"张作霖说，"只要我不被别人赶下台，帅府永远是你的家。"

"大帅这说的嘛话？"张宗昌一怔，也套近乎了。"东北这片天地，咱得叫它永远、永远地姓'张'！我看他谁敢换换姓？"张作霖仰起脸来，哈哈地笑了。

二人在小客厅里坐定之后，为了使"家"的气氛更浓一些，张作霖把大帅架子放下，以长者的身份对张宗昌说：

"效坤，听说关内山东、江苏以及上海、浙江这一带的张姓本家，都是从什么山西大槐树、老鸹窝迁来的，不知这话真假？"

张宗昌没有听他的老爹说过，老祖宗是何方人氏，他不知道，他只知道他是掖县人。老祖宗的坟头在哪里他也不知道。据说，张家喇叭是从他爹才吹起的。地方习俗：吹喇叭的为下九流，死后不许进老林。所以，老爹从不告诉他老林在何处，更何况祖先！张作霖发问了，张宗昌又不能不答，只好扯个谎说：

"是的，是的。老辈人说，张家祖先是从老鸹窝迁掖县来的，一迁便是百把几十里。"

张作霖一听不对头了，山西到山东，咋会只百把几十里呢？忙又说：

"听说老鸹窝在洪洞县。好了，好了，咱们别说这些了，说咱们的。"又说，"老人家也到军营中来了？"

"来哩。"张宗昌说,"本来早该来看大帅,只是,俺那娘是乡下人,没见过世面,怕见当官的,更怕见大官,所以……"

"免了吧,替我问老人家好!""俺娘好哩,谢谢大帅惦记着。"

聊了些家常事之后,张宗昌觉得该说话了。张作霖找他来干什么?猜他猜着三几分了。对吴佩孚这一仗,是非打不可了,并且一定得打败吴佩孚。张作霖现有五个军的编制,一军姜登选,二军李景林,三军张学良,四军张作相,五军吴俊升,都是张作霖的心腹;张宗昌虽是旅长,但他的队伍比哪一个军都强,张作霖得器重他——我要没有那么多兵,我们一家子也不会把我看得那么重。知道被大帅看重了,张宗昌不能装憨,他得明明白白地说个态度。于是,张宗昌捧着酒杯站起身来,诚诚恳恳地说:

"大帅不让效坤谈公事,效坤不谈。今天是回家,说家事。按姓张说,是一家;按我跟汉卿(张学良,字汉卿)结金兰说,这更是家。就说为咱东北张家,眼看要打大仗了,我得对老人家表表心……"张作霖把酒杯放下了,脸也放下了。

"效坤,家宴就是家宴,要你表心的时候,我就跟你立军令状了。再说,我很不喜欢那一套,决心表不表都一样。在客厅里,你说把头给我;到战场上,一枪不放你溜了,我能咋办你?我不要你表决心,咱拉家常。"

张宗昌端着的酒杯放不下了,没话接茬了。想了片刻才说:"那……那就盼着您长寿,没灾,过几年平平安安的日子。"

"我死不了,"张作霖说,"活得结实着呢!说真话,吴佩孚不死,我死也不瞑目。"

"那小子不值得一提。"张宗昌说,"有一天,俺会让他吃饭找不着嘴巴子。"

"不谈这个,不谈这个了。"

"不谈这个,就无话可说了。"张宗昌说,"大帅,您放心,俺死心了。这些天,我就对兄弟们说,'咱跟吴佩孚有一场厮打。我们要是打胜了,什么话都不说了;若是打败了,奉天不会养闲人,那就只好找山沟去了。大伙儿给我起了个年号,咱们就落草去吧。'您说大伙儿咋说?他们说,'落草?要落草咱就帮大帅到北京金銮殿去落草!看哪个敢挡着咱?'这时我才说,你们有种,比我强。我把你们的意思报给大帅,要去北京落草。"

"效坤,我明白你的心思。"张作霖说,"你回队伍的时候,把要的东西留个单子，我派人给你送去！"

"要嘛东西？"张宗昌狠狠地摇摇头，"俺嘛东西也不要！吴佩孚那里啥都有，要不了几天，全是咱的。"

张作霖高兴极了，连连喝了几杯，这才把想说的事明明白白地说出：

"效坤，我知道你对我忠心，你也是个大才，我早该派你个大用场。现在，我当面对你说吧：你到第二军去当副军长。李景林是军长，是你的金兰兄弟，一定能合作好。"

"大帅……"张宗昌极为震惊，"我连个师长都不是……""哪个师有你的人马多？别讲价钱了，我信得过你。"张宗昌站起身，先谢提拔，接着满满地饮了一碗酒。

第十章
打仗向后跑的人不是东西

第二次直奉大战是 1924 年 9 月上旬展开的。

战争以长城为界，张作霖集陆海空三军十五万人企图围歼直军主力于滦河以东地区；直军以吴佩孚为"讨逆军总司令"，集陆海空三军二十万人，主要依托长城组织防御。

大战开始，李景林、张宗昌部组织为第一军，军分两路，各打各的，路线是经热河直驱长城。

李景林一部先行，军到朝阳，热河直军都统米振标闻风丧胆，不战而退。李景林抢了地盘，自封热河都统，便不再积极前进了。

张宗昌军占热河，直驱冷口，至玉麟山，即与直军主力第一路军彭寿莘部遭遇，战斗激烈。

玉麟山，绵绵延延，山高坡陡；有几片松林在山腰，郁郁葱葱，但整个山坡，却显得荒芜、凄凉。

山势西北东南走向，直军在前坡，奉军在后坡。后坡坡下，有一条顺山形的河道，但却常年无水，只弯弯曲曲地形成不规则的一条河床。张宗昌的司令部设在山下距河床一公里处，那是一个只有几十户人家的小山村。部队主力都在山上，设在一爿破烂院里的司令部，并不显得紧张忙乱，几匹肥胖的高头大马被拴在院子中间，十几个待命传令的士兵在马群中转悠。

玉麟山的战斗，时紧时松。张宗昌几次上山查看地形，瞭望敌情，由于左右协调不力，想进攻也不敢贸然。鏖战到第七天，战况突然大变：大约是敌军发现奉军只有张部守山，故而发动了猛烈冲锋。枪声大振，电闪雷鸣，浓烟充天，阵阵冲锋军队不断从山前坡冲上山来，来势十分凶猛。

张宗昌把参谋长王翰鸣留在指挥部，自己亲临前线。张宗昌上得山去，重新调整部署，发起反击，一次又一次地将敌人赶下山去。到第七日傍晚，玉麟山阵地一寸未失，但军力已极大消耗，战士伤亡很重。当日入夜，敌人又分数路直向山巅扑来。望着来势凶猛的敌阵，张宗昌锁眉了：两军战力已有悬殊，直接对峙，必凶多吉少。张宗昌一边命令死守阵地，一边打电话给参谋长，要他派遣援军。"老王，给我派点人增援吧，哪怕一连人也好。"

王翰鸣手下已无人可派了，护兵、马弁都上了山。他说："无力支援了，坚守一阵再说吧。"

"你马上找李景林，你跟李是陆大同学。你能不能让他派点人增援，不能多，少点也行。"

"别这么想了，李景林不可能给咱添一个人。现在，我身边就是赶车夫，我也给你轰上山了。你千万撑着，不要动，过了今天夜里，明天再想办法。"

增援无望了，张宗昌在山顶沉思许久，做了退路打算：他把军队相应地集中一下，想从一个敌人薄弱的地方突出去；实在突不出去，便将兵撤出，另选战场。一切布置完毕之后，他蹲在山头，吸起烟来，边吸边想：大帅呀大帅，您训兵和用兵都不到家。战争打紧了，各顾各，谁碰上困难谁自己靠命运，只能自己闯了。又想：这一次我闯出去了，还是您的一支人马；万一闯不出去，受您的恩惠，只有来世再报了。张宗昌又想起了李景林：咱们还是磕头结拜的兄弟呢，你不该见死不救。一个热河都统就迷住了你；我看这次老巢让人家端了，谁保你做都统？夜深了，枪声也渐渐息了；一层不薄不厚的云彩遮住了星星。新秋之夜，显得空旷、高远，带着几分凄楚；零星的枪声和点点篝火，又显得恐怖！

"明天，明天是什么样子呀？"张宗昌抬头望望夜空……

山下，张宗昌的司令部里发生了意外的变化：在张宗昌部后侧面约七十里的青龙县，奉军蔡平本部被直军最精锐的时全胜旅包围起来，激战几天几夜，弹尽粮绝，派人来张部求援。参谋长王翰鸣一见求援信，大吃一惊！

青龙县位于山海关和冷口之间，跟奉军嫡系三、四方面军有五六十里、是钳制张宗昌部最关键的地带。王想：时全胜若抽出一部投入我部身后，一次小冲击，我部即可完全失控而败北。他觉得应该来个"救蔡而解自围"——因为，只要直军时部有险，张宗昌正面的彭寿莘部直军必转而去援，正面局势可缓。

王翰鸣写了封密信派人送给前线的褚玉璞，要他"严守秘密，火速抽调五百人赶来，另有急务"。

褚玉璞不敢稍停，把前线指挥部的任务交给副团长徐源泉，亲自率五百人赶回。

——褚为何对参谋长的信如此认真对待呢？有个原因：原来在第一次直奉战争中，张宗昌部已将直军时全胜部包围，正可马上歼灭。褚玉璞未按照参谋长的命令行事，以致功亏一篑，让时全胜落荒逃走。张宗昌率部赶到时，时军丢下的饭菜还是热的。张大骂褚玉璞"误了军机"。战后开会总结时，张宗昌对此事仍气愤不已，并对所有团营军官说：

"以后，我的话可以不算数，但是，必须听王参谋长的手令和他说的！"

褚玉璞来到司令部，参谋长立即下令："速去青龙县援助蔡平本，并将其部救出！"

褚玉璞率部赶到青龙县，与蔡两部携手，内外夹击，一举全胜！直军前锋嫡系大败，其余各部迅速溃退。张宗昌面对的玉麟山之敌也丢下阵地逃之夭夭。

一穴被破，全局好转。奉系立即变被动为主动。

彭寿莘的直军溃退之后，张宗昌这才疲惫地回到山下的司令部。此时已是红日西垂，乌鸦归巢之际，张宗昌全身如散板似的，坐在地上连话也说不出了。

就在张宗昌回到司令部不久，远处有两匹快马飞奔而来。王翰鸣出来一看，心中有点焦急：又有什么急务？

马匹来到面前，跳下两个人来。原来是褚玉璞和蔡平本。蔡平本下了马就急着说：

"我要见张副军长。"

见张宗昌正坐在一旁喘粗气，通身上下灰尘蒙裹，眉眼也变了模样。蔡平本来到张宗昌面前，双膝跪下，连连叩首。

"张副军长，张副军长，平本向您谢恩来了。多谢您在生死关头派褚团长前往搭救。否则，我和我的部队都成刀下鬼了。平本终生不忘张副军长的恩德！"

张宗昌懵了：这是怎么回事？我何尝搭救过你？他忙起身，双手拉起比自己年龄还大的蔡平本，疑惑地说："蔡……蔡师长，这是怎么回事呀？"王翰鸣这才把事情说清楚，又说："大家都是兄弟部队，救援也是救己，也是出于事急，我尚未向张副军长报告这事呢。"又转脸对张宗昌说，"时全胜是直军精锐，挫败了他，直军便全线震惊。蔡师长求援信到，我急忙调派褚团长前去支援……"张宗昌静静神一想，笑了。

"好，我的参谋长！我咋说，我的正面敌人彭寿莘正猖狂得如疯狗一般，为嘛说退就退了？还是你给他来了个锅底下抽柴禾！蔡大哥，别谢我了，谢我的参谋长好了。那是他的功劳！"王翰鸣忙说：

"不，应该谢军长。不是他亲口授权给我，我哪能调动军队，何况他正在激烈的战斗中。"

蔡平本爬起来，走到张宗昌面前，拍着张宗昌的肩膀说：

"老弟，你有这样的好参谋长，怎么能不打胜仗？像我的那个参谋长，我叫他来求援，竟不晓得他跑到哪里去了！我回去非把他枪毙了不可。"

王翰鸣忙说：

"老将军千万不可如此，也许他回不去，所以你没有见他。"

"张军长，明天你们的队伍到哪里，我就跟着你们走。"

直奉开战以来，战局时时突变，9月15日起，奉军第六军、第二军分别由通辽、阜新发起进攻，多次战胜敌军第二路军。直军第三路军冯玉祥，援军第二路司令胡景翼，北京警备副司令孙岳密谋倒戈，在古北口按兵不动。因而，未经激战，奉军便连占开鲁、朝阳等地。9月28日起，奉军第一军、第三军在山海关、九门口一线与直军第一路军展开决战，激战十昼夜，奉军一部在空军、炮兵支援下占领九门口、万门寨。张宗昌这次玉麟山之战即其中一部分。"讨逆军总司令"吴佩孚调兵增援，并亲自前往山海关前线督战。

直军主力倾城而出，齐赴山海关，后方空虚。冯玉祥乘虚而返，星夜回师北京，于10月23日将贿选总统曹锟囚禁。

曹锟被囚之后，被迫下令免去吴佩孚本兼各职，并命令其停止战争。直军各线根本动摇，纷纷后撤。吴佩孚不得已乘海而去，各路军官弃职潜逃，军心涣散，不堪收拾。

张宗昌乘胜前进，迅速到达滦州。兵驻滦州，张宗昌犯了思索：热河都统被李景林抢去了，战争紧张时，李景林见死都不救，他守着热河不一定出来了，让他占他的地盘吧，我得去扩大我的队伍。与张宗昌正面作战的是彭寿莘和董政国部，大约有六七万人，目前均散乱在滦州四周，张宗昌兵马一到，即着手收容、收编这支残军，使自己的队伍一夜之间便扩大了七八倍。张宗昌兴奋了，他坐在滦州大堂，光头敞胸，把参谋长、团长通通叫到面前，发号施令说：

"各位伙计，现在抓紧办一件事，不出今天务必办好。听着：我部原有的中下级军官，每人提升三级，都给个将校的牌牌挂挂；新收编的部队，当官的也给升三级，该给将的给将，该给校的给校，让人家知道咱比吴佩孚强！"想了想，又说，"今儿办好，明早我就检阅，咱们也摆摆阵势，拉出个'大军'的架势，让那些小子们喷喷嘴！"

张宗昌说话时，脖子挺得很直，脸也仰着，他说的"那些小子们"究竟指的谁？他自己也说不清楚。所以，王翰鸣他们也听不明白。听不明白不要紧，但是，这么大的队伍、这么多的官儿，一天之内都把牌牌换换，这事却难。王翰鸣凑到张宗昌身边，说：

"效坤，一天之内做不出那么多肩牌。再说，吴佩孚的兵跟咱们的兵衣服也不一样，你明天怎么检阅？"

张宗昌兴奋的脸膛陡然冷了一下。但他还是说："衣服不怕，白俄至今不是还有人穿着他们的衣服吗？就是这肩牌……"他犹豫了一阵，说："这样，来不及做就用锡箔纸糊，糊成黄色的肩章一贴就行，谁还敢跑去看真假？"

"也只好这样了。"王翰鸣等人说。

果然，一夜之间，张宗昌属下便多了一群师旅团长，张宗昌威武了，他在滦州称起了霸王。滦州是直奉之战的焦点，直军一败，奉军各部都看到了这块"肥肉"，都想来咬一口。李景林一天一夜急行军，行程四百里赶到冷口，知道张宗昌已经收编完毕，气得他躺在床上连喘气都不均匀了。张学良和郭松龄急行军赶到滦州时，发现张宗昌的队伍连同俘获的直军一起，不仅将升级的事办完了，连肩章都全部换好。张学良走到张宗昌面前，笑咧咧地说：

"长腿（张学良常以张宗昌身高腿长这样戏称他），你真行，连升级的事都办好了！"

张宗昌得意了，脸膛眯眯笑着，说：

"汉卿，你了解我的，我是个急性子。其实，我还不是为大帅多拉拢一些人？彭寿莘那些熊兵，恨咱哩！不给他们点甜的填填嘴头，他们会跟咱么？"

扩充了兵，又说得合情合理。本来还想发作一番的张学良，对于张宗昌虽然眼红，却只好白白地红了，不得不点头了之。而张宗昌，扩兵也竟成了战功——能俘获大批敌人，不是战功是什么呢？张学良回到本部，懊丧中对郭松龄抱怨起来：

"我说咱们该直驱滦州，你总以为胜券在握。如今，瞧瞧，怎么样？大批胜利品都……"

郭松龄不客气，软软地顶了张学良一下：

"胜利品没有走失一兵一器，全被奉军收下了。我敬佩效坤行动迅速。否则，这些直军都跑到关内去，不是大大的遗患么？"

王翰鸣在阅兵之后，跟随张宗昌来到密室，笑嘻嘻地对他说："寄人篱下的日子总算过去了，效坤，下一步你打算咋办？"

"下一步？"张宗昌一怔。"是的，下一步该怎么办？"张宗昌心中真没有数呢。他反问参谋长："你说下步该怎么办？"

"不知道大帅怎么想的？"王翰鸣说："早时，大帅不是宣布东北独立了么，要只是为了报仇，吴佩孚一败，仇报了，咱就该回东北，守东北。"

张宗昌忙问：

"曹锟不是被冯玉祥抓起来了么，北京没有总统了，大帅为嘛不去北京呢？我看应该去北京。北京那个位子大帅不坐，我看，没有人敢坐。"

王翰鸣摇摇头。

"不是那么容易坐的。"但他又说，"总之，咱们绝不该退守东北三省。这就要看大帅的了。"

"我来问你，"张宗昌猛醒，他得为自己的后路着想，"你说咱们是回去好，还是入关好？"

"当然入关好。"

"为嘛？"

"打了这么大的胜仗，许多人立了这么大功，人马扩充了这么多，东北怎么放得下？就说咱们吧，一次就提了那么多将校军官，往哪里放？

东北只有三个省，一省只能有一个督军，剩下的人干啥去？"

"对呀！得入关。"

果然不出王翰鸣所料，滦州尚未驻稳，张宗昌即奉命移军天津。张宗昌高兴了，他开始做起"天津梦"了。

和张宗昌一起进天津的，自然是李景林。他是一军军长，张宗昌只是副军长，虽然战争之后各自行动了，总还是一支部队。军到天津，李景林又先走了一步，竟把直隶省军务督办的位子抢到手了。张宗昌这一气，几乎气死，说道："打仗向后跑，见官就抢，这算什么东西？我不能跟这样的东西合作，我饶不了他！"张作霖到天津来了，他来部署下一步棋怎么走。一到天津，他就听到一串张宗昌的牢骚话，张作霖默不作声地笑笑，心里却想：这个李景林也太小气了！

张作霖把张宗昌找到面前，一开口便对他说：

"效坤，这一仗，你劳苦功高，我很高兴！在滦州的整编和任命都很好。我已让他们给你补一份命令，都照你的办！"

"谢大帅对效坤厚爱！"

"效坤，"张作霖开门见山了，"听说你对人事安排有意见？"

"我没意见。"

"没意见就不对。"张作霖说，"论功行赏，这是天地良心的事。行赏不公，就得有意见。你为什么没有意见？该有！"

"这……这事……"张宗昌原想为这事诉苦的。谁知张作霖倒是先提出来了，弄得张宗昌竟不好意思起来。

"效坤，"张作霖乐哈哈地笑着，说，"其实，你也不必放在心上。中国这么大，大省这么多，还怕没有你的位置？北方这些省算啥，一个比一个穷。咱们向南去，向富的地方去！"

"向南去？"张宗昌惊喜了，他猛然醒悟，觉得王翰鸣这家伙有头脑。

张作霖不再坚持"奉军不入关"的诺言了，那是当初对段祺瑞、曹锟说的。段祺瑞，直皖大战败北之后便无声无息了；曹锟，被冯玉祥囚禁了，他顾不得、也无法顾及当初谁说了什么了。

本来，张作霖挑起这场直奉大战的借口，就是支持皖系军阀卢永祥的。直系军阀、江苏督军齐燮元和卢永祥在长江三角洲开展了一场争夺战（史称"齐卢大战"），卢永祥被打败了，投奔张作霖。张作霖以帮助卢永祥报仇为由举兵入关。吴佩孚责他为"叛逆"，才组织讨逆军惩罚。现在，吴佩孚败走大海了，而齐燮元依然屯兵江南，张作霖正可以挥师南下，扩大领土，安排人马！这是张作霖的"大计划"，张宗昌看不透，所以他充满疑惑。张作霖说：

"你领着队伍南下吧，去消灭齐燮元。"又说，"你的队伍在滦州不是已经整编好了么，够你用的了，还是原来的番号，仍叫一军，你就是军长了。明儿我发给你任命命令。"

张宗昌终于笑了——大约是受宠"太"惊了，连"谢恩"都忘了。

第十一章
他想做万世流芳的英雄

第二次直奉大战之后，天津几乎成了中国政治的核心，各方面的头面人物都把目光投到这里，有些人物来到这里。当然，也有人不得已来到这里，如逊位的皇帝溥仪。冯玉祥回马北京、囚禁曹锟之后，就最后修正了清室优待条件，把溥仪赶出紫禁城了。这溥仪只好跑到天津，在静园找了一片地方住下。据说，张作霖来到天津的时候，还偷偷摸摸地去看望了小皇帝，并且说了几句批评冯玉祥"不该"的话。

冯玉祥在北京，想召开一个有各方人士参加的主政会议，拟请孙中山来北京主政；在孙先生来京主政之前，由段祺瑞组织临时执政府。那样，张作霖的大兵是须退出关东去的，张自己只能算新政府的一名成员。这与张作霖想独占北京政权的思想相距甚远。他不免在下属面前流露了一种情绪：北京为什么非是中心不可？天津也不错！

张宗昌和李景林在争权方面有分歧，但在对奉军出关不出关以及执掌北京大权问题上，却是共同一致的。得知冯玉祥的打算之后，张宗昌就跳了起来：

"嘛？我们为嘛出关？天下就是打出来的么，谁拳头大，谁占地盘多，谁就是老大。我占了的地盘你想要，咱得撕把撕把！"

张宗昌找到李景林，两人密室里一合计，便决定在天津设一场"鸿门宴"，以张作霖的名义，请冯玉祥来天津"共商主政大事"，借机下手。"就这样，酒席前把冯玉祥这小子宰了，免得他南里北里闹乱子。"张宗昌说，"杀了冯玉祥，明天咱们就进北京，先占下北京再说。"李景林不加思索地说："对，该走这一步。是咱推倒了曹锟，赶跑了吴佩孚，咱不坐北京，还能让给别人？"

鸿门宴设在天津曹家花园，一切准备就绪之后，才告诉张作霖。

那一天，正是张作霖去静园拜访小皇帝的时候。被冷落了许久的小皇帝溥仪，一见"东北王"来拜，却也十分欣喜，虽然猜不透他的来意，还是热情地应酬一番。最后，又命太监取出几件逃出故宫时带来的"大内"珍宝，赏给张作霖。张作霖感到荣幸之极，便带着珍宝直回曹家花园。

一进门，张作霖却发现了意外：曹家花园里，几个全副武装的士兵，行动有点鬼鬼祟祟，慌慌张张。张作霖问张宗昌："你们请什么人？"张宗昌大大咧咧地说：

"大帅，冯玉祥这小子太不够朋友，我们心里不服，便以您的名义请他来赴宴。"

"你们想怎么样？"张作霖说，"派这些兵干啥，千万不许胡闹呀！"

"没嘛事。回头大帅别出面，天大的事，全由俺顶着，您放心吧。"张宗昌还是大大咧咧的。

张作霖明白，他们是要收拾冯玉祥的。他虽然并不同意这样做，但事已至此，拦也拦不住了，只好无可奈何地说："你们呀，这个窟窿捅得太大了！"天有不测风云！

宴会摆好了，一等再等，客人却不见影子。

原来，冯玉祥已经获悉这是一次"鸿门宴"——是张作霖的副官长、冯玉祥的同乡杨毓珣事先密告了他的——所以他不来了，气得张宗昌直骂"奶奶"！

张宗昌在天津正准备南下的时候，一个叫王琦的随员匆匆来到他面前，神秘兮兮地对他说：

"军长，我把您的仇人抓到了，您看怎么处置他？"

"谁？"张宗昌问。

"陈光远。"王琦说，"就是昔日的那个江西督军。"

"是他？"张宗昌眉头紧皱了起来——一提陈光远，张宗昌自然想到当年江西败北：就是他在江西把我打得一败涂地，光杆逃跑，逼得我人不人、鬼不鬼地投曹锟，投张作霖。不想今天他竟落到我的手里！张宗昌扬扬眉，笑了。

"军长，"王琦又说，"陈光远那家伙肥着呢！先把他押到您面前，您可以向他要钱、要枪，然后……"

"行，把他弄过来吧！"

片刻，便见两个武装整齐的兵士押着一个人进来。此人五十七八岁，高高的个儿，白皙的脸膛，面部表情虽威严却不失文雅之气。张宗昌仔细一打量，正是江西督军陈光远。他恨恨地吞了一口气，仿佛要冲上去，亲手宰了他。但是，他把帽子扶了扶，理理军服，却大步流星地迎了上去。

"哎呀，原来是陈督军大人，嘛风把您给刮来了？"说着，伸出双手，拉住陈光远。又转脸对士兵说："混蛋！怎么能这样对待督军大人？陈督军是我的老朋友，请还怕请不到家哩，你们干的嘛事？"

一通臭骂之后，张宗昌恭恭敬敬地把陈光远领进客厅。陈光远十分拘谨，他不知道这是一次如何的"款待"。进入客厅，他便想说几句歉意的话。

"张军长，当初江西之事……"

张宗昌不待他说完，便连连摇手。

"不谈往天的事。南北几千里，为嘛提那些？今天在天津见陈督军，算是他乡遇朋友，咱得好好谈谈，谈咱高兴的事。"

张宗昌如此坦诚相待，陈光远也只好旧事不提。一场看似欢快，实则尴尬的招待会，就这样进行下去，直喝得大家面红耳赤，陈光远方才告辞。张宗昌又是派车送，又是亲送至门外。

陈光远走后，陪客的参谋长王翰鸣迷惑不解地问张宗昌：

"军长，陈光远不是您的仇人么，您为什么这样客气地款待他？"张宗昌哈哈地笑了。他说：

"大丈夫不记前仇，往事一笔勾销。陈光远现在落魄了，咱要是在天津克人家，人家准会说咱绑票哩！这种事，俺不干。"

王翰鸣暗自笑了：张宗昌也会"放下屠刀"，算他积德了。当日晚上，张宗昌拿着一瓶好酒，又去找王翰鸣对饮。

"老王，"端起酒杯，张宗昌心事重重地说，"我还得再问你……"

"啥事？只管说。"

"曹锟下野哩，是咱张大帅赶下去的，张大帅为嘛不到北京当大总统？"

王翰鸣思索片刻，说：

"论说，雨帅也够当总统的。不过，我以为还是不当好。"

又是老调子！张宗昌以前听王翰鸣这样说过，他心里不明白。所以，他还是问："为嘛？"

"树大招风呀！"王翰鸣说，"中国这么大，总统却只有一个，各派都想争。本来还是朋友，一旦你当上总统了，说不定便成为敌人了，又得争斗。我看，晚两年当好。晚两年，咱们占的地盘多了，力量大了，不当总统也是总统。"

张宗昌眨眨业经略带红丝的眼睛，心口不一地说：

"对，你说得也有理。晚两年中国全是咱的了，到那时，总统更好当。"酒瓶空了，夜也深了。

张宗昌拍拍巴掌，抹抹嘴唇，要告辞了。他站起身，走出门。他一转身，又走回来。

"老王，我托你一件事，怎么样？"

"什么事？"王翰鸣问。"是公事，还是私事？"

"打听一个人。"

"什么人？"

"李藻麟。"张宗昌说，"听说他正流落在北京，也许是天津。"王翰鸣想了想，说：

"是不是北京丰台那个叫李伯仁的人？"

"正是他。"

王翰鸣心里一惊：张宗昌忽然想起了李伯仁，这什么意思？是想解自己因李叛变而内心的恨，还是像对待陈光远似的，厚待他一场？

——李藻麟，字伯仁，陆军大学五期毕业生。张宗昌第一次任师长时，李藻麟任他的参谋长。张宗昌在江西蒙难时，李藻麟没有为他出能够出的力；张宗昌一败，李藻麟便投奔了直军，成为彭寿莘的参谋长。此次直奉之战，李随彭在前线，给张宗昌颇大的为难，冷口之战，把张宗昌打得好苦。直军大败之后，李藻麟没有跟随吴佩孚漂海逃难，而是流落京、津藏了起来。恰巧，被张宗昌知道了。

李藻麟也是王翰鸣的熟人，王翰鸣也确实知道李的下落，于是便问："军长想见见他吗？"

"想！真想见见他。"

"有什么想法吗？"

"没！只想见见。见见再说。"

"我打听一下吧。"

为这事，王翰鸣思索半夜，心情很是矛盾：把李藻麟找来见张宗昌吧，怕张宗昌一怒之下杀了他。那样，他王翰鸣在中间便落个仇人。但又想，李伯仁也确实是个将才，张宗昌能不计前嫌，并且起用他呢，也可以增强自己的实力，又能为李伯仁寻个归宿。思来想去，进退维谷。最后，还是偷偷地给李伯仁通了信，只说张宗昌念着他，见不见归他自己。

这位李藻麟原来竟是一位胆识过人的人，得到信后，他竟决定去见张宗昌。这也是李伯仁处在刚败走投无路之际。他思忖：以往见张宗昌，虽然吉凶难卜，惊喜均有，总不至于掉了脑袋。即使掉了脑袋，张宗昌杀了我，只怕张宗昌的名声也就臭不可闻了。李伯仁果然去见张宗昌。

张宗昌提起李藻麟其人时，已有几分醉意，话说过之后，早已把此事丢到爪哇国去了。李藻麟突然出现在张宗昌面前，张宗昌倒是惊讶了：

"你，你怎么来哩？"

这是一个颇为尴尬的场面：张宗昌惊讶着，光脑袋陡然间竟冒出汗渍；李藻麟坦然地微笑着，仿佛是来"兴师问罪"。二人面对面这样冷静了半天，李藻麟才说：

"听说效坤升任军长了。你荣升了，我能不来祝贺？"张宗昌瞪着眼睛说：

"我正想捉拿你哩，你知道吗？"

"知道。"

"你不怕我杀你的头？"

"杀了朋友的头若能为你纱帽添色，我当然乐意。"李藻麟说，"但是，我知道，你绝不会杀我。"

"为嘛呢？"

"因为我失败了，落魄了！"李藻麟一本正经地说，"落魄的人，别人是不会杀他的。"

"冷口一仗，你打的就是我！"张宗昌似乎有些余怒未消，"你把我打得好苦哩！"

"两军对峙，我自然想吃掉你！"

"你今天来嘛事？说吧。"

"不是你在找我吗？"李藻麟说，"咱们毕竟共过事，得算是朋友吧。何况我又曾是你的助手和部下。我知道你还没有忘了我，论公论私，我都得先上门来看你！"

张宗昌这才想起了"有此一说"，挺挺脖子，笑了。然后张开双臂，向李藻麟扑了过去，将他的双肩死死抱住，大声说：

"好你个李伯仁，有种！我就要南下了，你来得很是时候，你还当我的随军参谋长如何？我马上就向张大帅推荐你！"李藻麟笑了，说："你不杀我的头了？"

"我不杀了。"张宗昌笑了笑，"跟我上前线，你真是没有熊本事，会有敌人来杀你！"

张宗昌留下李藻麟，厚厚地款待他，一边向张作霖呈报，请求任命李为自己的参谋长。

张作霖了解了他们的前后关系，十分高兴，一边命人签发李藻麟的任命命令，一边对张宗昌赞赏说："张效坤，真乃大将军！"

张宗昌的大军在天津一切就绪之后，他又不想南下了。南下的进军令放在张宗昌面前，他瞅着它，只锁眉，就是不画那个"张"字——他认字不多，任何属于行文的事，他只在别人念完稿之后画一个只能辨出形的"张"字，那算他签发了。要是不同意办的事，连"张"字也不画——这次，他不画"张"字。他的参谋长迷惑了，问道："军长，行军命令该发了。"

"急嘛？"张宗昌说，"容我再想想。"

"想——想什么？"

张宗昌眯着眼睛，锁着眉，说：

"直隶是李景林的了，山东又被郑士琦抢了去，再南便是江苏。江苏嘛……"原来张宗昌又多了个心眼——他怕江苏拿不下来，心想：江苏是齐燮元的地盘，此人不好惹，正儿八经的北洋武备学堂出身，辛亥起义时即是有名的师长，直系的骨干将领，新近又战败了皖系名将卢永祥。不仅江苏，连浙江、上海全是他的势力，可不像吴佩孚那样好对付。何况，奉军新败了直军，齐燮元怀着复仇之念，一夫拼命，十人难挡！此番南下，能不能顺利……张宗昌没有把握，所以他迟疑。他把这些想法对参谋长讲了之后，又说："咱们最好不南下。"

张宗昌学会了务实，出兵不出兵他都先从对自己有利无利去想。"与其出兵到南边去占地盘，打那样没有把握的仗，还不如屯兵不动，坐吃老本好呢！"

参谋长们却不是那么想。王翰鸣不无顾忌地说：

"这样只怕不行。张大帅已经决定派咱南下了。这是军令。军令如山，不出兵只怕大帅不答应。"张宗昌却摇头说：

"出兵送死，不出兵大不了也送死。我不相信大帅会杀了我！"又说，"就是杀了我，军队保定了，你们还可以领着干嘛！"

王翰鸣心中暗笑：堂堂的一军之长，竟说出当年土匪的理论。这是军，不是匪！军有军令，军有纪律，不执行军令怎么行呢？可是，参谋长又觉得这些话对张宗昌恐怕不起作用了。土匪起家的人无不看重自己的实力，他们是拼拳头的，军令、纪律都得往后放。王翰鸣又觉得张宗昌坚持不出兵是不行的，硬顶更不行。于是，他转个弯儿说：

"效坤，如今你是堂堂大名的将军了，将军死在战场上，是万世流芳的英雄！若是因为违令死在统帅惩罚的枪口下，这可是要落千古罪名的！"

"这么说，兵是非南下不可了？"

"是的。一定得南下。"

张宗昌又锁了一阵子眉，最后，不得已，只好慢吞吞地在行军令上画上一个"张"字。

第十二章
徐州镇守使得听俺的

沿着津浦铁路由天津向南的大道上，一支庞大的队伍步行南下，走走停停，停停走走，不像出征，倒像马拉松式的徒步练军。其实，这却是一支奉命南征的奉军第一军——张宗昌的队伍。

张宗昌离开天津的时候，他本来可以坐铁甲车由铁路南下。他有铁甲车，那是他收容俄国白卫军的，他不坐。他坚持骑马。可是，一上路，他常常连马也不骑，步行，并且押着部队缓行。从天津动身，半个月过去了，才走完五百公里路，来到鲁南的重镇——兖州。他下令"安营扎寨"等待命令。张宗昌不想急行军。因为再往前走，就要打仗了。这一仗怎么打？他心里没有数。从兖州再往前，按照前几天那样慢行军，两三天便可到江苏地盘，江苏是齐燮元的，要接火。

在兖州住下之后，张宗昌把师旅长叫到面前，轻轻松松地说："不走了，不走了。好好休息几天。"他望望师旅长们有点不大理解的情绪，又说："你们是不是想问问为嘛不前进了？告诉你们吧，兖州是出圣人的地方，东边曲阜出了个孔圣人，南边邹县出了个孟圣人。咱得到圣人的家乡受点熏陶，学点道理，以后好打胜仗。"

"怎么受熏陶，咱也去拜庙吗？"有人问。

"拜嘛庙？"张宗昌说，"半个月走得腿酸，好好歇歇腿。拜庙嘛事？"参谋长王翰鸣说了话：

"各位，军长的意思是，要部队好好休整，再往前走。要打仗了，就没空休整了。现在得——养精蓄锐，增强战斗力！别的事，大家不必细问了。就地待命！"

部队就地待命之后，张宗昌自己却不能待命，他把新任随军参谋长李藻麟叫到面前，开门见山地问他：

"伯仁，齐燮元的队伍情况你比我知道的多，咱们要跟他较量哩，你看咋较量？"

李藻麟虽然在直系军队中当官多年，但多在北方，他对江苏情况并不十分清楚。他说："我派几个探子去打探一下再说吧。"张宗昌点点头。

大兵驻扎之后，张宗昌猛然游兴大振，他一定要到曲阜去朝圣了。

张宗昌到曲阜去了，浩浩荡荡一大批人马，队前还有人开道，把行人车辆也都赶走了。张宗昌是坐着马车去的，马车上搭着布棚子，前后还有布幔。张宗昌跳上马车时，挺不高兴。他让扯去前后布幔时，口里骂道：

"妈的，为嘛把我包起来？旅游就是去看看世面，包起来还不如我躺在床上睡觉舒服哩。扯了去，把上边的也扯了去！"

布棚、布幔全被扯去了，马车上只剩几根弯弓似的木棍棍，张宗昌坐进去，咧开大嘴笑了，说："这才像个样子，我能看景，别人也能看见我。让他们看看我是个什么熊样！"

张宗昌上了车，还把王翰鸣、李藻麟也拉上车，让他们坐在自己身边，跟保驾神差不多。

对于曲阜，对于孔圣人，张宗昌几乎是一无所知的。当初在老家掖县祝家村，他在私塾里读过一年书，只见过学堂墙壁上挂着一张老头子像，教书先生告诉他，"那就是孔圣人。是念书人、教书人的老祖宗。"还说，"圣人离我们已有六七十辈人了，大约两千四五百年以前的人。"张宗昌没放心上，他说：

"除了俺爹之外，俺爷爷是谁我都不知道。我管这个老家伙干嘛呢！"

后来，他由土匪入官场了，由荒山老林进入城镇、进入庙堂了，他发现差不多的城市中都有一座像模像样的文庙，本地文官儿和外地、上边来的文官儿，都像敬天神似的去朝拜。他才知道"孔子不简单"。有一次，王翰鸣领他在沈阳进了文庙，向他详细说了孔子其人，张宗昌这才大吃一惊："乖乖，连皇上也得管孔子称老师！"也就是那一次，王翰鸣还告诉他："孔子名叫孔丘，是山东曲阜人，你的老乡。"张宗昌从此又多了一份自豪，"我是圣人的同乡！"

曲阜在兖州之东十五公里处，泰山山脉西南，泗水之滨，三面环山，山明水秀。马车颠簸个把时辰，便到了城郊的"棂星门"。远远地望去，三间四柱的建筑，前后皆为抱鼓石夹抱，中有石斜戗支撑，石柱有出头云板，顶刻四天将。柱间安设木门。额坊，铁梁上铸有十二个龙头阀阅，中间额坊刻着乾隆手书"棂星门"三个大字。"好气派的一座牌坊！"

张宗昌在车厢里跳起来，大声呼喊。

王翰鸣向张宗昌介绍了一番棂星门，说话间，马车已到门前。参谋长说："军长，下来吧。"

"到哩？"张宗昌问。

王翰鸣用手指了指门侧的一块石碑，说："这是规矩。"

"嘛规矩？"张宗昌问。

王翰鸣笑了，指着石碑上的字，念道："'官员人等至此下马'！"

"啊？这马车也得下？"

"得下。"王翰鸣说，"就是轿子，也得下。"

"他们不知道俺是谁？要知道……"

"连皇帝、宰相也如此。要么，就称得起'天下文官祖、累代帝王师'了么？快下。"

张宗昌下来了。他们穿过棂星门，步行入城，又从"圣时门"（孔庙二门）、"弘道门"（孔庙三门）走进孔庙。

曲阜虽然是圣人之乡，张宗昌却是军阀，是军长，无论咋说，这样的几个词总协调不起来。所以，曲阜小城还是惶惶恐恐地接待了这位与圣人毫无缘分的人物，而张宗昌无论是在孔庙、还是孔府，还是孔林，都没有提起兴趣，别人无论怎样介绍，他都点头，应着"嗯，嗯！"没有丝毫"圣"的感觉。唯独到了驻跸亭，经人指点看到了历代皇帝来祭祀时立下的碑，他的心动了：皇帝来到这里，都立一块碑。咱为嘛不立一块？他对王翰鸣说：

"参谋长，问问管事的，立这么一块碑要多少大洋？"

"干什么？"

"咱们也立一块。"

王翰鸣笑了，笑着摇摇头。

"嘛？你说咱们立不起？当年我一伸手就给曹老三八只金仙寿星，纯金的。难道一个碑的价码比那还高？"

"不是价码高低的事，是咱们身份不够。"

"要嘛身份？"

"要皇帝。"王翰鸣说，"今天说呢，就得要总统，连咱大帅都……"

"这曲阜不就是一个县城么，"张宗昌说，"立个碑还得要这样高的价？好、好，咱今天不立。不立。"王翰鸣怕扫了他的游兴，便说：

"军长，咱们不能立碑却可以题字。题字留念也可以。"

"题嘛字？"

"题什么都可以。"王翰鸣说，"平时我见军长常常作作诗，今天游兴甚浓，不妨作一首诗，留在这里。"

"嘛诗？"张宗昌笑了，"我那诗算诗？还不如狗拉的屎呢。不哩，不哩！"

"别这么说。"王翰鸣说，"诗么，固然有严格的韵律，讲究仄平。但是，更重要的，诗要出自情感，有情感而发，那就是好诗。这就是常说的——诗言志。军长此番游圣迹，自然感慨许多，发发情怀，不就行了。"

"这话也是。"张宗昌说，"《千家诗》我不认得，听人读过。有的听也听不懂。这次，咱作两首有感情的，就让土匪诗压倒秀才诗！"

话说出口了，张宗昌得"构思"。所以，在下一段的游走时间内，无论在什么地方，看了什么，他一概无兴趣了，只想诗。

这诗也着实不是好作的，五言也好、七言也好，总得言之成句，言之成章。张宗昌心眼机灵，有敏捷的思绪，但诗毕竟是诗，哪怕是顺口溜、打油调，也得诌出来才行。往日，看着什么，哪怕是狗调情，他也能诌出一两句，今天，大约是在圣人脚下，竟一句也作不出来。直到最后要结束了孔林之游，还是思不出诗。他有点焦急了。

张宗昌站在一片高坡上，望着高天淡云，望着北方隐隐现现的山峦，思想乱了：这诗怎么写呀？没有诗题什么字。题不出字，谁知道我张宗昌来朝圣呢？

李藻麟走到他身边，见他眺望北方，还以为他遥视泰山呢，便说："军长，你在观察泰山？多雄伟的一座'五岳独尊'呀！"

张宗昌灵机一动：对面是泰山？泰山他听人说过，五岳之首，突兀峻拔，雄伟壮观，伟大得不得了！可是，眼中望见的，却只是一脉高耸入云的影子，黑黢黢，不分沟壑了。张宗昌想：泰山是啥样？我还看不见呢！

可是，他的诗兴竟被勾起了：对，我就写一首泰山诗留在曲阜吧！游览一毕，去客厅休息。

别看曲阜圣地，圣地上管事的人可都是平民百姓，对于张宗昌这样的军阀，无论出于什么样的心情，还是敬畏兼有，不得不奉承一番。

"听说张军长还是诗人，今天要为圣地留下墨宝了。"有人奉承他。张宗昌有准备，也不推辞，便对王翰鸣说："来，参谋长。我念，你写。"主人马上扫案、铺纸、研墨。张宗昌立站着，眯眼沉思。王翰鸣酿笔待命。

张宗昌诗已有腹稿，便念道：

> 远看泰山黑乎乎，
>
> 上头细来下头粗。
>
> 若把泰山倒过来，
>
> 下头细来上头粗！

"好了，就这！"

"就这？……"王翰鸣录到纸上，深深地呼出一口气。

曲阜回来，张宗昌累了，躺到床上，谁也不想见。可是，他却没有休息，他在紧紧张张地思索着事情——

南下伊始，张宗昌就思索：这年头，最要紧的，是实力。手下有多少人，腰杆就会有多硬！我得保住这个军队，有这个家底，凭到谁怀里，还少了奶吃！张宗昌决心保队伍，想用任何可以用的办法保自己，哪怕是换旗帜，改主子。什么旗帜、什么主人？哪里有好日子过，我就到哪！"

兵屯兖州，再不想动。他得把前方的情况摸明白，可行则行，不可行，就在兖州安营扎寨了。

兵住兖州第四天，前方忽有情况来报：齐燮元的北大门——徐州，是由徐州镇守使陈调元驻守，陈有一师兵力驻扎。听了这个情报，张宗昌一下子兴奋起来：是他镇守徐州？陈调元、陈雪暄？张宗昌从床上爬起来，从屋里钻出来。在院子中大叫起来："参谋长，参谋长！快快来，快快来！"

话没分清，老参谋长王翰鸣、随军参谋长李藻麟都匆匆赶到他面前，问："军长，你有事？"

张宗昌一手拉着一个，边往屋里走边说："我要拔营，我胜利哩，胜利哩！"

王李二人都糊涂了，两天前还部署就地"练兵"，交代"做长期驻扎"。今儿怎么啦，又是"拔营"，又是"胜利"，难道有天神暗示？二人一起问：

"军长，大军未动，怎么就胜利了？"

"嘛？不信俺。"张宗昌说，"不是俺吹，拿着俺四指长一个纸条，徐州镇守使就得退兵！他知道张长腿借他一条路下南京，看他敢说一个'不'字！"

"徐州镇守使是……"李藻麟思索着，一时想不起是谁，"谁……陈调元？"张宗昌乐哈哈地说："陈雪暄。"

王翰鸣也迷惑了："陈调元，齐燮元的骨干，二人关系极密。这样，他才把这片历来是兵家必争之地——徐州交给他把守。陈调元也是一位著名的将领，又有徐州这块天然良好的阵地，未出兵怎么就说'胜利了'？"王翰鸣说：

"军长，陈调元是名将，不可掉以轻心。何况他又据有徐州这块良好的阵地。"

昨天还唉声叹气、腰杆难挺的张宗昌，今日忽然精神大振了，谁能不怀疑？

张宗昌笑了，笑得得意忘形。

"俺的话你们不相信？实话对你们说了吧，当初俺当师长时，住上海，他陈雪暄在冯国璋手下当个小小的宪兵司令，穷得叮当响，嘛也没有，全吃俺老张的。他看上了名妓女叫花四宝的，那女人原来跟俺随和，他陈调元想要去做姨太太，俺不光让给了他，还出大把银元为四宝赎身。那时候，他陈调元能跪在我面前叫三声'亲爹'！这恩情他还没有报俺分毫呢！就凭这，他……"王翰鸣笑了。李藻麟也笑了。王翰鸣说：

"原来军长和陈镇守使还有这么一段情深意笃！这样吧，您写个信，我派个有身份的军官去试试。"

"写信？"张宗昌咧着大嘴笑了，"你硬拿俺赶鸭子上架哩！你又是不知道，俺斗大字认不得一石，偏要俺写信，这不是难为俺吗？你写，俺画个'张'字，老规矩，行哩！"

王翰鸣展笺挥毫，写了封信，念给张宗昌听听。张宗昌点点头，在末尾画一个歪歪扭扭的"张"字，这才派人往徐州送去。

陈调元兵屯徐州，本来还是信心十足的，中原为直系天下！北京曹锟做了大总统，吴佩孚"八方风雨会中州"，洛阳成了直军的中坚；皖系败北，奉系退出关外，天下乃直系！齐燮元在上海、浙江又新胜了卢永祥，内内外外，安然无恙！

谁知风云突变，北方发生的又一次直奉大战，吴佩孚二十万人竟败得山倒！中国土地上竟没有他立足之地，只好漂海了，曹锟也从总统宝座上跌下来，成了阶下囚。直家天下一夜之间落花流水！几天前，陈调元在南京便问江苏督军齐燮元："大势已去，咱们如何？"

齐燮元已无几日前的兴高采烈，叹息着说："听天由命吧！"

那时候，他们还存一线希望：奉张有言在先，只报一战之仇，打败吴佩孚即退出山海关。奉军不入关，皖系已无兵，齐燮元这支未经战争创伤的军队，依然是国中劲旅。他们幻想着会独霸长江三角洲的，殊不知天不遂人愿，奉军入关了！不仅入关，而且挥师南下了！齐燮元大吃一惊；陈调元大吃一惊！

陈调元正在徐州犹如惊弓之鸟时，张宗昌的信使来了。信使呈上张宗昌的信，对陈调元说了话：

"我军兵临兖州已数日，不是不想前进，也不是不能前进，而是我们张军长不忍前进！张军长与陈镇守使有一段上海情谊，久久不能忘怀。听说徐州为陈将军防地，张军长不忍兵戈相见。故差在下前来下书，拟借徐州之路，挥师南下，既完成张大帅使命，又不伤你们二人和气！"

陈调元本来已是提心吊胆、生怕奉军来攻了。见了张宗昌的信，又听来使如此叙说，自知战已无力，不如给张宗昌一个顺水人情。同时，也好保存自己实力。于是，不加思索地说：

"我马上写封回信，请阁下回报张将军，容我三天之限，我将队伍西移砀山，把徐州通途让出来，并请转达我对张将军的问候，感谢他上海的厚爱。"

张宗昌的信使回到兖州，如实回报。张宗昌最后笑了：

"我知道陈雪暄不会忘了当年上海之情！好，咱们等他三天！"陈调元一边上报南京，说"奉天大军压境，难以抵御"，一边急急忙忙将队伍西移砀山和丰沛一带，躲开徐州，把路让了出来。

张宗昌一枪不发便占领了徐州，而后，浩浩荡荡，直迫浦口！

第十三章
军长对督军算门当户对

　　张宗昌兵抵长江，齐燮元在南京大吃一惊："徐州果然不守？陈雪暄兵败撤走？"

　　徐州是江苏北大门，大门已敞开，奉军已逼长江，齐燮元知道南京不保了。于是，这齐燮元为保存一点实力，也"走为上"了。南京几乎未闻枪声，便被张宗昌占下。

　　这是1924年的秋末冬初，南京尚留有火炉之暖。张宗昌兵渡长江，据有南京，便马不停蹄继续南下——他要占领浙江、收拾安徽，再控制江西。南京留下警备之后，张宗昌便命毕庶澄部驻扎无锡，吴致臣部骑兵驻扎常州，褚玉璞部驻扎宜兴。当张宗昌和褚玉璞率主力抵达常州时，便兵分两路，一路由张宗昌亲率，进驻上海；一路由褚玉璞以副军长名义，与参谋长王翰鸣一同率领三万人去宜兴，准备继续南下，进击浙江。临分手之前，张宗昌开了个军事会议，他兴致勃勃地对将领们说：

　　"江苏已经是咱们的哩，下一步必须拿下浙江；有了浙江，安徽便会不攻自破。到那个时候，咱们便有三个省哩，给大帅两个，咱还有一个。咱有一个省哩，再不吃别人的饭哩，日子就好过哩！"他又对褚玉璞、王翰鸣说："到宜兴之后，你们就抓紧准备，等我的命令，便直扑杭州。"

　　马上就有地盘了，又是胜利之师，士气极高。军抵宜兴之后，备战便积极行动。

张宗昌进入上海，既是旧地重游，又是胜利之师，他自然得意忘形，更加上那一派灯红酒绿、纸醉金迷之势，一下子使他乐不思蜀起来——

这里，有一个至关重要的人物出来了，我们不得不多说他几句。他便是新近高升为闽浙巡阅使兼浙江军务督办的孙传芳。

孙传芳，字馨远，山东历城人，北洋武备学堂毕业，任过北洋军营长、团长、旅长，1923年任福建军务督办。原本是直系军阀中的骨干人物，不想在福建军务督办任上没干好，被福建地方势力、他新结拜的金兰兄弟周荫人给赶了出来，成了"流寇"军，在闽浙之间遇到了不少的困难。所以，他一直责怪"周荫人不够朋友"，他要寻机报复周荫人。其实，孙传芳也不是正人君子，他被逼出福建，走投无路了，想到浙江卢永祥那里借点资助，渡过难关。事又凑巧，正赶上那场"齐卢之战"，卢永祥处在不利时期。孙传芳思想突变，他觉得借不如抢，抢不如占。乘人之危，他竟占下了浙江。就在此时，张宗昌率奉军逼上来了，他十分着急，知道自己不是奉军的对手。

正在孙传芳焦急不安的时候，他探听到统率奉军南下的是张宗昌，张宗昌已到了上海。孙传芳轻松地笑了……

孙传芳便派亲信赶往上海，把所有的妓院、赌场、酒市都花钱包下来，并交代：张宗昌所到之处，务必热情，不许收分文；款待好了，重重有赏！如此安排，正迎合了张宗昌。

张宗昌在上海花天酒地了许多天，进军令也不发了，天天应别人请，出妓院、入歌厅，飘飘然起来。忽有一天，有人告诉他：

"上海如此厚待，完全是浙江军务督办孙传芳的美意。孙督办很想跟张军长结个朋友。"

张宗昌连思索也不思索，便说："好哩！交朋友就交朋友。多个朋友多条路么！"孙传芳到上海了。张宗昌握着他的手，说：

"俺说上海的婊子待俺老张那么厚，原来还是你出的银子！"孙传芳笑了。他说：

"上海、杭州相去不远，俺孬好也算半个主人，何况咱们都是山东人。我得尽点地主之谊，还得为老乡接风！"

"嘛？接风？"张宗昌说，"你知道我来嘛事吗？"

"你不是来打俺的吗？"

"你知道俺来打你，你还招待俺？"

"不打不相交嘛！"

"你敢到上海来见俺，算你有种！"张宗昌举起杯，说，"来，咱干一杯！"

住在上海豪华别墅里的张宗昌，不是不想杀孙传芳，他想：杀了孙传芳，浙江就是我的了！张宗昌南下的第一步打算就是打下浙江。

到上海之后，他得到了两个消息：其一，张作霖在奉天与杨宇霆商量定了，江浙皖三省督军都安排好了，没有张宗昌的份。张宗昌恼了："妈的，老子冲锋陷阵，打下地盘给你们了，老子为嘛拼？到今天了，老子还不是正宗的奉系，我算老几？"其二，他很欣赏也很珍惜自己的这个队伍，无论是俄国白卫军，还是滦州收编的直军，他们都对他忠心耿耿，指向哪里打向哪里。"我没有这么多军队，上海能这样款待我么？天下是谁的天下还不知道，我得保住青山，寻找真主！我的队伍不散板，谁做朝廷也不会亏待我！"

张宗昌把门关上，把自己的想法告诉了李藻麟。李藻麟眯着眼睛，半天不说话。

——天津归来之后，李藻麟显得稳重、深沉了，凡事再思，三思而后又谨慎处之。张宗昌对他一如既往，信任无疑，他很受感动。早几天，队伍过江之后，开过一次军事会议，也就是分兵驻防的问题以及下一步作战计划，张宗昌猛然提了一个大家都觉察到了、但谁也不愿开口的问题。他说：

"我们现在有两个参谋长，你们说，参谋长给谁好呢？"

大家还是不说话——怎么说呢？脸对脸，面对面，多难为情！张宗昌笑了。

"你们这些人就是不爽快。咋想的就咋说嘛，吞吞吐吐。你们不说我替你们说。"他清清嗓门，接着说，"我们从奉天出发，打垮吴佩孚，参谋长是王翰鸣，老王算立了大功。参谋长得仍然是他。李伯仁能够重返我身边，也是个好汉，何况他也是个足智多谋的人，我相信他，就给他一路军的随军参谋长吧。"大家这才笑着，点了头。

张宗昌命人正式发了委任状，又说：

"老王随褚玉璞副军长去宜兴，准备攻打浙江，你们打头阵；老李随我去上海，我们另有任务。"

李藻麟随张宗昌来上海许多天，一直也没有摸清张宗昌的"另有任务"是什么。今天，张宗昌向他透露了这样的思想，李藻麟不知该怎么说才好。

他想批评他几句——流氓军阀，连起码的道义都不顾，投了张奉应该忠于张奉，怎么能三心二意呢？他没有批评他，李藻麟在军阀中混迹也不是三年五载了，有几个军阀讲信义呢？还不是拳头大的是"哥"！他想表明态度支持他，要他随风倒，看大势。但是，李藻麟毕竟是读过几年圣贤书的人，循规蹈矩，还是讲究点的。所以，他沉默。

张宗昌沉默不住，他焦急地说："伯仁，你总得有个意见嘛！"

"我看这样，你跟孙馨远处一阵子，摸摸他的底，可交则交，不可交则拉倒。可交了，自然不动干戈了；不可交，就按原计划，把他赶出浙江！"

张宗昌无可奈何地点点头。

张宗昌在上海花天酒地看"形势"，急坏了宜兴的褚玉璞和王翰鸣。

"严阵以待，待到几时？"王翰鸣问副军长褚玉璞，"张军长到上海，再无消息。这算怎么着呀？"褚玉璞也说不透是怎么回事，说："难道情况有变？"

"军情紧急，变也得通通消息呀！"

"我们发个电报问问。"

王翰鸣以参谋长名义给在上海的张宗昌发了一个电报，又催促询问了一通。

接到电报的时候，张宗昌正在妓院里陪着孙传芳喝酒听曲。他已经快被孙传芳的"热情"征服了。孙传芳"大度"、有钱——卢永祥在杭州刮了两三年的地皮全留给（不，恰当地说，是全被孙传芳给掠夺去了）他了，能保平安，在张宗昌身上多花几分钱，又算得了什么呢！比方说吧，张宗昌喜欢吃狗肉，孙传芳就打听"何处狗肉最好"，有人说"沛县狗肉最好。当年刘邦在沛郡当泗水亭长时，就把狗肉吃出了名；那个卖狗肉的叫樊哙，是逮了微山湖里的老鼋做汤子，然后煮狗肉的，叫鼋汁狗肉"。沛县在江苏北部徐州府，孙传芳去不了。没办法，他叫金华人去做狗肉。金华是有名的火腿生产地。孙传芳便命金华名匠用制作火腿的办法为张宗昌制作狗肉。张宗昌也并非是高品位的美食家。只是当初跟着老爹的喇叭班子敲铙时吃过偏桌上的狗肉——这里得叙说一下"偏桌"。旧社会，吹喇叭的为下贱人，吃饭时饭桌也得摆在墙角旮旯里；狗肉是上不得宴席的，对喇叭匠，也就不讲究了——觉得味道好，久久不忘，常流在口头上。现在，一吃金华人用制火腿的办法制的狗肉，自然比当初在"偏桌"上吃味道更加鲜美。于是，张宗昌拍着孙传芳的肩说："馨远，你咋知道俺老张喜欢吃狗肉？"孙传芳笑着，一本正经地说：

"像效坤军长你这样的人物，将来得入正史哩，你的嘛事别人不关心？"

张宗昌心里一跳，忙问："俺的事人全知道？"

"知道。"

"都要写入正史？"张宗昌心仍跳，"拉胡匪、嫖窑子，杀俄国卖钟表的男女，认郭鬼子（郭松龄外号）叫爹……都入史？"孙传芳狠狠地摇摇头。

"不，不，不！你不懂写历史的门道。"

"写历史还有嘛门道？"

"有。"孙传芳说，"门道便是'成者为王，败者为寇'。当初朱元璋不得地，偷鸡、摸狗、翻墙头啥不干？后来当了皇帝，写史的人便吹他上天，谁敢说他一星半点儿坏话了！"

"噢！"张宗昌轻松地出了一口气，心中暗想：俺实当写史的人都是学问人，是正人君子呢，原来也是扶竹竿不扶井绳的小人，孬种！"个别史家也有正派的，少。"孙传芳摇头，又点头。

——别看这些都是小事，张宗昌却美美地记在心上了。因而，这仗么，也就丢下不想提了。

参谋长的电报来了，张宗昌让李藻麟看明了意思，笑了——从李手中接过电报，转身交给孙传芳了，说：

"督军大人，你瞧，我的参谋长来电报，要打你哩！"孙传芳接过电报一看，脑门热了一下，但马上又冷静了。张宗昌交给他电报，他便知道这份情意已非一般，又自觉这些日子处得还不错。于是，便笑着说：

"那就请军长告诉你的参谋长一声，你现在正在干嘛哩！"说着，把电报交还给张宗昌。

张宗昌把电报揉揉，填进衣袋中，摇着头说："嘛，告诉他？我才不呢。让他们闷闷再说吧！"

孙传芳更是一块石头落了地，急忙端起杯，举到张宗昌面前，说："来，小弟敬你一杯！为大哥的海量，干杯！"

自称"小弟"，又一声"大哥"，更添上"海量"二字，酒席面前的气氛顿时大变，分不清主、客，大家都是弥勒佛样的微笑。只是，孙传芳竟先喝干了手中酒，无疑摆出了主人的架势。

张宗昌端起酒杯，没有喝酒，却把几天来的思想做了个"归结"——不打孙传芳了！"打孙传芳，也是为别人开辟天下，落个朋友，倒是为自己。"他挺挺胸，说了题外话："馨远，有句话俺想问问你，咋样？"孙传芳落落大方地说：

"要小弟办的事，刀山火海，不寒脸！大哥只管说。"

"不是刀山火海。"

"要我浙江省？"

"要，我就不如夺哩！"

"那是有嘛事？"

"我要问你：是你督军官大呢，还是俺军长官大？"

"这……"孙传芳无法回答了。

张宗昌见孙传芳犹豫不答，竟是自己回答起来：

"俺觉着一个军长对一个督军，也算门当户对哩，俺不算高攀你。馨远，俺想跟你结个金兰兄弟，咋样？"

孙传芳这才明白。他也正想巴结张宗昌，免遭一场枪刀之灾。听得张宗昌这样说，忙站起身，又拱双手：

"不是大哥高攀小弟，而是小弟有了靠山！"他转身高喊，"来人，摆香案！"

一场即将展开的连天炮火，竟然在妓院的笑颜、轻曲和酒杯中化为玉帛！虽然不失为奇闻，但对中国的老百姓来说，毕竟避免了一场重大伤亡和破坏，得算是一件好事！浙江的仗暂时不打了，中国还在乱。

曹锟不当总统了，张作霖暂时又不想当总统；孙中山可以当总统，但孙中山远在广州，不知何日才可到北京。国中不能一日无主，各方商量，决定暂时由段祺瑞出来组织临时执政政府，一俟孙中山到京，再与各界协商，成立正儿八经的共和政府。这是 1925 年春天的事。

春天是欣欣向荣的季节，一元复始，万象更新！连得意的、失意的军阀在内，脸上都露出了轻松！春天也有春天的不幸。

为了组织新的、联合的共和政府，在广州的孙中山，主持召开了中国国民党第一次全国代表大会，通过宣言，实行联俄、联共、扶助农工的三大政策，把旧三民主义重新加以解释，发展成为新三民主义，改组中国国民党成为工人、农民、小资产阶级和民族资产阶级的联盟。这些事都办成之后，他于 1924 年 11 月应邀北上，打算同段祺瑞、张作霖共同商讨"召开国民会议和废除不平等条约"等大事。不幸的是，就在 1925 年新春，孙先生到北京不久，于 3 月 12 日与世长辞了。他虽然留下了"必须唤起民众，及联合世界上以平等待我之民族，共同奋斗"的遗言，但是，又有谁去"唤起民众"，谁去"联合世界上以平等待我之民族、共同奋斗"呢？

段祺瑞执政了，成了中国又一任人王地主。在北方，他除了把亲信郑士琦安排为山东督办之外，又在江苏安排了被孙传芳赶出浙江的卢永祥为督办；而张作霖，却通过段执政任命，又把杨宇霆、姜登选安排到安徽、江苏……一场新的权力瓜分，又在军阀中展开。

张宗昌在花天酒地的上海一觉醒来，他才知道自己的所有想法都落空了，就连上海这片地方，也并不完全归他了。他发怒了，他在自己的房间里跳起来了：

"他妈的，都下手抢哩！都下手抢哩！当初真刀真枪耍的时候你们这些龟儿羔子都到哪里去哩？又都回到娘肚子里去哩，还是钻回爹的腿里去哩？现在好，一个一个都督军的督军、省长的省长起来，人五人六的！嘛？全是孬种，是龟孙……"李藻麟听得军长暴跳，匆匆走了过来，说道："军长，何事这么发怒？怒大伤身呀！"

"伤什么我也不怕，我马上要同他们那些龟孙拼命呢！"

"熄熄火，慢慢静下神，"随军参谋长说，"天大的事，都需冷静地对待。"

"我冷静，我冷静？"张宗昌还是暴跳，"我再冷静，连咱们一片练兵场也没有哩！咱们成流民哩！"

李藻麟明白了：张宗昌是为了地盘。随军参谋长叹息了：也别怪张效坤暴跳，从奉天打到天津，从天津打过长江，人家战功卓著呀！好几个省的地盘全是人家打的，张大帅应该给他一个省。一个不给，这不太令人寒心了么！这么想着，李藻麟为张宗昌抱不平起来："好，我帮他出个主意。"

"军长，暴跳不是办法。暴跳还会惹人烦恼。局面既然这样了，咱们得想个对策……"

"想嘛对策？对策想出来，黄花菜都凉了！饭全叫别人抢去了，咱们只拿着空勺子有嘛用？"

"咱们不能想一个办法，让他们端在手里的饭吃不成吗！"

"嘛办法？你拿，我听你的！"

李藻麟也称得起文武全能。国中政局的变化，他早有所闻，当然是抱不平的，心中有过盘算。再说，重新归附张宗昌以来，尚未见寸功，而张对他却是前嫌不计，一如既往。他正想为张做些令他满意的事情。于是，他说：

"军长，办法我倒有一个，只是需要您下决心。"

"说吧，决心我下。一定下！"

"我看这样，"李藻麟说，"杨宇霆也好，姜登选也好，就连卢永祥也算上，您瞧见了吗，他们手下都没有军队，所以敢去上任，全是靠咱们大军压境，他们只来当官。咱们无形中成了他们的保镖。想大大地暴跳一下，您就撤军。把队伍撤回去，至少是撤到长江以北去，咱不当保镖，看他们官怎么当？"

张宗昌锁着眉，认真地想想，猛然眼睛大亮。他拍着屁股大叫起来："对！对、对！明天我就下令：撤兵！"

——张宗昌图谋苏、浙、皖的计划全部放弃，他把已经布在常州、宜兴进窥浙江的队伍撤过长江以北，集中在徐州、蚌埠一带，又在"休整"了。

第十四章
秀才见了兵会怎么样

张宗昌屯兵徐州，便不想再动了，他要以静待动，看看形势发展——看看那些抢了官的好汉们坐稳坐不稳，看看大帅对这片阵地做何打算。

徐州地处苏鲁豫皖四省毗连处，历史悠久，古迹繁多，是汉文化的汇集地；再加上五省通衢，水陆相接，四周山峦峰起，城市坐落险要，不仅是商家青睐之所，更是兵家必争之处。历来欲据中原霸业之辈，无人不把目光放在徐州。"彭城（徐州古名）之得失，辄关南北之兴衰""自古彭城列九州，龙争虎斗向千秋。"前些年辫子军张勋搞的"复辟运动"，大本营就在徐州。又加上张宗昌的副军长褚玉璞是徐州沛县人，有意留张为他在桑梓树威，故而，张宗昌便也恋起徐州来了。一天，比张宗昌大九岁的褚玉璞用颇带主人的口气对张宗昌说："军长，徐州是一片宝地，我们的沛县更是宝地中的宝地。你先歇歇，改天我领你去看看。"张宗昌问：

"沛县有嘛好景致？"

"沛县出了个刘邦，刘邦是个皇帝，好景可多着呢！"

"那你说几处，我听听。"

张宗昌一让褚玉璞说说他家乡沛县的"古"，褚玉璞傻眼了，他只"嘿嘿"地笑着——

褚玉璞只算是沛县的客户，光绪八年（1885 年）他九岁时跟着老爹从山东省汶上县褚家庄逃荒来到沛县的陈堂村，在陈堂村过了二十八年，外出当兵了。在陈堂村那些年，从没进过学堂，刚像个人模样，便操起了偷鸡摸狗的行当；再大两岁，拉杆子当了土匪，跟着土匪头子屈九里闯荡；屈九里死了，他成了匪首；后来被铜山县长抓住蹲了大牢。多亏他大哥褚玉凤托地主、乡绅，又花了大钱才把他保出来。后来，革命军赶跑了辫子军，在徐州招抚土匪武装，褚玉璞收拾旧部，投入革命军。革命军奉命去湖南打湘系军阀，失败了，褚玉璞又跑回徐州。直到他四十五岁那年才到关东投奔张宗昌。匪——兵，兵——匪，什么文化、什么古人，他哪里知道？"嘿嘿"了半天，才说：

"现在不能对你说，说了你就不看哩。晚天我找个老学究陪咱边看边说。"

张宗昌别看他不通文墨，可他从小便好听"讲古"。当年拉胡匪、当奉军时，有空时便喜欢到说书场，听听评书什么的，能记住许多真真假假的历史事件和人物；尤其是对历史上的英雄好汉，还有几分敬意呢！听了褚玉璞的搪塞，心中暗自笑了：嘛沛县人？怕还不如俺老张知道得多呢！便说："好，好，改天我随你去沛县。"

张宗昌和所有的军阀一样，最怕人称他们"军阀"，更怕人称他们"流氓军阀""土匪加军阀"。他虽然歧视儒学，但却有意向儒家靠拢，更有时自己充当儒家。

张宗昌在徐州住定之后，静待政争，无心打仗，竟正儿八经地弄来纸笔文房，每天写起诗来。并且下决心，几年之后编一本《效坤诗抄》。他对王翰鸣说：

"参谋长，你把我的诗都收起来，有一天你给我编成本本，咱印出去。"又说，"等我死了以后出来也好。但是，最好我活着的时候出来，让那些酸文人瞅瞅，我张效坤不粗，细着呢！"王翰鸣说：

"您放心，这事我能办到。诗出来之后，咱送几本给北京的'皇史宬'。"张宗昌惊问：

"'皇史宬'嘛地方？"

"是藏书的地方。专藏皇王的手笔，藏实录、秘典的地方。"张宗昌笑了。

"那……俺的诗能够格？"

"够哩！"王翰鸣说，"早时您写的《泰山》诗，就可成为千古名句！"

"你说……"

"您忘啦？咱留给孔庙的题诗！"

"噢，'远看泰山黑乎乎'，就是好句么！"就是这天晚上，张宗昌又作了一首好诗。

入夜之后，云突然浓了。六月的夜空，变成一片漆黑。室内，猛然闷热起来。

张宗昌正展纸苦思，尚未得句，忽然天空一个惊雷"炸——！"紧接着一道闪电冲进室中。瞬间，又是雷电相接，大地顷刻沉沉起来！"有哩、有哩！"张宗昌大声喊道，"我有诗哩！"王翰鸣走过来。

"军长这么激动，一定有好句在胸。我倒要先赏为快！"

张宗昌这几年学了几个字，不是瞪眼瞎了，但写起诗来，还有不少字不会写，得留下空框，由别人代填。他摸起笔，说：

"老王，等着为我填瞎，我写给你看。"说着，便在纸上歪歪扭扭地写出来！

> 忽见天上一火□，
> 好像玉皇要□烟。
> 如果玉皇不□烟，
> 如何又是一火□。

"你看看，看看如何？"他把诗拿给参谋长。王翰鸣搭眼瞅了一遍，问："第一行最后那字是啥？"

"是火链子的'链'。"

"第二行第六个字呢？"

"是抽烟的'抽'。"

"这么说第三行第六字也是抽烟的'抽'了？"

"是呀！"

"第四行末尾一字我知道了，是火链的'链'字。"张宗昌点点头。

王翰鸣拿笔为他把空框补上，又有韵有律地朗诵起来！

> 忽见天上一火链，
> 好像玉皇要抽烟。

如果玉皇不抽烟，

如何又是一火链。

"好诗，好诗。"王翰鸣说，"军长，前天，徐州快哉亭诗会有位会长来了，说他们要办一次'快哉亭诗会'，以文会友，作诗对句。听说军长诗作得很好，想请军长光临并献诗。我看，这首诗就好极了，您去参加诗会吧。"

"和徐州的诗人相会？还得拿诗？"张宗昌摇着头，笑了，"我可不愿意到那些秀才面前丢人现眼。算哩、算哩。"

"怎么能算哩？"王翰鸣说，"人家慕您的大名，您不能瞧不起人家！"

"我懂。"张宗昌说，"他们本来就不是对我的诗来的，是对我的名，对我这个军长。中国有一句混蛋话，叫'名高好题诗'。其实，名高的人大多数没有好诗！甚至有的人，嘛诗？跟狗屎差不多，还硬叫别人说好！我不干。你对他们说，俺张宗昌是个大土匪，嘛诗也不会写。他们怎么高兴，就怎么玩他们的好了，与俺无关。"王翰鸣只好笑笑，把此事放下。

两天之后，褚玉璞果然请了一位沛县的学究来给张宗昌说"沛县"。说沛县，重点说刘邦。因为除了刘邦之外，沛县就再无好东西可提了。说沛县，说刘邦；说刘邦，说樊哙；说樊哙，自然说到樊哙的鼋汁狗肉。

张宗昌一听沛县有鼋汁狗肉，高兴了，忙问：

"孙传芳在上海就说过沛县的鼋汁狗肉，他无法弄到，俺就没吃上。今天好了，褚蕴山（褚玉璞字蕴山）叫俺去沛县，俺原不想去。现在知道有鼋汁狗肉了，俺去！"他又问，"那卖狗肉的可是樊哙？"

沛县学究暗自笑了，回道："樊哙是秦末汉初人，距今两千多年了。现在卖狗肉的是樊哙的七十五世孙子。"

"这就不行哩。"张宗昌说，"两千年前那樊哙用大鼋煮汤再煮狗肉，是好味道。樊哙早死了，那鼋汁能不臭？俺不信。不去吃了。"沛县学究说：

"樊哙死了鼋汁却没臭。"

"为嘛呢？"张宗昌不信。

"因为他的后人是用他的老汤子不断地煮新鼋，一代一代留传下的汁，还是原味。"

"这嘛，还有点意思。俺去！"

张宗昌在众多官兵的簇拥下，从徐州奔赴沛县去了。打头阵的，自然是褚玉璞。

这个褚玉璞也真是个人物，鼓动着张宗昌去沛县，原来有他自己的想法。他已经五十岁过了的人了，官场上没几时混了，落叶归根，他得归到沛县来。可是，他在沛县给老乡留下的印象却不好：小偷小摸、拉杆子当土匪，买枪支又成了兵痞。总之，沛县老乡认为褚玉璞不是个正派人。这一点，褚玉璞早有耳闻，现在，他要借机洗雪洗雪。

张宗昌的队伍到沛县，褚玉璞成了主人，又成了主角。县城大堂外，长长的学生欢迎队伍，高呼着"欢迎张军长，欢迎褚副军长"的口号，响声震动着半个县城。

褚玉璞从大马上跳下来，走在张宗昌身旁，仰着面，"哈哈哈"地乐着，向学生们不住地招手。在欢迎队伍中间，他停了下脚步，用高高地嗓门对面前的地方官和老师们说：

"沛县是我的老家，老家人这么热情欢迎我，也欢迎张军长，我们很高兴！为了答谢老师和学生们的欢迎，我从薪饷中省下一笔钱，奖赏大家！今天到场的，老师每人大洋三块，学生每人大洋两块。你们查查人数，到这里来领！"

大家先是高兴，穷乡僻壤，地薄人贫，老百姓吃盐的钱都没有，一下子得到银元两枚、三枚，自然是欢喜不迭；但是，慢慢地又想：褚玉璞这算哪道子"见面礼"？是太小看老乡了，还是太高看老乡了？有人暗地嘀咕："褚玉璞是本地小痞子出去的，怕老乡瞧不起他，揭他的老底儿。今日是收买人心的。"也有人说："褚玉璞跟他老爹来到陈堂村时，两只破筐，全凭着给人家'锄二八'分点粮养家，他哪里有这么多银元，还不是刮老百姓的。刮老百姓的钱给老百姓，天地良心，咱收下！"

其实，褚玉璞何止赏给老师、学生大洋，他事先已经通知，凡昔日的伙伴朋友，帮过他、跟他有瓜葛的人，连他的房东，都让他们到沛县等他，他要见见他们。他尤其不敢忘的，是当年从铜山县大牢把他保出来的陈堂村绅士赵瑶蕴，敬安集乡绅袁开岳、李海春。

"我到死也忘不了这些人的恩情！"

那一天，天气晴朗，阳光明媚，小小的沛县城因为一下子来了那么多大军，来了那么多大人物，猛然热闹起来了。热闹得有点恐怖！恐怖得许多人目瞪口呆。

褚玉璞春风得意，把张宗昌安排住定之后，他便去接见他通知来的乡亲。一晃三十年了，人的模样全变了，何况当初也不过短暂相处，一面之识，或有的只是闻名，今天见了，大多不认识了。好在褚玉璞是为自己涂脂抹粉的，认识不认识没关系，一律热情对待。

一个老头儿颤颤巍巍地来到褚玉璞面前，笑嘻嘻地拉住他的手，说："军长大人，只怕你不认识老朽了吧。"

"您老是……"

"小老儿敬安李海春。"

"哎呀呀，大恩人、大恩人！"褚玉璞忙拉住他的双手，一边用力地摇，一边说："蕴山一直惦记着您老，只是军务太忙，行踪不定。所以，这次特地着人请您老。""多谢了，多谢了！"

"老人家，蕴山得感谢您。"褚玉璞说，"当初不是您从大牢把我救出来，我哪有今天？蕴山还得请您老出来帮帮我。"

"军长有用着小老儿处，自当效力！"

"这样吧，您老就当我的军法处处长吧！"

李海春不想花甲过了的人忽然官运来了，受宠若惊，忙着行大礼，但口中仍然说：

"小老儿无才无德，怎敢攀此高位？不敢当，不敢当！"

"您老人家别谦虚了，你能从大牢里救出一个坏人，如今成了军长，咋就不能当军法处处长呢？能！"褚玉璞说，"我说您能，您就能！"李海春又搭躬、又抱拳。

"小老儿沾光了、沾光了！恭敬不如从命。我就先干着看，不行就再换换。"

一个粗大身条的汉子从人群里走出来，站在褚玉璞面前笑笑，说："你当军长了，还认得我吗？"

褚玉璞瞪起眼瞅他一阵子，抡起拳头，朝胸给他一家伙：

"能不认识你？张继善！当年咱一道'锄二八'时，你身大力大，常常帮我带垅子，替我锄一半。我咋能忘？这次，我就得把你带走了。"

"干啥？"

"让我想想，给你个什么官当当？"

"我能当啥官？"

"让我想想。"——果然，事后不久，张继善就当了兖州镇守使。说说笑笑，欢欢乐乐，大家倒也快活。那之后，褚玉璞把他青少年时代的伙伴、朋友先后安排县长以上职务的，就有十多人。就连一个曾经隐藏过他的铁路扳道工，也被他封为"联军运输司令"。

张宗昌到沛县，由于事先听了老学究的介绍，知道此地为帝王之乡，遍地诸侯，所以，自己也想给人一个好的印象。不要看他是流氓、军阀，他倒想，自己至少得像个有点"文墨"的人物。他拉着王翰鸣，拉着李藻麟，混迹在沛县的古迹文物之中。

那一天，人们簇拥着张宗昌来到城中心的歌风台。那是当年刘邦平定叛乱的淮南王英布之后，还归故里，置酒沛宫、邀家乡父老欢宴的地方。把酒话旧，感慨万千，刘邦酒酣兴起，竟击筑高歌"大风起兮……"来了。刘邦歌毕泣数行下，很是动情。后人建碑以纪念，称作"歌风台"。当地文士又略加渲染，张宗昌虽无酒酣，却也兴起。他对王翰鸣说：

"拿笔，俺也写个大风的歌！"

"随人忙取过文房四宝，王翰鸣代笔，张宗昌想了想，照着刘邦《大歌风》的语气念道：

> 大炮开兮轰他娘！
>
> 威加海内兮回家乡！
>
> 数英雄兮张宗昌！
>
> 安得巨鲸兮吞扶桑！

"好！刘邦三句，俺四句，比他多一句。就这，留给沛县吧！"王翰鸣录下，交给沛县的陪员。

因为是"将军诗"，自然附庸之辈跟着叫好。但是，人群中有一沛县老朽却不以为然。不仅不以为然，竟有反感："在我帝王之乡，竟敢自称英雄，狂妄之极！"于是，他冷笑着，捋着胡须说了话：

"数英雄者，自然得算我郡刘邦，刘季也！他推翻强秦，奠基汉业。继承秦制，集权中央，灭韩信、彭越、英布诸王侯，迁六国旧贵胄于关中，实行重本抑末，发展农业生产，打击商贾，以秦律为据，制定《汉律》九章，使大汉王朝强于天下，兴旺发达四百余载！可谓旷古之大英雄也！"说过之后，又轻蔑地一笑！

张宗昌虽粗，但有时却粗中有细。望着那老朽的"朽态"，又听着他酸溜溜的"之乎者也",早不高兴了,再细品品他那酸溜溜的话,更觉不对劲:嘛?俺刚刚说俺是英雄,他马上说刘邦是英雄,还是"旷古的大英雄"!俺是小英雄,是孙子辈?浑说!他真想拔出腰刀宰了他!

可是,不能。大丈夫得礼贤下士,得高看文人。"君子动口不动手"!今天是文人相会,得雅点。即使要战,也得文战,打点笔墨官司。要动刀枪,人不骂俺是流氓吗!张宗昌把怒气朝肚里吞吞,又揉了揉肚皮,笑了。

"刚才这位老先生说的话,俺听懂哩。是不是他说的在理?容俺再想想。老先生的话倒是引出俺另一首诗。我得说给大家听听。"人忙问:

"请将军说出,我们听听是什么诗?"张宗昌笑笑,说:

"是好诗。我觉着,是我的诗里最好的诗。"他转过脸,对参谋长说:"来,俺再来一首。"

张宗昌说着,王翰鸣写下来:

> 听说项羽力拔山,
> 吓得刘邦就要窜。
> 不是俺家小张良,
> 奶奶早已回沛县。

"好了,就这。"说完,张宗昌还眨眨眼。

大伙一看,都傻了眼。

那位老朽自然心领神会,他知道张宗昌反驳他了。本来想再论理一番,争个明白。但转念又想,造次不得:如此论战,将有刀光之灾!只好吞吞气,缩缩头,心中暗自嘀咕:"秀才见了兵,秀才见了兵……"

第十五章
给郑士琦来个"四面楚歌"

　　张宗昌在沛县风流了两天，诗也作了，狗肉瘾也过足了——提起张宗昌在沛县吃狗肉，还有一段传奇故事。

　　张宗昌要吃樊哙的鼋汁狗肉，并且要见樊哙的后人。这都是轻而易举的事。

　　樊哙的七十五世孙樊洪良用荷叶包着一包特制狗肉来见张宗昌。樊洪良，一个粗大身材、宽脸膛的中年汉子，朝张宗昌面前一站，连他们自己都惊呆了：一个掖县的军长、一个沛县的屠狗户，无论身材还是脸型，都几乎一模一样，除了张宗昌是一身威严的将军服不同于樊洪良的沾满狗油、灰污的束腰短衫之外。张宗昌笑了："是你？你是樊家后代？咋就跟俺这熊模样差不离？"

　　樊洪良猜不透张宗昌的意思，心里有点发慌，忙放下狗肉说："小人只会杀狗，咋敢跟将军尊颜相比？"

　　"客气嘛？"张宗昌说，"你老祖宗是古代的大将军，俺是现在的大将军，门户差不离！要往前推，你老祖宗卖狗肉，我老爹吹喇叭，咱们出身也差不离。有嘛不敢比？既然如此，今儿相见，算咱缘分了。"

　　樊洪良又惶惶恐恐地谦让几句，这才把荷叶包的狗肉拿出来，放在张宗昌面前。有人又送来烧酒。张宗昌边吃边喝，又唠叨起来，都是谈狗肉、鼋汁。大约是樊氏狗肉滋鲜味美之极，诱得张宗昌胃口大开，大块狗肉撕也不撕，便吞了起来，边吞边谈。他问："你一天剥几条狗？"

"两条、三条。"樊洪良说。

"那太少了。你每天还能多杀几条？"

"杀多了，没处卖。"

"杀吧，杀了我包下来。"张宗昌说，"我有一军兵马，一人吃四两，就够你杀好多天的。"

"这……"一军人是多少？樊洪良说不清。但他知道那是个大得不得了的人群，是个吃得许多许多狗肉的"买主"。可是，他不相信，一军人怎么都来吃狗肉呢？所以，他只冷笑笑，摇摇头。

"嘛，你不信？"张宗昌耍权威了，"我下一道命令，一天可以吃光你全沛县的狗，信不信？"

"信，信！我信。"樊屠户还是摇头，"军队，军队咋能都吃狗肉呢？"

"咋不能吃狗肉？"张宗昌说，"你觉得我的军队都吃狗肉了，我就成了狗肉将军了，是不是？狗肉将军就狗肉将军！狗肉将军有嘛不好？你老祖宗不就是狗肉将军吗？卖狗肉，煮鼋汤，可以封他为'鼋汁狗肉将军'，比俺多了两个字，俺只敢叫'狗肉将军'。"

人们都笑了。不知是开心地笑，还是嘲弄地笑。总之，从那个时候，张宗昌这"狗肉将军"的雅号便出了名，真可以同两千多年前的大汉贤成君、舞阳侯樊哙齐名！

就在张宗昌兵退徐州，在沛县大吃狗肉的时候，远在北京的张作霖忽然不安起来：张宗昌兵退徐州了，苏浙皖没了兵，这地盘怎么办？

张作霖是从天津移住北京的，直奉二战之后他就不想回东北了。他要在北京"作为"。要不是幕僚们劝他，他准宣布自己当大总统！宣布了，他就真当了，谁也无法阻止他。他还算聪明，不当总统，把大位让给段祺瑞——这个落了毛的"凤凰"。依照杨宇霆等人的意见，待翅膀硬了再坐大位。张宗昌兵退徐州，显然有点像是从将要"硬"的张作霖的翅膀上拔毛。张作霖却感到了疼。他把幕僚们叫到面前，大声地发怒：

"妈拉个巴子张宗昌，没灾没难，不声不响地把兵撤回长江北了，什么意思？拆我的台，跟我过不去？"

杨宇霆这个将要赴江苏军务督办就职的一方小霸主，特别反对张宗昌这样做。无疑，张宗昌撤出江苏，他的江苏督军就泡了汤。他火上加油地说：

"目无大帅，目无军法，一定要惩治他！"

张作霖把脖子拧了拧，瞪着双眼，竟没有说话。

张作霖何尝不想惩治张宗昌。可是，能惩治得了吗？统领十万大军的张宗昌，呼风唤雨，连老天都惧怕他三分，张作霖的半壁江山都在他手中，咋惩治，激他去叛变？早在这次直奉大战之前张宗昌就说过，"仗打败了，我就领着队伍钻深山，自己起个年号，就不出来了"。现在惩治他，岂不赶他钻山窝，占山为王？张作霖问身边的儿子张学良："六子，你看咋办？"

张学良比较冷静，他认为张宗昌的兵无论住哪里，都是奉军，不能用惩治的办法对待自己的部下。何况，张学良对老爹的人事安排也认为不妥当，冲锋陷阵、夺城据地，张宗昌有功。占地的人竟无领地；在后方安安稳稳的，竟成了一省的长官。"这大概就是张宗昌撤兵的原因。"他对老爹把这件事说明一下，张作霖点点头，挺着脖儿叹声气，没说话。

张学良却不沉默，他说：

"应该向合肥说明，他是执政，张效坤得有个名分。十万人终日漂泊，不是办法。"

张作霖点点头——其实，张作霖和他儿子张学良一样，原本是想利用段祺瑞这块招牌为他们"过渡"的，段祺瑞这只"北洋之虎"是只死虎了，得靠别人才有虎威！奉张把他请出来，给了个执政，已经对他天高地厚了。不想段祺瑞真的执了政，竟谋其政、行其权来了，连卢永祥那样的"落水狗"又当了督军！张作霖猛然醒悟：段合肥不够朋友！

张作霖听了儿子的话，到临时执政府去找段祺瑞为张宗昌争地盘。

段祺瑞的临时执政，是奉张给他的，就像当年他把大总统位子让给黎元洪一样，他没想到自己重蹈了黎的覆辙，将要重新面临一场新的"府院之争"——他明白了，权这玩意，是福也是祸！这只北洋死虎倒也聪明，听了张作霖的意见和要求，虽然忍痛，但也还是爽快地说：

"雨亭呀，你不说我竟忘了，效坤对当今稳定之大局，是有汗马功劳的。光觉着他乘胜南下了，地盘这事竟忘了安排。这样，让他到山东去任军务督办，你看如何？"

张作霖锁了锁眉，疑疑虑虑地说：

"山东……山东不是有军务督办么。"

"你说郑士琦。"张作霖点点头。

"把他那个职务免了不就行了。"

"这……"张作霖略有不安的表示。段祺瑞却摇头，说：

"另找个地方再安排他吧，为了大局。"

不久，临时执政府便发表了"免去郑士琦山东军务督办职"的命令；又不久，再发表了"任命张宗昌为山东军务督办职"的命令。一场新的"府院之争"总算没开打。

张宗昌要当山东军务督办的命令传到徐州，张宗昌十分高兴，他把王翰鸣、褚玉璞等一帮人找到面前，咧开大嘴笑着说："总算盼到这一天哩，咱们得庆贺庆贺！"王翰鸣不加思索地说：

"是不是太早了？有一天咱们在济南庆贺，岂不更好？"张宗昌皱了一下眉，没说话。李藻麟一旁说：

"到济南庆贺更好，还可以把山东一些名人邀来。"

张宗昌虽然有点迫不及待的心情，但觉王李的意见确有道理，这才点点头，但还是说：

"在徐州，咱还是得弄点什么影响。不然，不是不声不响了么？"大家虽然同意，但一时也想不出"借口"，便又放了下来。

郑士琦，皖系骨干之一，段祺瑞的合肥同乡。皖系军阀失败之后，他手下的武装尚未伤元气，是一支还算有力的队伍。他的队伍也就是原北洋第五镇改编成的陆军第五师，再加上几个混成旅。占据山东这一片地方，也有些基础，原先和浙江卢永祥南北呼应，还想为皖系留下根苗，将来长成大树。段祺瑞做了临时执政府执政之后，皖系东山再起的希望更大了。忽然接到免职令，又没有说明再到何处去，他心里一惊：难道形势有变化？他首先想到的，自然是段祺瑞。只要段祺瑞不垮台，他就心定。若是段祺瑞倒台了，他也就绝望了。所以，郑士琦忧心忡忡地把胡聘三叫到面前，对他说：

"聘三，无风无火地突然来了一纸免职令，这是为什么，难道'合肥'有变？"

胡聘三摇摇头，说："我看不至于。"

"这命令来得太突然！"

"听说是新任命张宗昌督鲁，大约是同这事有关。"胡聘三说，"张宗昌是张作霖的半壁河山，很可能是地盘分配出了矛盾。"郑士琦恍然大悟！

"我明白了，段张之间有缝隙，合肥斗不过大土匪！"

　　胡聘三是郑士琦手下第七混成旅的旅长，所部是山东的骨干军队，而胡又是郑的心腹，二人关系极密。郑士琦武有余而谋不足，是个凭借实力说话、又甚看重地盘的人；胡聘三比他多的"一点"，就是关键时刻每每能够拿出一点谋略，算是一个会"走一步、看两步"的棋手。二人有互利用，也有互补，因而关系十分密切。这次郑士琦的被免，算是让他预料着了。接下来，他便为郑士琦出主意："我看咱们这样对待：按兵不动！"

　　"不谢职？"

　　"暂不理。"

　　"查问呢？"

　　"就是'军务未了，一时难走'。"

　　"这……"

　　"不怕。总不会有军事行动。"胡聘三说，"果然有武力逼走之举，我们可以上报合肥，到那时，事情就好办了。"

　　动武之后事情怎么好办？郑士琦没有追问，胡聘三也没有细说。但郑士琦知道，胡聘三说出的套路总有依据，进而说："对，咱们不走。"

　　张宗昌在徐州等着接替山东军务督办职务，等了两个月，尚不见山东有"动"向，焦急了：难道段执政给了我一张空头支票？果然他给我个兔子撵着，我可就上当哩。他把许琨找到面前，对他说："星门，郑士琦赖在山东不走，嘛意思，难道段祺瑞没有给他免职令？"

　　"不可能吧，"许琨说，"他向大帅亲口说的，他还把命令拿给大帅看的，不会错。"

　　"那为什么郑士琦不动呢？"

　　"那是郑士琦自己的事吧。"许琨说，"郑士琦这个人，视权如命，他会不会……"张宗昌发怒了。

　　"他要赖着不走，我可饶不了他！我……我就……"

　　"再商量吧，不到万不得已，不可用兵。"许琨已是师长了，他不想把事情激化起来，"我想派个有神通的人去济南，贴近郑士琦去探听探听，果然是赖着不走，咱再行动，也有礼有节。"张宗昌点头答应了。

　　许琨派人到济南打听消息，来回三天，摸得清清爽爽，郑士琦是恋栈不走。许琨无可奈何地来到张宗昌面前，说："郑士琦要无赖了，他不走。"张宗昌问：

"也不说为嘛？"

"说来。"许琨说，"他说'队伍大，驻防分散，一时又无防地，走不动'。"

"郑士琦有多少人？"张宗昌问。

"有一个师，还有十三个混成旅。不过，他的旅只是番号，其队伍残缺太多。"

"装备咋样？"

"五师的装备，原来还不错，师长孙宗先也是个好将领。只是直皖大战时，兵员、武器都调出不少，现在战力很弱。混成旅中，除了第七混成旅胡聘三部外，其余均很弱。"

"好，这就好。你不要对他们说，自己带两个旅，由枣庄、峄县进入山东，尽量靠近济南。等我安排好了，我也北上，咱们武装赶跑郑士琦。"

"也只有这样做了。"

1925年夏初，在苏鲁接壤的地方，一支军容齐楚、装备精良的队伍匆匆北上。他们从徐州起身，穿过京杭大运河，直插山东腹地——这便是张宗昌的夺权队伍。

打发去了许琨，张宗昌心里稍微平静点了，忽然想去看看徐州的风景名胜。看什么？他也说不清。早日听别人对他说的几处，大约是因为都是年代太久远，他多忘了；想找一个沛县那样的学究做向导，又怕再碰上阴阳怪气的人弄得不愉快。所以，他只把身边常以文人自居的林宪祖找来，对他说：

"稚芗（林宪祖，字稚芗），咱们来徐州不少日子哩，听说徐州是古城，你是文人，一定知道不少。陪我去看看如何？"

林宪祖是张宗昌在吉林时结识的朋友，当了他的书记官，成了他的文案，笔下有点功夫，现在担任着张宗昌的秘书长。但对徐州，却是一知半解，但又不愿承认。想了想，说：

"好。等我把手里的事清理一毕，三两天之后我陪您去。"

哪里是"清理"手里的"事情"，是林宪祖要去先学学，先了解一下徐州有什么景致古迹，形成的原因是什么。他要先"买"来，而后再去"卖"。张宗昌没想到这样，他以为秘书长真有事，必须办完。所以，他便点头答应了。林宪祖利用这两天时间，去查材料，访专家。

张宗昌的队伍是一群比土匪好不了多少的队伍，兵临徐州不久，徐州城乡早已被糟蹋得不成样子，黎民百姓怨声载道，有识之士义愤填膺，谁也不愿对他们有丝毫敬意。林宪祖翻了几本有关徐州乡土民俗、文化古迹的书，难以完全理解；找几个文士，也没有得到满意的东西。虽然有点激愤情绪，却也无可奈何。三天之后，他还是领着微服的张宗昌走了一圈。

徐州，自楚汉相争以来，便是兵家重地，"九里山前摆战场，牧童拾得旧刀枪"！遗迹之中，带有恐怖色彩的去处很多，但是徐州毕竟是一座有着四千余年历史的文化名城，这里有着两汉、两宋时期丰富的文化遗产，何况这里还出过刘邦、刘裕、李昪这样的皇帝，是文化气氛围极浓的地方。林宪祖陪着张宗昌从张良吹箫散楚兵的子房山，到季子挂剑吊徐君的挂剑台，又到关盼盼孀居的燕子楼、苏轼醉卧的黄茅岗、虞姬住过的美人巷，凭着新学的"本领"，林宪祖实实在在地做了尽心的描述。然而，这却引不起张宗昌的兴趣。他那沉默的脸膛，一直像铁板似的板着，有兴致时也不过点点头。

"醉翁之意不在酒！"张宗昌这几天连做梦都想"山东军务督办"那个宝座。"许星门带兵入山东了，郑士琦能知道吗，知道了会走吗？他不走我还有办法吗？"刚刚在子房山的时候，林宪祖对他说："当年张良攻彭城（徐州）不下，便在山上吹玉箫，让兵士唱楚歌。项羽的楚兵闻四面皆楚歌，陡起思乡之情，由思乡而厌战，军心涣散，最后不战而走。张良遂得城。"

张宗昌兴奋了，他一拍林宪祖的肩说：

"稚芗，我们也给郑士琦来个'四面楚歌'怎么样？"

"不行。"林宪祖思索都不思索，脱口而出。

"为嘛不行？"张宗昌急问。

"郑士琦是合肥人，楚歌对他没有用。"张宗昌脸膛上的兴奋，瞬间便消失了。

从云龙山苏轼"放鹤亭"下来，张宗昌不想再看了，他想去听听有没有许琨的好消息。当务之急，便是来自济南方面的好消息，他要把那纸督军任命书换成督军大印，要坐进那座并没有印信的督军府大堂。

城西南隅的一座土丘竟引起了张宗昌的兴趣——那是"汉安国侯太傅右丞相王陵母之墓。"他们路过这里的时候，林宪祖对他说，楚汉相争时，沛人王陵在南阳率众助刘邦。王陵足智多谋，大名人，项羽也想得而用之。没有得到，便计取其母，想用孝道得王陵。王母至楚营，坚不招儿，伏剑而死，成为巾帼英雄。

张宗昌没有领略过母亲的爱护，也没有得到过母亲的铭心教诲。可是，这几年，自从娘来到身边，他却得了一种天性的母子情。王陵母的故事令他动心：好母亲，好娘！他想着，问："老娘死了，王陵怎么样？"

"老娘临死曾对汉使说：'为老妾语陵，善事汉王，无以老妾故怀二心也。'王陵助汉决心更大。"

"好儿子！"张宗昌说着，又想起了他身边的娘。"我的娘虽无王陵的娘那样大勇大义，却也是一位受苦的娘；跟我出来了，也没享大富大贵。我对不起娘。"他想起来了，"今年是娘七十大寿，我在徐州为娘做寿吧，让她老人家光彩光彩！"

"稚芗，不看吧，咱们回去，办一件急事。"

"什么事呀？"林宪祖问。

"为俺老娘准备做七十大寿！"

林宪祖对此事感到突然，却也只好听从。他们匆匆返回住处。

第十六章
督军不是打来的

这是一条并不繁华的小巷子，因为巷子中曾经是大半个清朝的徐州道台居住和办公的地方，所以，竟以"道台衙门"代替了巷子的名称。不过，自从辛亥武昌起义以后，这条小巷子便渐渐冷清了，冷清得用这里老百姓的话说，"撂根棍也砸不着人"了。新政以来，地方长官不叫道台而叫民政长、县长了，并且新设了民政长公署、县政府，道台衙门自然失宠了。

忽然一觉醒来，巷子竟重现了昔日的严威，巷洞洁净了，增岗设哨了，从日出三竿起，穿长衫戴礼帽的，戎装齐楚的，坐着黄包车、马车的五颜六色人物，络绎不绝地走进这条巷子。原来，奉军第一军军长张宗昌借用尚不失威严的道台衙门，在这里为他的七十岁老娘做寿。三天前管事们已经开始忙碌了：净街、扫院子、设寿堂，布置客厅，安排茶舍、饭庄，邀请戏班、吹鼓手，忙着呢！道台衙门邻近的大同街，耙子街、马市街，一人巷、美人巷、四眼井巷等街巷中的饭庄，大门外都挂上贴着大大"张"字的寿灯。管事人有安排，凡来张府——道台衙门暂时称"张府"了——上寿的人，哪怕只送一只纸包包着的桃核，也给三日宴券一张，可吃遍挂"张"字寿灯的饭庄；高客当然另有安排。张宗昌有的是军饷，不怕收礼多少，图的是名声、气派！一些穷极之徒及四方乞儿，纷纷前来；一些玩世不恭之辈，纷纷前来。凭什么人来，寿单上自然正儿八经地写着"×地、×先生、寿礼××"。寿仪之隆，寿宴之盛，不必细说，这里只说其中两位特殊贺客。

寿仪正日，那位装神弄鬼大半辈子的巫婆侯氏，被众人簇拥着架到寿堂，让她正儿八经地做一次老寿星，她竟慌神了。因为她熟知的是巫术，巫婆的"唱念做"大致有一套路数，何况多是在愚民面前，做错了路数也无人计较。这堂堂军长府上的寿堂，可是大雅之所，所到宾朋多是头面人物，这就难为老巫婆了。寿服一穿，正堂一坐，她通身发起热来，由热而冷，由冷而抖，渐渐坐不住了，由于慌神，便哆哆嗦嗦地唱起了"神"歌："天上的神，地上的神，河里的神，江里的神，你们快快驾祥云，都来可怜可怜这病中的人。"老巫婆这么一念，在堂的人都慌了，由慌而乱，一时间张府中竟成了庙会……

管事人以为老寿星兴奋过度，走神入魔了，急忙向张宗昌禀报。张宗昌心中一惊，他生怕老娘粗俗无度，入不得大场面，丢人。而今只想让你老人家当当牌位，偏偏又出了洋相，这可怎么得了？军长架儿也没有了，心慌意乱地就地打转转。

乱了一阵之后，张宗昌忽然忆起了一件往事——原来他吹喇叭的老爹倒是一位"无神论者"，昔日，极反对侯氏装神骗人，也着着实实地教训过她几次。后来干脆立了个家规，以喇叭声为令，吹喇叭了，就是制止她装神弄鬼，若不停止，便拳脚相见。此规十分有效，只要喇叭响，老婆子便收敛。想到这，张宗昌灵机一动，便把此"秘密"告诉了李藻麟。李也是出于病重乱投医，便到门外从喇叭班子中把班头叫了过来，如此这般一说，班头竟是惶恐地摇起头来：

"大人，大人！小人是何等人，怎么入内宅，何况寿堂！不敢，不敢！"
李忙说：

"莫怕，莫怕。这是为老寿星安神怯邪，是请你进去的。再说，军长的老爹也是你们行当的门里人，军长绝不会计较。"

喇叭班头一听，张宗昌也是吹鼓手后人，便陡然产生了"帽子亲"之感。既沾亲了，就得有表示。于是，喇叭班长着徒弟先购了一份寿糕，然后肘下夹着喇叭，跟管事人进了府内——既以贺寿之名来的，自然要入寿单。于是，喇叭班头成了军长老母大寿堂前的第一位"特殊贺客"。

说来也妙，喇叭班头交完寿礼，领了三日宴券，这才来到寿堂门外，遵照交代，从肘下拿出喇叭，对着堂口竟吹了一个牌子。

喇叭一响，寿星神慌——大约是记起了当年的"家规"，生怕再来一顿拳脚相加——急忙把眼睁开，四处望望，然后大声说：

"他爹，他爹！你别吹哩，我知道你来哩。我不装神弄鬼了，真的。我是寿星，我当好寿星！你别走，回头我叫忠昌给你磕头……"

老寿星神志正常了，但人们又担心了，她真的给儿子找爹可怎么办？难道真的叫喇叭班头给军长当爹么？这是大不雅的。于是，不待寿星下堂，便把喇叭班头赶出院外。

寿堂闹神的事情总算结束了，人们紧张的心情平静下来，贺寿按部就班地进行下去。

门外忽有人报，说有一位贺客在客厅敬候，一定要见见军长而后才进寿堂。张宗昌有点纳闷：这是嘛人？为何非要见了我才进寿堂？因为是老娘的寿辰，孝子孝道，他得出去迎接。张宗昌进到客厅，对着客人一望，十分惊讶！"娘呀！你怎么来哩？督军大人！"

来人也忙着迎上去，紧握张宗昌的手，说："老太太寿日，光远知道了，怎能不来？"

"谢谢陈大人，谢谢陈大人！"

来客是原江西督军陈光远，也就是那个曾经把张宗昌吃得光光的、逼他只身逃回北京的陈光远。陈光远从衣袋中拿一个大红纸包出来，恭恭敬敬地交给张宗昌：

"老太太寿日，光远正在途中，行迹匆匆，无以厚贺，不成敬意，祝福老太太万寿无疆！"

张宗昌取开包来，便见是一张银票，工工整整写着"寿礼大洋二十万元"！张宗昌心里一动：陈光远来偿我当年送曹锟贺礼的债了，也算他是个有心人，便说：

"陈大人，如此厚礼，俺实在不敢当！"

"一点心意。"陈光远说，"如说礼之厚薄，光远自知，再多百倍也偿还不清。只盼将军纳我一点心意，也就让光远心安了。"

张宗昌亲领陈光远走进寿堂，并陪同他向寿星行了大礼——一段历史恩怨，总算画上句号。因此，陈光远该算是另一位特殊贺客。

为老娘做寿，事前张宗昌是心神不定的，究竟是先夺山东督军之权再为老娘做寿，还是先为老娘做寿再夺山东督军之权？许琨率部入山东之后，他才决定两件事同时进行，并且借做寿之机，再商榷夺督之计。张宗昌自觉如此双管齐下，必可收双喜临门之效！

寿仪进行十分顺利，宴会按时举行。一切就绪之后，他才走到参谋长王翰鸣面前，神秘兮兮地说："墨庄，大事进行哩？"

王翰鸣在军到徐州之后，便与张宗昌分开了，他在城外一个军营主持军务。所以，城中之事，他多不知。故而问："什么大事？"张宗昌说："我已叫许星门开进枣庄两个旅，从后门给郑士琦插进去哩！"

"干什么？"

"夺督军！"

王翰鸣心中一跳：督军怎么能派兵去夺呢？忙说："你的山东督军命令不是已经发表了吗？"

"发表了。"

"发表了，何必夺？"

"不夺，郑士琦不走。"

王翰鸣摇摇头，焦急地说：

"你赶快打电话给星门，要他立即停下来，待命前进。"

"为嘛？"张宗昌不解。王翰鸣极有信心地说：

"打，我们有力量，也打得不错，一直打到上海。可是，现在不能打，若打，我们就上当了，你就再别想当督军了。"

王翰鸣的话一出口，张宗昌周身冷冷地颤了一下——他费尽心血，为的是夺督军这个职务，出兵就是为此。怎么一出兵就当不成督军了呢？他不相信。

"墨庄，你不是吓唬俺吧？"

"哪里话！"王翰鸣一本正经地说，"我说的是真话。"

"为嘛呢？"

"郑士琦是段的合肥同乡。"

"俺知道。"

"山东是皖系唯一有实力的地方。"

"俺知道。"

"你到那里开起火了，段就有话说了。"

"说嘛？"

"说你破坏了地方安静。"王翰鸣说，"段执政一定找张大帅谈判，他会以这个理由把你调走，收回任命。你的督军不就当不成了？"张宗昌锁起眉来，陷入了沉思。

——军阀发迹，大多只有一条路，那就是凭武力。有了武力去夺地盘，有了地盘自封官，或者占下地盘了，别人也必然封他官。武力之外再用什么办法夺权，他们就没有办法了。何况，像张宗昌这样的"狗肉将军"，他的历史便是一部武力史：他从大东北去上海，手下没有兵，谁让他当团长？师长正当得好好的，江西一败，他不是光杆了，曹锟连个营长也不给他；要是没有接收白卫军，扩大了队伍，他能当副军长？滦州收编直军，他"收"了军长……张宗昌十分明白：没有人马是不行的。转个话说，不用武力是不行的。现在，对于郑士琦不能用武力了，张宗昌就觉得"死"了。他坐在王翰鸣面前，只有垂头丧气，连给老娘做寿的事也丢到九霄云外去了。

王翰鸣也感到棘手。但他却觉得"武力之外，总可以想想别的办法。"于是，他说：

"这样吧，你下令许琨就地待命，我设法去济南，看看能不能和平解决。"

"有这样的可能吗？"

"试试吧。"王翰鸣说，"郑士琦的骨干力量是第七混成旅，胡聘三旅长是我的同学，我想通过他的关系，来试试。"

"好吧，只有这样了。"张宗昌说，"有句话我得说在前边，咱们公事公办，人家要是把你枪毙了，我可不能管。"

"不至于。"王翰鸣说，"人家会看在你的面子上，说不定要盛情招待我呢！"

张宗昌冷笑笑，问："你要带多少人去？"

"不要带队伍，我一人就行了。"

王翰鸣说是一人去，临动身的时候，还是把工兵团团长王砥周带上，挂着专车，去了济南。屈指算来，王翰鸣到张宗昌身边，快五年时间了，无论是发展这支军队，提高这支军队的素质，王翰鸣都得算做出不少贡献，有过颇大功劳的，跟张宗昌也很处得来。可是，对于张宗昌个人，王翰鸣却觉得有愧，他觉得他没有为张做出突出的事情，没有令张感到"感激至极"！他想利用本次夺督之机，做一件惊动天地的事，和张结成生死之交。他一定努力为他把督办位置夺过来。

北上的列车，轰隆隆地奔驰着，窗外一片漆黑，仲夏的夜是寂静的；凉丝丝的风穿过半闪的窗洞吹进来，扑到王翰鸣身上。王翰鸣仰在靠背上，闭起双眸，思索起"使命"来——

王翰鸣是个善思的人，他坚持把战争摆在和理智同等的地位上，尤其在战前，要用百分之八十的精力去思索谋略。此行应以理去征服郑士琦。可是，用什么理呢？他又茫然。要计取，要智取，但究竟怎样用"计"和"智"？他还是茫然。去找胡聘三吗？他又摇头了——胡是郑的心腹，不到万不得已，不去找他。茫茫然然的思绪，在轰轰隆隆的车行中，乱麻如绳，怎样也理不出一个眉目来。三言五言就赶走一个督军，谈何容易？

车到济南，已是深夜。王翰鸣一行在车站下觅一旅馆住下。住下之后，仍在思索——这毕竟是一个极不寻常的任务，虽然具有十分重大的意义，但却得用更大的努力才能完成。王翰鸣对郑士琦并不熟悉，济南之行完全凭着奉军当今的军威，凭着皖系段祺瑞只不过当着奉系的执政。他想以"气"压服他。但他说不明白，郑士琦究竟是一个吃软的、还是吃硬的人物？

叮叮咚咚的泉水声，迎来了济南又一个早晨；微风敲打着街巷里的杨叶，杨叶"哗哗啦啦"地齐唱。济南，总在欢欢乐乐中演进着日月。王翰鸣从床上坐起来的时候，忽然想到一个朋友——陈泽普！他不正任着郑士琦的副官长吗，何不把他找来，摸摸情况。陈泽普来了，他盛情款待老朋友。

"你不是在张效坤那里高就了么，怎么跑到济南来了？"

"来看看你这位朋友！"

"多谢惦记。"陈泽普是个直爽人，猜着朋友不会是只来看他，便说，"有什么事需要我办的，请直讲。"王翰鸣也开门见山地说：

"张效坤督鲁的任命早已下过了，只是徐州军务紧迫，防地一时交不下去。现在总算脱出身来，我来看看我们怎样接任。"张泽普面色一沉，说：

"郑督军没说过交任的事。"

"免职令不是也早下过了吗？"

"你不了解那个人，官欲大得很，只怕不想走。"

"那岂不违令了。"

"这个他不怕，段合肥不会查办他的。"

"他不怕张效坤用兵？"

"这个……"陈泽普思索一阵子，说，"何尝不怕！他手下的军队怎么能和你们抗衡？何况主力部队胡聘三旅对战争又那么不积极。一旦大军压境，他便会束手无策。"

王翰鸣心里一亮，觉得有办法了……

送走了陈泽普，又理了理思路，这才大摇大摆地朝督军公署走去。

郑士琦听说张宗昌的参谋长王翰鸣来访，心中一惊：他这时候来了……他觉得来者不善，得好好对待！忙命人迎至客厅，献茶、寒暄，互致了问候，王翰鸣便发动了策略进攻，他说：

"督办大人，我们乍到此地，人地生疏，还得请督办多多帮忙。"郑士琦也客客气气地说："王参谋长有事只管吩咐，我一定尽力。"

"我们来到这里，怕乱了地方治安，请督办通知副官处，派几个副官，给我们找些房子，以便安排军队住处。"

郑士琦一听张宗昌的队伍要来了，心里一震：抢权来了！要动兵了！他偷偷地皱了一下眉，但还是平静地说："请问，你们来多少队伍？"

王翰鸣知道郑士琦害怕了，他想乘胜追下去，便说："我们先来两个旅。随后，张督办将率领全军赶来。"郑士琦苦笑着，点着头，声音有点颤抖地说："那好吧，那好吧！"

王翰鸣表示了感谢，退了出来。

送走王翰鸣，郑士琦心慌意乱了：张宗昌大兵临境，无疑是为夺督而来。这个流氓手下兵强将多，翻脸不认人，果真动起武来，我可不是他的对手。到时候，说不定损兵折将还得给他位置，倒不如现在一走了之，免得酿成一场兵灾。郑士琦虽然恋栈难舍，但毕竟力不从心。何况，皖系大势已处在日暮西山之际。留得青山在，不怕没柴烧！郑士琦急忙通知他的副官处，但却不是为张宗昌的队伍找房子，而是为他们自己专车生火，让他的队伍"立即转移"！

第十七章
他要兼山东省省长

　　济南城的仲夏，是温馨宜人的，泉水满城流，垂杨处处新，满街满巷，依然姹紫嫣红！

　　红日刚刚跃出东山，陈泽普便慌慌张张地来到王翰鸣面前。"墨庄兄，大好消息，大好消息！"

　　王翰鸣正在盘算他的"计谋"有效无效，忽见郑士琦的副官长来了，又是连连"大好消息！"知道事有进展，忙说："请坐下说，坐下说。"

　　"郑士琦走了。"

　　"走了？"

　　"昨日傍晚发下令，要我们安排队伍开拔，他的专车又马上生火。半夜，他自己先坐着专车走了。我留下收拾残局。"

　　"他不恋栈了？"

　　"不恋栈了。"陈泽普说，"我在纳闷，日前还信誓旦旦，怎么说走就走了。"

　　王翰鸣暗自笑了，但还是说："大约有重要任务吧。"

　　"不管他了。"陈泽普说，"济南大门敞开了，欢迎张效坤军长！"正说间，门外传来一张名片。王翰鸣接过一看，是山东省省长龚伯衡来访。省长何事亲来拜访？这么想着，还是匆忙出来迎接。龚伯衡，一个老态很足的天津人，身穿一件灰色的长衫，满头花白的头发，双目有点陷下，唇边留着并不茂密的短须，怀里抱着一个不大的布包。王翰鸣认识他，一照面，便拱起双手，说：

"龚老，龚老，墨庄正要登府拜望，不想省长大驾光临。快请，快请。"

"老朽刚知参谋长来济，便匆匆赶来，以谢未能出迎之过。"二人挽手来到一小客房坐下，龚伯衡不再客套，便从怀中取下布包，说：

"郑督办昨晚匆匆造访，说要走了，把督办大印交给我，要我代转。我现在就把印交给参谋长好了。"王翰鸣接过大印，致谢之后又说：

"有劳省长了，改日张督办就任，我们一定先去拜见龚老。"龚伯衡又客气几句，便告辞了。

大印到手，王翰鸣带着工兵团长先到督署，把岗哨换下来，又把从督署到车站的岗哨也换成自己的人，然后给在徐州的张宗昌发了个电报，告诉他万事齐备，"请速来就任！"

那一天，张宗昌送走了王翰鸣，不知什么原因，心竟悬了起来，仿佛参谋长此行，真的凶多吉少，要被郑士琦枪毙了。离开了参谋长，我可怎么办？

权的诱惑真大，一个杀人都不眨眼的人，竟被权弄得神魂颠倒！

张宗昌无心收拾道台衙门里的那片残局，就连老娘怎么样了他也顾不得问问。许琨在鲁南重镇平邑给他发了个电报，问他"为什么不让前进了"？他让林宪祖给他回电，告诉他"参谋长已去济南了"。可是，当林宪祖把电报稿给他，让他签字时，他却连看也不看，竟揉揉团团装进衣袋。说："算了，不发电报了。让他闷几天再说吧。"

坐了大半日寿堂的老娘，回到家后，觉得腰疼腿酸，着人去叫儿子。

"把忠昌叫来，这会儿我咋不好受哩？"

老婆子要脾气了——自从跟儿子来到官场上，老婆子的脾气就大增，对谁都看不顺眼，对谁都想牢骚几句，几乎没有一刻笑脸。张宗昌也纳闷：天天吃香的、喝辣的，有人服侍，穿金戴银，比当初在祝家村要算天地相差的日子哩，咋就是不乐意呢？其实，这婆子并不是因为生活来情绪，而是觉得儿子在官场上了，这反而约束她了。往日，她高兴干什么便干什么，想张便张，想合便合，一旦"神"附体了，嬉笑怒骂全由她，就连当年慈禧皇太后也没有这样天神般的生活！跟着儿子怎么样？终日"尾巴"不掉，还一天三次问什么安，躺到床上还有人盯着，放个屁都不自由。就说做寿吧，做的嘛寿？弄得我挺着腰坐半天，听着那跟屁一样腥臭的话，啥叫"万寿无疆"，啥叫"如意吉祥"？吉他娘的个瘟×！总之，老婆子大感自己的日子"今不如昔"了，所以她不高兴。

儿子来了，见娘满脸的愁容，问："娘，嘛事？"

娘冷着脸，眯着眼，不吭声。

"娘，嘛事？"

"娘要死哩。你还要娘不要娘？"老婆子发了问。

"我待娘咋啦？"张宗昌焦急地问，"娘有嘛不称心，只管说嘛，我能办到。"

"把我送走吧，我想回掖县。"

"咋想回掖县哩？"

"我想回掖县。我在这里享不了这福。"

"您不能回去，家里没人了。"

"我回家就是人，不怕。"

"娘，您到底有嘛事？只管说呀！"

"我不自在……"

张宗昌心里猛然一跳：当起老太太来了，不自在，咋自在？他叹了声气，说："好好好，娘您说吧，您说咋自在，我就咋办，行不行？"

"那我就说，看你办到办不到？"于是，老婆子便按照往天的生活方式，说了一番"自由自在"的条件：诸如不要人跟随，早晚不必问安，她想出去走走就随意走走，她还得在屋里"请神"……"你们都别管我，权当没有我，我饿不死，也丢不了。"

张宗昌无心细想这些事，他的心都在济南了。他说：

"好，好，好，容我想想，都办到。好不好？您让我想两天，我一定办到。"不等娘再说话，张宗昌便走了出去。

张宗昌从娘屋里出来，正不知该做什么，突然有人把济南电报送到他手上，他一看，几乎高兴得跳起来，说道："马上动身，上济南！"

王翰鸣的电报是一剂强大的兴奋剂，捧在手里，张宗昌几乎是插上了两只巨大的翅膀，他要飞上天了！他迫不及待地领着几个随身人员和卫队，连夜登上了专车，开赴济南，徐州大本营连安排也不曾安排，他便离去了。

济南对张宗昌给予极大的欢迎，万人拥巷，采旗满街，火车站——督署衙门的那条长街，不仅人头簇拥，岗哨林立，家家店铺门外还都挂起长长的鞭炮。张宗昌经过时，欢呼声、鞭炮声，震天地轰鸣。济南城都波卷浪翻起来。不翻浪卷波不行，王翰鸣对省长有要求："必须以最热烈的形式欢迎张督办！"省长不敢怠慢，一纸号令发下；百姓更不敢怠慢省长的命令，只好走上街头。

站在队伍最前迎接张宗昌的，自然是老朽省长龚伯衡。在火车站上，他已经把构思了两昼夜的美好词语都说完了，接下来，便像保镖似的随在张宗昌身边，去享受他不曾享受过的万众欢迎场面。直至把张宗昌送到署衙门，他才汗流浃背地说着"先告退，等待督办召唤"的话，而后告退了。

新督办来了，包括交印、接防等在内的新旧交换工作自然要马不停蹄地办。好在郑士琦早已溜之大吉，大印早在王翰鸣之手，他的工兵团又早已到位，一切交呀、接呀，王翰鸣一人便办成了，张宗昌乐得个坐享其成，倒也舒服。

坐进山东军务督办位子上的张宗昌，四十四岁的人了突然童心焕发，在那个庄严的厅堂里竟雀跃、唱念起来！虽然连他自己也不知什么词意，那兴奋的脸膛，却不亚于褓褓中饿饥时填到嘴里的一只奶头！张宗昌把王翰鸣找到面前，拱起双手，说：

"墨庄，大事已成，山东是咱的哩。你是头等功臣。你说吧，要我怎么谢你？"

王翰鸣笑了，问："你想怎样谢我？"

"除了督办之外，尽你要。"

"除了督办之外，我啥都不要！"

张宗昌笑了：

"你说假话。你不会跟俺争位子。"

"别先说我要什么了，赶快安定山东大局，把队伍开进来，把人事安排好。"

张宗昌点点头，锁着眉，想了一阵子，又说：

"墨庄，你觉得省长龚伯衡这个人怎么样？"

"还算老实，正派。"王翰鸣回答。

"能不能成为咱的人？"

"不敢讲。"王翰鸣说，"你怎么想他？"

张宗昌把眉头锁起来，锁得很紧，身子就地在打转转。转了几圈之后，才说：

"我有点不放心。"

"这好办。"王翰鸣说，"找个理由，让他辞职，不就行了。"

"辞职，他干？"

"催催他，不就行了。"

龚伯衡与张宗昌原无任何瓜葛，所以，也就没有过利害的冲突。那个时候，省长原本就是个附庸的官，为督军作陪衬的，本身就够可怜的。不知为什么，张宗昌对这样一个"不放心"的人忽然动了恻隐之心。

"可以不让他当省长，但别让他走，想个什么名义，留下他。"

"想什么名义？"王翰鸣问。

"山东不是有黄河吗，给龚伯衡一个黄河督办，怎么样？"王翰鸣点点头。

"这个事你去办办。"张宗昌说，"态度好点，跟他商量。"

"万一他不答应呢？"

"你不是有的是办法吗？"

"用办法，态度就不能好了。"

"这个……"张宗昌有点犹豫，半天才又说，"试试看吧。"王翰鸣走了，走到院子中，张宗昌又叫他回来，"墨庄，你回来。"王翰鸣回来了。

"这样去不行，人家会骂咱。"张宗昌拿笔歪歪扭扭地写个条子，交给参谋长，又说："把这五万元银票带着，也算一点意思。"

王翰鸣点点头，心里一阵热乎：张宗昌也知道有点人情味了。

郑士琦匆匆离开济南之后，龚伯衡就觉得他这个省长也当不长了——龚伯衡是靠着段祺瑞的关系上来的，但却原本是曹锟的部下。1920年的直皖大战，在皖系军阀将败的时候，龚伯衡大大地拉了一把段祺瑞，但却是偷偷地进行的。所以，龚伯衡虽是曹直掌权时安排的山东省省长，这次直奉战后，直系完全垮了，段执政却仍保留龚为山东省长。郑士琦已被挤走，龚伯衡自知也该走了。正在此时，王翰鸣来访，他心里自然明明白白。于是，他和王一照面，便说：

"参谋长，我正想去拜访阁下，有件事想当面说明。那就是我想辞职。"

"辞职？"王翰鸣故作惊讶。

"是这样，辞职是我想定了的事，可我，又不敢贸然提出。参谋长来了，就请您帮帮我这个忙吧。"

王翰鸣反而不能催促，并且要表示慰留了。

"我们当然还是欢迎龚省长留任的。既然龚首长已有决定，我们也不好强人所难。再则，龚省长也辛苦多年了，休息休息也好。"

"那我就写个辞呈奉上。"

"龚省长，是不是这样，您在山东，情况熟了，我们还想留阁下在山东。

至于名义么，是不是就领个'黄河督办'之职，如何？"龚伯衡一听，便知是送给"顺水人情"的，便说：

"督办和参谋长的厚爱，伯衡领了，并且衷心感谢！不过，我对黄河的事情，从未涉及过，又无治河经验，黄河督办一职，愧难领受。"话说到这份上，双方都明明白白了。这时，王翰鸣才拿出那张银票，说：

"省长对山东政事多有辛劳，督办十分敬佩，微薄之礼，不成敬意，请省长笑纳。日后若有难处，省长只管开口，就是小弟，亦可尽心尽力！"

龚伯衡接过银票一看，竟是大洋五万，足抵他几年的薪水，有点惊讶。但又想想，却不大耐烦：路费都为我办好了，明白赶我走路，又假惺惺地让我任黄河督办，太欺负人了！可是，龚伯衡毕竟在官场上不外行，还是谦逊地说：

"伯衡对张督办你们，并无寸功，给了我这许多钱，实在不敢收。不敢当，不敢当！"王翰鸣也说：

"我们和龚省长相会济南，已是缘分中事。这点意思，实在算不得什么。无论如何，还请笑纳。"说着，把银票又推给他。

龚伯衡明白，自己该走了，这笔"路费"不收也是白不收。于是说：

"这么说来，恭敬不如从命，重赏却之不恭，只好腆颜愧领。再次谢谢督办和参谋长厚意，日后有用着伯衡处，只管吩咐。"王翰鸣顺水推舟，说：

"日后遇有大事，定当求教省长，还望能不吝赐教呢！"

王翰鸣给龚伯衡一纸五万元银票，龚伯衡给王翰鸣一纸省长辞职书。五万元赶走一个省长，也称得上"物美价廉"了。次日，龚伯衡便揣着银票，携着妻妾离开济南，转回天津老家去过寓公生活去了。

争争夺夺许多年的齐鲁大地，从此，完全落入了奉系军阀张宗昌之手。张宗昌督鲁，已属大喜过望了。从徐州到济南那一天，是他有生以来最感光彩的一天，连往天最奢望的梦都不曾梦见过他真的当督军了！

督军当上了，现在省长又被撵走了，张宗昌忽然间又做起省长梦！他还是把王翰鸣找到身边，把"梦"丢在一边，旁敲侧击起来。他问："龚伯衡走了？"王翰鸣答：

"龚伯衡走了。"

"没留下话来？比如推荐谁接替。"

"没有。"

"嗯！"张宗昌故意叹了声气，才说，"这么说，咱还得安排一个省长呢。"

"是的。"王翰鸣说,"省里不可没有省长。"

"你看这事让谁当好呢?"

王翰鸣一下子兴奋起来:赶走龚伯衡,就是为你张宗昌清理位子的,怎么又问谁当省长呢?难道说张宗昌想分权治鲁——果然如此,也是一件好事。这么想着,王翰鸣真的思索起来,并且坦诚地说了几位。

可是,当他随着提名的"声音"再窥视张宗昌的脸神时,他却吃惊了:张宗昌对他所有的提名都不眨眼皮,更不点头。王翰鸣恍然明白了:张宗昌醉翁之意不在酒!于是,他说:

"应该说,这几位都是很不错的人。但是,话又说回来,让他们去当省长,似乎还不大行。我觉得有一个人最合适,只怕他自己不愿干。"

"谁?"张宗昌很敏感。

"阁下你!"

"我?"张宗昌刚刚悬起的心,猛然间又落了下来,"嘿嘿,只怕不行吧?"

"我就怕你推辞!"王翰鸣说,"所以,才没敢首先提你。效坤,你这个人就是这样,有什么方便处,总是先想着别人。就像当年的刘邦一样:'使人攻城略地,所降下者因以予之,与天下同利也。'不像楚霸王项羽一般,'妒贤嫉能,有功者害之,贤者疑之,战胜而不予人功,得地而不予人利'。所以项羽不能得天下。你有刘邦之胸怀,我敬佩!"

王翰鸣完全是一派拍马奉承之言,张宗昌对他列举刘项之事虽未完全领会,但其意是明白的。于是,笑着说:"参谋长架俺哩,俺咋敢比古人?不敢当。""不是架你,实话如此。"

"这么说,山东省这个省长俺也可以兼哩?"

"可以,名正言顺。"

"好,俺听你的,你张罗去吧。"

张宗昌兼了山东省省长,原本可以平平安安过下去了,谁知却有一个人竟大闹起情绪来……

第十八章
再好的人当官就坏了

　　张宗昌自兼省长之后，省府和督署就合起来办公了。好在一切都是以军为主，张宗昌一张嘴出不了两个音，政事、军事也平平静静地开展下去。其实，看似无事，实际上事还是不少的。

　　一天，省政务厅长田桂凤忽然向省长交了一份辞呈，理由是"老了"，要"告老还家"。

　　田桂凤，扬州人，是前清时的翰林。论年龄，也算朽了，六十过去几年了，告老也不为奇。但是，此人不仅身子骨毫无朽态，神志、思绪一如昔日的敏捷、清醒，处事有条不紊，决断情理分明。龚伯衡在位时，一直视其为股肱，在山东，早有"次省长"之称。突然辞职，似乎意外。如从大局出发，办好山东政务，张宗昌是该真诚地慰留他，让这个精明人为山东再办点事。

　　张宗昌他不干。他老是觉得"自己床前边不能睡别的男人"！田桂凤辞呈一到，他便大笔一抹，来了个"准"字。田桂凤得准，便收拾行装、携带眷属返回故里去了——至于此人因何而走？便成了一个不大不小的谜。好在那种岁月中，谜太多了，无法寻"底"，人知老翰林落叶归根，也就心安了。

　　田桂凤走后，张宗昌便把空出来的位子给了他的秘书长林宪祖。按说，这样安排，也在情理之中。这位林宪祖——稚艻，是张宗昌到上海任骑兵团长时便搭档起来的，是张身边独一的一支笔。江西失败，二人分散了两年，张宗昌东北再起，林稚芴又匆匆归来。如此算来，二人共事前后也有十三四年了。实实在在地为张宗昌出过力。这样，张宗昌当省长，给林稚芴个政务厅长，情理中事。

张宗昌备了一壶酒、四样菜，把林宪祖请到内宅，面对面地边饮酒，边封起官来。

"稚芴，咱弟兄们比当年在上海强了，现在有了山东这片地盘，队伍也十来万，该享受的也得享受，该戴纱帽的，也得戴戴。这样，山东政务厅是个好地方，我把那个翰林厅长赶回扬州老家去了，厅长的位子给你。你看怎么样？"

比张宗昌小两岁的林宪祖，是个颇有心地的内向人，满腹的好文才。若科举制度不取消，是个会在金榜上留名的人物。正因为这样，此人总是恃才傲物，宜溢曰骄。听得张宗昌让他去当政务厅长，不仅不高兴，反而觉得大材小用了，便有点不大愉悦，但口中还是说：

"多谢了、多谢了！如此重任，只怕稚芴有负美意。还是另任高才，如何？"

张宗昌以为他是谦辞呢，便摇着头说：

"这个位子谁也别想占，就给你了。政务，政务，一省的政务全归你，只是不管军，够你忙的。"

林宪祖哪里是谦让，是嫌官小。他想当省长，张宗昌没有看透这一点。林宪祖见张宗昌把政务事又加重语气提出，便软软地打出一个钉子。

"效坤这么一说，我就更不敢担任了。一省政务，应由省长料理。厅长，名不正言不顺，我可不敢越职逾法，以取名誉。"

"别这么说，我让你干你就干。看谁敢说嘛？"

"这么说，你把省长让我，岂不更好？"

张宗昌一下子懵了：好家伙，向我要省长哩！要，我偏不给。于是，他变了态度，冷笑着说："这事以后再说吧！"酒宴不欢而散。

张宗昌不答应把省长位子让给林宪祖，林宪祖便一直不任政务厅长，并且连连请假，连面也不给张宗昌见了。

张宗昌自从当了副军长以后，便产生一个奇异的思想：要把自己打扮成有点儒雅的军阀，摘掉军阀前那个"流氓"的帽子。于是，无论军务多忙，每天三件事不忘：跟林宪祖学识字，从《三字经》《千字文》学起，渐渐学起《论语》《孟子》；第二件事写诗，学点诗律平仄、对仗、用韵之类的知识；第三件事是写字，从小学生的方块字开始，慢慢临帖，争取自己作的诗不再由别人代笔。一切都起步得太迟了，四十岁过了的人，才学童蒙的课程，行吗？可是，张宗昌竟下决心了，坚持下去了，一天一个字地学，持之以恒，也会聚沙成塔。到他当了山东督办兼省长时，不仅言谈有了些文雅成分，诗的格调也高了，尤其那笔底功夫，竟令人刮目相看了，欧阳询的《九成宫醴泉铭》、柳公权的《玄秘塔碑》《神策军碑》，还有颜真卿的《多宝塔碑》《麻姑仙坛记》等，他都颇费功夫去临摹。到督办任之后，忙乎了一阵，又把笔墨拾了出来，准备继续下功夫。可是今日，省长问题却把他弄得心神不定，坐立不安。坐在对面翻阅公文的王翰鸣，几次侧目窥视，总见他无章法的字，写出来又揉揉扔了，片刻工夫，桌下竟扔了一堆废纸。参谋长心中好笑：不想练了，就放下嘛，何必跟笔墨赌气！这不是有点儿暴殄天物吗！他想劝劝他，让他收笔，可是却又没有劝。他倒是想看看他究竟为什么。

张宗昌涂抹半天，忽然把沾满墨汁的大笔朝大墨海里一丢，大声叫骂起来：

"他妈的非要不行，我就非不给不行。"扔笔时由于用力过猛，墨海中的墨汁溅飞起来，洒了王翰鸣一身。王翰鸣只好把手中的文件放下，用清水去洗，边洗边说："无名之火，这又是对谁呀？"

"对谁，还能对谁？"张宗昌怒气冲冲，声音闷雷，"我咋猜不出你对谁？"

"林宪祖！"

"他怎么啦？"

"要抢省长！"

"噢，我明白了。"王翰鸣说，"你不打算给他。""不给他！"

"那你打算把省长给谁？"

张宗昌瞪了王翰鸣一眼，嘴张了张，竟是没有说出话来。他说什么呢？他根本就不想让出省长这个位子，他怎么回答"让给谁"呢。

王翰鸣也看出了这一点。所以，他也沉默不语了，但又觉心中不安。沉默一会儿，还是模棱两可地说："不给他，也好，也不好。"

气呼呼的张宗昌，一听参谋长说出这样的话，又瞪了他一眼，而后问："你这是嘛意思？"

"为你着想。"王翰鸣说。

"为我？"张宗昌说，"咋为我？"

王翰鸣放下手中的湿毛巾，坐在原来的位子上，慢条斯理地说："效坤，你想过没有，你这个省长能兼多久？"张宗昌说：

"你看会兼多久？"

"不会多久。"

"为嘛？"

"老帅（指张作霖）面前的人太多了，他不会答应你一人兼职两个。"

"那会咋样？"

"会给你派一个省长来。"王翰鸣说，"如果是那样，岂不是不好了？"

"这个……"

"林宪祖毕竟是咱们自己人，跟你相处也不错。省长给他了，不是如同你兼着一样吗？不给他，等派来一个省长，能像林那样跟你一条心吗？我看，你还是把省长这个位子给林宪祖好。"

张宗昌一听这片话，心里动了：是啊，现在争官的人那么多，官位又那么少，无论是段执政还是张大帅派个省长来，都得收下。到那时，不知谁来，能合在一起吗？这样说，还是林宪祖好。这么一想，反而觉得日前酒宴上自己不该那个态度对待林。沉默了片刻，身子朝参谋长移了移，说：

"你说得有道理，对哩。上边真的再派一个什么人来，能文能武也好，放不出屁也好，对咱都不利。"

对于张宗昌知过即改的爽直态度，王翰鸣素来是敬佩的。这一点，他觉得他比自己强。

"效坤，我知道你是爽快人，才毫无顾忌地说出自己的想法。感谢你接受了我的建议。"

"墨庄，"张宗昌尴尬地笑着说，"这件事，我看还得劳你大驾，你去同稚芗说说，我把省长让他就是哩。"王翰鸣摇摇头。

"解铃还得系铃人！放着人情你不做，拿着胭脂粉朝屁股上抹，何必呢？"

"我去好？"

"自然是你去好。"王翰鸣说，"一条坦荡大道，我在中间再搭一座桥，桥再好，总是把路隔断了。你说对不对？"

"好，我去。"张宗昌说，"一窝狐子不嫌骚！为了咱的大业，我就不要这张老脸皮了！"

"这就对了！"王翰鸣点头微笑，一边又想：张宗昌呀，张宗昌！在兄弟们面前舍舍脸，比当年仰脸巴结曹老三怎么样？比雪地里管郭鬼子叫爸怎么样？又想：张宗昌这家伙，能伸能缩，行！

张宗昌火暴性子，想准了的事，从不隔宿。他匆匆忙忙去找林宪祖。二人一见，他便乐哈哈地说：

"稚芗，你说得对，山东省省长还是你当好，比我当好。"

林宪祖正为省长事缩头在家，见张宗昌来了，又是开门见山地"让省长"，惊讶不小，站起身来，和张宗昌面对面，反而连一句得体的话也说不出了。

张宗昌伸手拉住他，说：

"还愣嘛呢，赶快向北京发电报。"

"发电报？"林宪祖疑疑惑惑，"发什么电报？"

"电请北京，我保你当山东省的省长！"林宪祖终于笑了。

不久，段执政即发布命令，任命林宪祖为山东省省长。林宪祖向张宗昌表了个大大的"忠心"……

专列，风驰电掣般地在胶济铁路线上朝着东方飞去。阳光灿烂，旷野绿碧。

坐在头等包厢里的张宗昌，满脸欢快，双目有神，透窗眺望着齐鲁大地，心里沸沸腾腾——二下关东起，张宗昌离开这片桑梓之地已经二十多年了，一切似乎都十分淡薄。能有什么记忆呢？本来就是淡薄的，除了潦倒贫困之外，连值得记忆的恩怨也没有，尤其是把妻子、老母接出之后，张宗昌几乎不想再回生养他的地方。早几年，他曾派人打听过早已走出的老爹，企盼着有个骨肉团聚，能为老娘寻一个破镜重圆。但是，失望了。传说老爹死了，人死了，连坟头在哪里也不知道。这样，张宗昌与故土便无恋可留了。今日所以又匆匆还乡，原来他有两件心事——

张宗昌终于又回到了祝家村。那个依然贫瘠的村庄，一忽儿来了那么多大兵，又随来了那么多地方官，它震动了；震动得男男女女、老老少少都失神！当人们明白了是怎么回事，都轻轻松松地嘻笑颜开了：

"哟！是喇叭匠的儿子混出模样了，来老家荣宗耀祖了！""喇叭匠祝家村没亲人了，来探谁呢？"

"听说喇叭匠闯关东的儿子早死了，咋又冒出来了？还当了这么大一个官！瞧见吗？连县太爷都狗颠屁股，忙得像二小似的！"

任凭别人怎么议论吧，张宗昌还乡了，这是真事。还乡想干嘛？还不知。等着瞧吧。

人们议论的时候，地保来了。这是个约六十岁的瘦小老头，猪肝色满是皱纹的脸膛，一身短打，光着脑袋。来到张宗昌面前竟大着胆子叫了声"忠昌"，人们才恍然大悟，原来地保是张宗昌同姓不一宗的族叔，当年常跟着喇叭哥混白吃的，名叫张兴汉的。大约是当年曾经给喇叭匠背过捎搭，跟剃头挑烧过水，有这么点功劳和风光，今日站在督军侄子面前才不感位俾。

"忠昌，您肩上这么大事，咋有空来家哩？看看嘛的，有事？"张宗昌认得这位族叔，虽然坐着没动身，言语却亲切。

"老汉叔，你还记得侄子？"老汉一愣神，似乎觉得"爷们关系远了"，忙说：

"当这么大的官还说憨话。难说老叔到了济南府，你那衙门不许叔进去？"

"那哪能，老汉叔，"张宗昌说，"侄子得大开正门迎您！"

"照呀！一笔咋能写出两个'张'？"地保倚老卖老一阵子，才说，"忠昌，此番回乡，得有事！要不要老叔帮帮？"

"哪里是帮？老汉叔，得以您为主地去干哩！"

地保这人通达，极想办官事。他明白：凡经办官事，必有利可图，忙说：

"义不容辞，义不容辞。"张兴汉一副英雄气概！

"老汉叔，侄子是祝家村走出的人，对村子没啥好谢的，心里不安。想托您老办一件事。办这件事，莫问要多少钱，以办得最好为好。"

"啥事？说吧。"

"您老叔去请匠人、买砖瓦，把咱村头口那座破破烂烂的五道将军庙重修殿房、再塑全身，修成咱东海边上最大、最好的庙。钱么，当然全由我给了。"

啊，修庙？地保呆了：全村这么多人家，缺米少柴，日无聊生，他全想不着，咋一回村竟想到修庙？忙说："忠昌，你要修庙？"

"要修庙。"

"许过愿？"

张宗昌点点头。

"老汉叔，这次修庙一定要修大的，越大越好，钱我全出。"

地保不知道当年张宗昌五道庙求签的事，更不知竟求应了，所以感到纳闷。有人出钱修庙，也是好事，地保愿为，于是表示："放心吧，忠昌，老叔办这事还是有点小能耐的。"张宗昌信着五道将军呢，当年五道将军告诉他，"乌云遮月不久长"，果然，张宗昌闯关东三年便当了团长；现在又当了督军，岂不正是"大鹏展翅十万里"！签语百灵百验。当年张宗昌说过，"若有出头之日，一定重修庙宇，再塑全身。"现在出头了，当然要还愿。修庙、塑神的事交给地保叔了，头件心事落定了，张宗昌轻松了一半。稍事休息，他便亲自来到只有残墙断壁的五道庙，前后左右转了一圈，然后站在庙门口，默默地说："五道将军，您老人家日子寒碜了，是弟子的错。弟子来晚了，请将军原谅！"

第一件事办完了，隔一天，他只领着两个随从，开着车，匆匆朝一个叫何村的地方走去。他要去找当年给他路费的穷哥儿——何付居。他找到了。

那位比他大两岁的何付居，还是住在何村村头上，两间破房屋比当年更破了。只是，这许多年已不再当"梁上君子"，安享清贫。由于体质不好，不仅更瘦了，眼睛也不见光亮，耳朵也沉了。张宗昌找到他，进到他屋时，他竟以为东窗事发，大祸临头呢，忙说："我早已是好人了，你们想干嘛？"张宗昌上前握住他双手，连声说："何大哥，你看看我是谁？"

"你是谁？我的眼看不清了，反正我是好人。"

"眼看不见了，听听声，猜猜我是谁？"何付居皱皱眉，静静神，说：

"听声音，有点熟。记不起是谁了。"

"我是宗昌，祝家村的张宗昌！"

"张宗昌？"何付居挺了挺脖子，"你是张宗昌？"

"我是张宗昌！"

"我的小爷！这些年你死到嘛地方去了？听了那么多吉吉凶凶的传说，我也就弄得喜一阵，哭一阵，可总是不得实信。早几天才听说，你在济南当督军哩。有人还劝俺，说俺跟你是好朋友，要俺到济南府去投奔你，说你见了俺一定得给俺大把大把银元的。俺想了想，摇摇头。人问：'为嘛不去？'俺说啦：'张宗昌要是当年的张宗昌，他会来看俺，不会忘了这个穷哥。张宗昌要是今天督军老爷的张宗昌，他就把俺忘哩。就是俺死了连条席片也买不起，也绝不进他的督军府！'"

"张宗昌今天来哩，何大哥，你说俺是哪样张宗昌？"

"好兄弟，你是咱庄稼人张宗昌，不是变了种的张宗昌。"何付居说，"宗昌，你来了，我高兴。但是，我还要问——你那么多事，咋跑这地方来哩？"

"来看大哥。"

何付居一下子流出了眼泪，紧紧拉住张宗昌的手，说："兄弟，有你这一趟，大哥够哩！算咱弟兄没白处。"

"不！"张宗昌说，"不能只是一趟，我要把大哥带走。""哪去？""上济南！""嘛事？"

"给你个官当当。""嘛官？"

"当个县太爷行不行？"

"俺的亲娘祖奶奶哩，我可不愿当那样落万世骂名的官！不当，不当！""你当个清官不好吗？"

"天底下也没有清官！你没看见，就是再好的人，一旦当官了，有几个不坏的？当多大的官，就坏多大的事。"

"我当督军了，还当了省长，也得干这么大坏事，也是坏官了？"何付居愣了一下，摇摇头，叹息着说：

"兄弟，俺都是受苦受难的人，大哥只盼你别忘了，官再大，不能欺负人。记住吗？"张宗昌点点头，说：

"何大哥，你不想出去，我也不勉强。小兄弟想办一件事，你也别难为我。行吗？"

"嘛事？"何付居说，"我咋会难为你？"

"好，这样好。"张宗昌让随行人员拿过一个布袋，放在何付居手里，说："何大哥，你也老了，爬不动了，这点钱是小弟的薪水，没有贪别人分文，给大哥留下，盖点房子，买几亩薄田，也算个依靠。以后，说不定来看你的时候不多了。只算一点点心意，请大哥留下。"何付居捧起布袋掂量掂量。说：

"兄弟，礼太重了，我收是收，不能收这么重。留一半吧！"

"何大哥，当年小弟闯关东，路费之外你又添了一倍，让我养家；今儿我送一份礼，你只留一半，你这是骂小弟哩！我心里难过。"说着，又跪在何付居面前。何付居忙将他拉起：

"宗昌，这是嘛哩？大哥全收下。全收下，还不行吗？"

张宗昌又办完一件事。

第十九章
我张宗昌不杀孬种

徐州形势紧张了。

张宗昌大军开赴济南时，徐州只留下不足一旅人，作为山东南大门的守护。这旅人是由张宗昌五站练兵时的中校参谋孙钵传指挥的。大部队走的时候，张宗昌对孙说：

"孙钵传，把你留在徐州哩，给你个官，叫徐州镇守使；留给你的队伍算一个旅，你就是旅长。徐州是山东的南大门，交给你哩。把不好，别怪我翻脸不饶人！记住吗？"孙钵传挺着胸脯，说：

"军长，不，督军，您是督军了。请您放心，我一定把徐州守好。丢了徐州，您杀我的头！"

张宗昌的大军离开徐州不久，情况就发生了变化；北方，国民一军全力以赴，兵临直隶，要吞掉直隶总督李景林；而在河南的国民二军岳维峻部则派李纪才配合靳云鹗部会攻山东，攻山东之部队便先从徐州入战。因而，徐州紧张了。

由河南和安徽两个方向向徐州进逼的部队，日夜兼程，飞速前进。徐州吃紧的消息频频传到济南，张宗昌焦急了：失去徐州，岂不敞开南大门了！他不能让徐州失去。他把山东的事情向参谋长作了交代，让参谋长作为代理军务督办，自己便偕同褚玉璞一道到徐州去指挥作战——他怕孙钵传顶不住。相对来讲，北方的形势比南方好，张宗昌的鲁军已经和直隶李景林的直军联合起来，建立了直鲁联军，成为统治北方的庞大奉系军队，没有人敢同他们作对。

南方情况大变，张宗昌撤出长江之后，孙传芳势力大增，这个朝三暮四的家伙早忘了和张宗昌的金兰结拜，竟向江北动起兵来。孙传芳和在遥远北方张家口的冯玉祥达成联合反奉默契，命令自己的李宝章部袭击上海的邢士廉，命令卢香亭部攻击南京的杨宇霆，又命谢鸿勋部假道宜兴直逼南京。上海几乎一枪未发，奉军的守备司令邢士廉没还几枪便逃入租界；江苏督军杨宇霆、安徽督军姜登选闻知上海失守，又苦于自己手中无军队，纷纷逃走。就是在这种背景下，张作霖终于开了口，在命张宗昌再度南下的时候，答应他"收回江苏后就可以任督办"，同时，还安排师长施从滨为安徽善后督办。谁知出师不利，张宗昌到徐州时，孙钵传早已弃城而去，而在蚌埠激战的施从滨也溃不成军，施本人被孙传芳俘去枪杀了。张宗昌的部队一下子军心涣散，士气大衰，大部分队伍不战，便逃回济南去了。张宗昌在城外一个高高的山头上，望着业已换了"大王旗"的徐州，又气又恼：

"孙钵传，孬种！我非杀了他不可！"

张宗昌眼看徐州无望了，便对褚玉璞说：

"孙钵传这个孬种跑哩，徐州不行哩，咱们赶快回去吧，得守济南。"褚玉璞也无计可施，只好点头相随。

济南城里，散兵成灾，时已入冬，饥寒相加。张宗昌命人把散兵收拢起来，编入战斗序列，都布防在城南。现在，济南的形势是：李纪才部、靳云鹗部在逼城打围，土匪刘荆山在胶济线为内应，妄图一举把张宗昌赶出济南。张宗昌失去徐州，兵集济南，以重兵护城，并派主力在城南阻击李、靳两部。八里洼一接触，战斗即十分激烈。张部是坐守，加之大批散兵有了安排，情绪颇高，再加上李靳两部长途赶来应战，激战不久，李靳便溃不成军，只好落荒而去，出了山东。

济南转危为安，山东形势又复大好。张宗昌任命王翰鸣为预备军军长，要他在山东扩军，以县为单位，每县扩一个营；另派员收拾李靳逃兵，编成一个旅，命杨秀峰为旅长。一场激烈的刀光剑影，总算平静下来了。张宗昌回头看看，有得有失，基本没有伤筋动骨。他笑了，笑得很轻松：

"嘛？想吃掉我？没那么容易！"

一切又恢复了平静。张宗昌坐在屋里静息的时候，才冷静地去想想眼下发生的情况：我怎会在顺水顺风的时候，又碰到一场大难？徐州丢了，济南差一点也丢了。我是走上坡路时丢城失地的，为嘛？是的，他想得有道理，张宗昌督鲁时，他的队伍已有十五万人。十五万兵守不住一个城吗？想着想着，想到徐州，想到孙钵传身上——要不是这个孬种丢徐州，我咋会经此一难！他跳起来，把新任旅长杨秀峰叫到面前。

"杨秀峰，交给你一个任务，把你的这旅兵带上，去完成它。"

"什么任务？"杨秀峰问。

"孙钵传带着残兵败将，从徐州逃到博山去了，你去把他们收拾了。"

"收拾孙钵传？"杨秀峰有点吃惊。

"是的。"张宗昌气呼呼地说，"老子几乎被他给弄散板哩！再花两年工夫也收拾不好！龟孙，坏了我的大事哩！"

"怎么收拾？"杨秀峰犹豫了。

杨秀峰是张宗昌老部下了，当年，张宗昌在冯国璋的教育团作团长时，杨秀峰是学生，言听计从。现在，他对张宗昌依然忠心不二。只是，对自己人，又是同级，他心里嘀咕。张宗昌决心大，他说：

"队伍收编，不服收就击溃；孙钵传就地正法！"

杨秀峰见张宗昌决心已下；再说，徐州一败，孙钵传罪责不饶。所以，也就不说别的话，答应一个"是"字，带着队伍出发了。

也是在这个时候，兼任预备军军长的王翰鸣要到博山视察扩充兵源，整顿军队情况，张宗昌又连连发给他电报，要他"务必把退到博山的孙钵传军队缴械，并将孙就地枪决，以惩他在徐州未奉命令即擅自撤退的罪过"。

本来上级惩办一个下级，已是轻而易举的事情，何况两路下手，孙钵传自然是"在劫难逃"了。

那一天，王翰鸣找到杨秀峰，对他说：

"孙钵传的事，你听我安排。我派车去把孙的人装上车厢，送到一处，你把队伍预备好，藏在铁路傍边儿低洼处，车一到，伏兵齐出，全部缴械。孙钵传本人，只是别让他跑了，抓住交给我就行了。"杨答应着，去做准备。

孙钵传退出徐州，虽属擅自决定，也是情不得已。李纪才、靳云鹗两部主力齐逼，来势凶猛，他又无援军后继部队，生怕全军覆没。两次接火之后，感到无力抵挡，为保存实力，走为上。

可是，他一到安全地带，便知闯下大祸了，徐州是张宗昌经营多年的根据地，又是山东的南大门。大门一敞，"全家"不安，张宗昌会饶了他？孙钵传跟张也有些年了，虽说治军无章法，但军纪还是很严的；他一张口，就是纪律，就是法。孙钵传越想越害怕。正在这时，参谋长命令他"转移地点，集中整训"，并告诉在某处乘车。孙钵传不敢怠慢。于是，领着残兵，上了火车——他没有想到，灾难就在面前。

全是闷罐车厢的专列，从一地朝另一地缓缓开去。坐在中间一节车厢里的孙钵传，心情十分消沉，他闷吞吞地吸着烟，一句话也不同人说；军装的前襟闪着，任凭冷风扑来；两只眼睛死死地勾着，毫无神采——是一个什么样的去处，是一项什么样的整训？他一星点儿也不知道，他也不敢提问。就像犯人受审一般，他只皱眉垂首，等待命运的安排。

车到一片低洼的地方——也就是杨秀峰旅埋伏的地方，缓缓地停了。这是有计划的，停下之后即让杨秀峰的伏兵四面突起，围而缴械。哪知地形为这场原不需动枪声的"消灭"战带来了动枪声的灾难：列车停下，机车被摘下时，由于铁路坡度较显，车厢顺坡而下，继续滑动。伏兵以为孙部企图逃跑，即开枪射击。一时间，枪声大作，火光冲天。那些坐在车厢里等待"整训"的兵士，根本就无战斗准备，听得枪响，还以为是"就地消灭"他们呢。于是，丢盔弃甲，四处逃跑。一击一逃，洼地一片大乱。等到平静下来之后，孙钵传的残部更残了！孙本人，从衣服到帽子，弹洞无数，絮棉溅出，他成了俘虏！孙钵传跑到王翰鸣面前，抽泣着，揉着泪眼，说：

"督军要惩罚我，一道命令，我敢不来吗？为啥把我当敌人对待？我要是敌人，在徐州就投敌了，我还跑回自己地盘？这样一开火，有多少兄弟死于非命。"

王翰鸣也知道误会了，但事已至此，只得如此。见孙满身弹洞，幸未重伤，一边拿出张宗昌的电报，一边说：

"徐州一退，损失很大。督军生气，也是情有可原。现在是得想个妥善办法，了结此事才好。"

"队伍全完了，还能有什么好办法收拾？既然督军有令杀我，参谋长你执行吧，我无怨言。"说着，垂下头来。

王翰鸣眯着眼睛想了想：觉得事情尚不至于坏到非杀人不可的地步，张宗昌就那个个性：天大的事，只要你对他让步，向他低头，他会一摇头了之。若是硬顶撞，一件小事他也会动"杀机"。王翰鸣说："我有个办法，或可能救你。不知你干不干？"

"只要能救我，啥办法我都可以接受。"孙钵传说。王翰鸣说：

"那好，我派人把你押送到济南……"

"啊？"孙钵传吃了一惊，抖擞着说："他连我的部队都给消灭了，他能饶了我？反正是要杀头，何必到他面前去挨一刀呢？"

王翰鸣笑了。心想：你还不了解张宗昌，什么军令、政令，只要他一开口，一切全是屁？他全凭着江湖混迹时的那一套。今儿说的话，明儿就变，转脸也会变。他对孙钵传说：

"你放心，我把你押到督办面前，只要你诚心诚意地向他认罪，准保没事。"

"行吗？"孙不放心。

"我看行！"

孙钵传没有办法，只好勉强答应，胆战心惊地随人去了济南。王翰鸣也算是个有心人，知道张宗昌正在气头上，怕一怒之下真的杀了孙钵传，自己想办好事，岂不也落空了？于是，他决定随孙一起去济南。

张宗昌得山东不容易，凡有损山东巩固之事，不论大小，他都恨之入骨。他决心杀了孙钵传，以警告那些不听命令、不坚守地盘的人。他相信王翰鸣和杨秀峰会完成杀孙钵传的任务。他在等待博山传来消息！

孙钵传被押进督军府来了。张宗昌尚未思索出"他怎么来了"，孙钵传已经跪在他面前，头抵着地。

张宗昌不再思索，也不管孙钵传有多狼狈，"唰——！"从腰间拔出手枪，"哗——！"把子弹推上膛——所有在场的人都吃惊不已——杀人，对张宗昌来说，几乎像踩死一只小虫那样容易，何况是他恨之骨的、丢了大门、使他受了极大灾难的人！王翰鸣也吃惊了，他想走过去，阻拦他。但他没有过去，他觉得没有用了，张宗昌太恨他了，不杀不解恨！

张宗昌把举起的手枪在空中停了阵子，竟缓缓地放了下来。他瞪着面前的孙钵传，怒气冲冲，半天才说：

"嗯——孙钵传你到底是个孬种！"说着，把子弹上膛的手枪扔到桌子上，背过身去。谁也说不准他要干什么。屋子里又静，又恐怖。张宗昌背身半天，又说：

"我张宗昌不杀孬种。我杀孬种，人家会骂我也是孬种。孙钵传，你滚吧，我身边不收留孬种。"

孙钵传早已吓憨了，他以为张宗昌会亲手杀他。枪拔出来，只是一扣扳机的事。可是，张宗昌竟没有开枪，不杀他了。不光不杀他，还放了他，让他"滚"。孙钵传感激万分，想说几句感恩的话，但由于慌张、惶恐，竟不知说什么才好，索性一言不说，朝着地上"嘭嘭嘭"磕几个头，才爬起来，还是惶惶恐恐地往外退出去——他想以后瞅个机会，来报答他不杀之恩。

孙钵传转身的时候，张宗昌忽然产生了一种连自己也说不明白的"心痛"之感，隐隐觉得不应把这样一个人赶走：孙钵传有过，有罪，该赶走，该杀！可是，人家不是到俺面前来认罪了么，人家对俺还是亲的——

张宗昌不讲什么纪律，更不讲什么道德品质。他听别人在他面前说过那些纪律、道德。可是，别人说过了，他也就忘了，或者说，别人在说的时候，他根本就不听——听那些干嘛，我做人该咋做，难道非别人给划出一条路，非走在别人说的路上？那我还是个人，岂不是一头驴、一头牛了，得人家用绳拴着，牵着走？他不，他要按自己的路走，他的标准是：能为我办事就行。往天再坏，只要今天能为我办事，都是我的人；往天再好，只要今天不为我办事，叛我了，我就不容他。孙钵传是不该擅自离开徐州的。可是，那是昨天的事了。张宗昌想起了闯关东的朋友，想起拉胡匪的朋友，想起了给他路费的何付居……孙钵传不比那些朋友差，他为我拼过命，当年滦州收直军，是他插入敌营，冒死……不知哪根神经起了作用，他竟一下子想到孙钵传那么多好事？气得发紫的脸膛，渐渐由紫变红，由红变黑，由黑变黄了，呼吸也均匀了。他从桌子上又摸起了手枪——人们又心悬了："张宗昌是不是要在背后给孙钵传一家伙？"可是，张宗昌却把子弹退了出来，并且随手扔了出去，把空枪也插进腰中。然后，冲着退到门外的孙钵传大声喊道："你回来，孙钵传！"

孙钵传立刻又瘫了，他疑为张宗昌此刻又不放他了，一定杀他。忙转回身，连跪也忘了，竟把腰深深地弯下去，等待张宗昌的一枪。

张宗昌倒是有点心平了，他踱着缓缓的步子，来到孙钵传面前，问道：

"孙钵传，你别害怕，老老实实回我的问话。"孙钵传呆呆地点了一下头。

"我问你：你是来认罪求死的，还是来解释情况求活的？"

"我——？"孙钵传一时不知道张宗昌问话的意思，竟不敢回话。

王翰鸣明白了，这是张宗昌想试探他，看他是不是有认罪决心，或说，看他愿意不愿意在他张宗昌面前真的低头认罪，忙代他回答说：

"孙钵传一时心慌，不敢回话。他一路上几次对我说过了，他说丢了徐州，他有罪，他本无脸来见督办，但又觉罪大，大不可饶，就亲到督办面前，请您给他一枪。这样，死在您面前，也算报答您知遇之恩了。"

孙钵传头脑也灵了，顺着参谋长的话题，忙说：

"是，是的。我那么重的罪，哪里还有脸求活，只求给我一枪！求死。"张宗昌竟笑了。

"我实当你孙钵传是个道道地地的孬种哩！孬种都怕死。凭你决心前来求死，你就不是孬种。光这一点，也该赏你个旅长。你回去吧，把队伍收拾一下，还当你的旅长。"他转脸又对王翰鸣说："把收他的队伍都还给他，让他好好去练练。"

一场灭顶之灾，如此真真假假几句临时拾来的言语便给免了。这就是当了督军的张宗昌。

孙钵传真的又当旅长了。当旅长之后，他也真的把张宗昌当了大恩人对待，忠心耿耿，死不移志。在张宗昌督鲁期间，他为他起了牛马般的作用——此是后话，这里不提。

第二十章
对我好的人我都奖赏

　　风雨无常，阴晴不定，政局总是处在你方唱罢他登台的变幻之中，最苦的，自然是黎民百姓。

　　几经风雨，山东的形势总算暂时平稳了，李纪才被赶出了山东，靳云鹗也出了山东，胶济线上的土匪刘荆山也被收编了，编成一个旅。刘大土匪摇身一变，成了堂而皇之的旅长。好在此类的事人们已见得多了，不感奇怪。连那个直鲁联军总司令、山东军务督办张宗昌，奉军自称大元帅的张作霖，哪一个不是土匪？刘荆山，小巫见大巫而已；从过去暗抢来供自己花天酒地，变成今天明夺花天酒地而已，还能有什么？

　　刚过了几天还算平静、得意的日子，情况又有大变，就像早晨还是朗朗晴空，突然又乌云密布，落起滂沱大雨起来，这就应急防雨——冯玉祥的张之江部——国民一军，从长城外打进来了，而且把直隶督军、奉军大将李景林给打败了，打出天津了。

　　除了留守的警备军队之外，老巢沈阳是没多少可战之军了。奉军主力都在关内，李景林算是主力之一，李景林被赶出新地盘了，他要报仇、要收复失地，他只有投向另一部主力——济南的张宗昌。何况他们早已组成直鲁联军。唇亡齿寒，兔死狐悲，张宗昌当然应该鼎力相助。

　　李景林坐在张宗昌面前，诉说完了天津败北情况，深深地叹了一口气，接着又急促地吸了一阵子烟，才说：

"我不相信冯玉祥会成气候。凭他在塞外那几队人马，他敢有多大妄想？此次天津之败，完全是我自己粗心大意。我没有想到他会进攻我。措手不及，才有今天。"

张宗昌默默地听着，没有明显的表情，好像是听一个人叙说一件与他毫无关系的而且又是遥远岁月中的故事！按说，张宗昌是希望李景林有这一天的，相识以来，李景林此人不厚道，没有点儿江湖气，手段流氓。远的不说，就说此次入关及入关之战吧，他处处抢官，兵至热河，便先抢去了热河都统；官抢到手，连仗也不打了；入关之后，又迫不及待抢去直隶督军，就是不到最前线。现在被人赶出来了，你想到我了——张宗昌不想拉他。

可是，他们毕竟都是奉系，都是张作霖的部下，李景林真的完全被消灭了，对他张宗昌并没有多少好处，他得救他。为了他的山东江山坐得稳，他也得出兵相救——得拉李景林一把，他为抓权可以见死不救，俺不能。狗咬人了，人怎么能再去咬狗呢？人去咬狗，人不也是狗了么——张宗昌想出兵天津，把张之江赶跑。

一个转念，他又犹豫了：赶跑了张之江，李景林又当他的直隶督军去了，我为嘛？张宗昌心眼多了，权欲增了：我得跟姓李的讲讲条件，不能白替他出力！于是，他笑笑，说了话：

"冯玉祥也不知趣，你在张家口好好蹲着不就算啦，又想占天津。那个张之江也不是个东西，在喜峰口打吴佩孚时咱还是一个阵线，今天咋能枪口倒转呢？"

"是的，是的。"李景林不知张宗昌还想说什么。他是来求救兵的，不想东扯葫芦西拉瓢说那么远，于是说："就为这个，我心里不服，才来搬兵。"

张宗昌明白了，他只求救兵，不讲别的，俺可得讲。于是，他认真地说："打跑张之江，可是一件费力的事。有件事，咱得先明后不争，我想问问你：打跑张之江，你咋对待我？"

"这……"李景林有些傻了——他没有想这事。同是一家人，有难得帮，还能见死不救吗？张宗昌救人讲条件，不够朋友，不义气。可是，自己已丧师失地，身无分文，许诺什么都是空口白话。凭他要吧，要天也给他半个。李景林笑着说：

"你让我怎么招待你？缴获全归你，一枪一弹我都不要。"张宗昌听了，却只摇摇头，淡淡地一笑。

"那咋办呢？"李景林说，"你提个条件，我照办。"

"缴获枪弹，我不要，全给你。你恢复队伍，重振军威！""我给你钱。要多少？你说。"

"我不缺钱花。论钱，我比你多。""那你究竟要什么呢？"

"我说啦，咱们先明后不争。"张宗昌认真地说，"赶走张之江，天津回来了，你去恢复队伍，把直隶军务督办这个职让出来，由我来安排。如何？"

"这？"李景林本来就是视权如命的人物，听说张宗昌想要督办大权，犹如沉雷击顶，刚刚还是乞怜的脸膛，忽然间就变得愤怒了。他真想拂袖而去。可是，他没有拂袖，更不能离开。李景林不是当初占热河都统和抢直隶督办时的气概了，那时候，他手里有军，有一支强大的军队，他的腰板硬。而今天，他是失地丧师，一无所有了。尽管心里吃惊，表面不得不赔人以笑。他满口答应，说：

"没问题，没问题！督办职位我让出来，一定让。由你安排！"但他转而又说："效坤，直隶督办这个职我让定了，给你。我有一件事相求。但得声明：是相求，不是交换条件，你能答应吗？""可以，说吧。"

"有一天，我要你为我撑腰时，你干不干？"李景林没有说明这"一天"是何时，也没有说明要"撑"他什么。

张宗昌却听明白了，他知道李景林想组阁，想当国务总理。心里暗暗笑了：做梦去吧！老帅还不知有个什么位，你竟想攀这么高的枝儿！免不了摔得重重的。但他还是说：

"没问题，没问题。上刀山、下火海，俺不寒脸。"

张宗昌也给李景林一个望不见、摸不着的回答。心照不宣，默契达成。

张宗昌与李景林"交易"谈成了，这就要出兵。出兵要打出个"旗号"，这旗号便是：直鲁早已结成同盟，直军有难，鲁军有责相助。还是打出直鲁联军旗号，由张宗昌任总司令，李景林为副总司令，并任命褚玉璞为前敌总司令（大约就是旧时的先锋官），济南誓师，而后挥戈北上。

北方的战事并不激烈，不是张之江不坚守，也不是褚玉璞冲击强，而是东交民巷里的日本公使为首的八国公使发出了通电，说是1901年《辛丑条约》有规定，国民军不准在天津附近作战。通电发出之后，并虚张声势地向大沽口开了几炮。那时中国人崇洋、怕洋，段执政又处在摇摇欲坠之中，只得以政府名义命令张之江退出天津，移至京绥线上的南口布防。

张之江退出京津了，京津自然成为奉张的直鲁联军天下。

张宗昌得了京津，便命王翰鸣为京津卫戍总司令，立即投入地方治安；同时任命褚玉璞为直隶军务督办，驻天津。

北京，段祺瑞的临时执政府已经被冯玉祥逼垮了，段祺瑞下台了。直鲁联军未进京之前，北京地方人士共同推出王士珍、赵尔巽、江朝宗和熊希龄所谓"四老"组织一个维持会，来维持城内治安。那个所谓的"维持会"，多半是地方上的小流氓、小混子等闲散无业人员，为的是弄点小"外快"。王翰鸣的队伍进京了，这群闲散人员都归他收编合一了。这王翰鸣的队伍又多是土匪出身。好了，两股流寇势力整合在一起，又打着官府的旗号，北京的老百姓遭了殃。于是，怨声载道，民不聊生。张宗昌进了北京城，一见这情形，心里急了——他最怕老百姓骂他们是土匪，北京的老百姓偏偏骂他们是土匪——便急忙把王翰鸣找到面前，说：

"你收那些东西（指维持会）干啥哩？弄得北京城叽哇乱叫，说咱的闲话。我终天对你说，我不会亏待你的队伍，你想要啥说一声，咋能让他们抢夺呢？这是京城，是皇帝住的地方，胡来不行。"王翰鸣觉得张宗昌的话过重了，想推卸责任。忙解释说：

"是这样的，军粮局局长魏联珉私自以我的名义和我的参谋长张鼎、秘书长郭汝汾勾结，去接收维持会。我知道时，他们说维持会不许接收，就不再接收了。谁知又弄到一起去了。"

"你又是不知道？"张宗昌有点生气，"别说了，把你的军队开到德州、禹城、平原一带地方去整顿整顿吧，以后再说。"这是头一件事，如此草草了结。

第二件事，便是任命褚玉璞为直隶军务督办。命令刚要发出的时候，张宗昌的第八军军长兼海军司令的毕庶澄突然来到他面前——毕也是来想争直隶军务督办的。他望见张宗昌已把命令制成，就老大不高兴，站在张宗昌面前一言不发。张宗昌了解他，知道他是来抢权的，便说：

"蕴山督直，是跟李副总司令商量定的，再改就不妥哩。"

"我只想李副总司令要让出直隶督军位子，可不知道就给某人！"毕庶澄说话时，态度十分强硬。

　　张宗昌偏偏犯了吃软不吃硬的性子，于是，明明白白地说："这事不能动了，以后可以把青岛给你。你有海上那么大地盘也不错了。"

　　毕庶澄一见事已无法改变，便很不高兴地退了出去——从此，毕和张、褚之间便产生了矛盾。褚玉璞，自然名正言顺做直隶督军。战争暂时平缓了，张宗昌在北京住了几天，便匆匆返回济南。他的大本营在济南，他不能离开那里。另外，他还有一件私人方面的大事情，也想速回济南去最后料理一下——

　　五六个月前，也就是他和李景林秘密达成默契的时候，他忽然灵机动了，要在他的故乡——掖县祝家村建一片府第，日后有一天他"叶落"的时候，好有个"归根"处——五道将军庙我重修了，那是祭神处；何付居也许业经建起了像样的住宅，那是人家何家的，将来我到哪里去呢？张宗昌皱起眉。

　　祝家村，原本是有张宗昌的老窝的，三间破草房，一片篱笆院，虽穷且破吧，总归有个家。狗都不嫌家贫，何况人乎？可是，就那三间草房，也无影无踪了。因为没有人住了，屋坏得更快。早年，娘改嫁走了，爹背着喇叭跑了，他自己下关东当了土匪，连媳妇也是"寄存"在老泰山家中的。屋咋能不破，破了谁还修呢？没有人修，久了，便没有屋了。张宗昌来五道庙还愿时就曾找过旧宅，但早已是踪影荡然无存了。那时候他就想：我得按原样，再造一片那样的房！他决定派一个能人去老家为他造一片房。

　　去掖县祝家村建造张宅的，是现任督办署遮务处的一个处长，叫李青山的，快五十岁的人了。一副清瘦机灵相，两只黑得老鼠眼般的眸子，一打转一个"点子"，好点子坏点子都有，惯于见风使舵，顺水推舟。原本是一家官方盐行的经纪人，就因为有上述本领，进了督军署，前任督军郑士琦就颇欣赏他。张宗昌一到任，李青山连办三件事，喜得张宗昌直眯眼笑，所以他又连任了。至于是哪三件事？就不值得一提了，以后顺便时再说。

　　李青山知道张宗昌手里有钱，建新宅不怕贵，只图好看、排场。他便首先在济南请了几位能工巧匠，按照现在督军署的模样画出草图，编造料单，又领着他们一起去了掖县。县衙门一听说督军大人要在故居造私宅，狗颠屁股似的偎上来，李青山叫他们干啥，他们就小跑一溜风，不到半年时间，贫穷的祝家村便出现一幢青砖灰瓦的住宅——中西合璧的督办私邸。

　　私邸占地二十余亩，有三幢西式洋楼，五进带走廊的中国民族建筑。房内有电器，地面有法国地毯，院中有小花园，园内有名贵花木，还有从县城往来的专用公路，落成的时候，张宗昌带着大帮随从，拥着老娘、携着妻妾，一齐来验收。望着这片王府般的私邸，张宗昌哈哈地笑了：

"俺娘，您望望，这是咱的哩，是咱的家！您说像嘛？像嘛？"老婆娘这几年虽然跟着儿子见了世面，但毕竟有人家自己的见解，何况她平生装神弄鬼，自然是信神信鬼。这片院子像嘛？她心中无底。说像王府，她没有进过北京，没有见过王府是什么样子，她说不出来，沉思半天，她想起来了，在她昔日的神鬼生涯中，她编来骗人的故事里，阎罗王的阴曹地府曾被她说得活灵活现。此刻，她想到了那个府第，揉了揉流泪的眼睛，冲着儿子和儿子身边的一群人说："像嘛？俺想起来了，像一个地方。"

张宗昌一见老娘有词形容这片私宅了，很高兴，鼓励娘说："娘，您说说，像嘛？"

那些随员们也想溜溜顺、拍拍马，从老婆子口中讨个吉利，便一起说："老太太一生经多见广，一定说得出，比得好！"老婆子拧拧脖子，说：

"像嘛？像个阴曹地府，像个阎王殿。我看，各屋里都塑些鬼爹判爷，大堂屋里再塑一个阎罗王。往后，咱这一带地方人也好有个地方求拜，免得满天下找，找不到。再说，下辈子继续找，咱家也会更兴旺……"

老婆子在兴头上——她以为张家自家有了阴曹地府，往后来求的人多了，也免得四乡去跑了——想的辞尚未说完了，儿子就过来了，一把拉住她，说：

"娘，您累哩，该去歇歇哩。"

"我不累，不累。往天累，今天不累，我高兴，我得说。"老婆子还想说下去。

堂堂的督军私宅，怎么能是阎王殿呢？阎王殿是什么去处？张宗昌怎能让他老娘说这话！

李青山倒是别有一番见解，他走到张宗昌面前，笑嘻嘻地说："督军大人，老太太比得对极了，是大吉大利的话。比得妙，比得有水平。"

张宗昌瞪了他一眼，似乎在问"好在哪里？你说说"。李青山从那不耐烦的目光里看明白了，便胸有成竹地说：

"阎罗，是梵文，是阎魔罗阇的简译。虽然传说中他是个主管地狱的神，可他却是英雄豪杰的代称。《隋书·韩擒虎传》就说：'生为上柱国，死作阎罗王。'《宋史·包拯传》也说：'关节不到，有阎王老包。'这不都是好人吗，刚板正直！"

张宗昌一听，虽说半懂不懂，心里也转怒为喜。忙说：

"青山呀！建这片宅子，你吃了大苦，我看出来哩，你是个能人，有本领，以后我会重用你的。现在，我先为这片房子奖赏你。"他转脸喊一声："来人！"

"督军大人。"一个随从来到面前。

"拿一张两万元的银票给李青山，是我奖励他的。"张宗昌把脸转向大家，"不问是什么人，凡对我有好处的，我都奖赏！"李青山忙打躬，说："督办大人，督办大人，小的万不敢收此重赏。小的为大人建私宅，那是小的心甘情愿，乐意干的。能为大人效力，小的万分荣幸，怎敢领赏？"

"别说好听的话哩！天底下也找不到你说的那种人，甘心为别人办事，不取分文还高兴？那是屁话。你也是。只怕我奖你奖少了。把督军也奖给你，看你干不干？别拿我当假人，拿两万大洋给你，我也心疼，就是看你给我办了这么大事，值！要不然，我大洋再多，平白不给谁一毛！收下吧，该收。"

李青山这才点头哈腰，把钱收下。

第二十一章

以杀人报复杀人

山东，中国版图上一片富饶的地方。她位于黄河下游，东部为半岛，伸入渤海与黄海之间。

从远古的中国一直到隋唐五代，建都于太行山以西的国家，称太行山以东为"山东"；金以后，山东逐渐成为政区名。春秋时为鲁国辖地，故称"鲁"。

山东，是个低山和丘陵较多的地区，平原只占土地面积的五分之二，加上有绵延的海岸线，是一个工农业生产比较发达的省份。

连年军阀混战，山东人民已陷入深重灾难之中。到张宗昌督鲁的时候，山东已经贫困了。张的直鲁联军大约十五万人，每月为军队开支的薪饷、战费高达千万元以上，他还在不断扩军，以致山东兵滥成灾，兵匪不分；从城到乡，杀人越货、公开绑票之事层出不穷，老百姓痛心疾首地称之为"三光两翻一空"政策：猪羊鸡鸭杀光，牲口拉光，门窗当柴烧光；翻箱倒柜，翻地三尺（找财物）；家家户户空无一物。

民穷也得养兵。张宗昌把他的文班子找到面前，连天加夜地商量弄钱的事。军队中的秘书班子，省府的省长、秘书长，政务厅长、财政厅长，都到会，他要人人出主意、拿办法。别管什么办法，弄到钱才是好样的。

有一天，张宗昌和省长林宪祖二人坐在一个小客厅里，先是沉默着，各想心事——

张宗昌把省长位子给林宪祖了，心里不舒服了好多天，总在寻机为难他一下，让他知道他张宗昌比林宪祖能！——你不是在省长位子上了吗，好，我需要军饷，军饷就得出在地方，你拿来吧。

林宪祖原本也是搞军的，但不如张宗昌、王翰鸣和褚玉璞，所以他想抓政权，当省长。他没想到，坐在省长位子上了，得给督军拿钱来。林宪祖感到压力不小。所以，他索性不轻易开口。二人默坐有时，还是张宗昌先开了口：

"稚芗，你上任也有些时候了，地方情况熟悉了吧，财物家底如何？"林宪祖摇摇头，说："十分艰难！"

"说明白一点，咋着难？"

"山东田赋岁收总额只有千万元大洋，还不够咱们一个月军费开支。"省长说："田赋征收办法是按银两计算，每两银子折两元两角征收，这都是极微小的征数。""为嘛不加大？"张宗昌问。"黎民负担不起。"

"是要黎民，是要兵？"张宗昌发怒了，"洋鬼子来了，去对打的是兵，是兵保护了黎民的安居。国家不养兵了，叫黎民去安居去？不行哩！你们为嘛不对黎民说清楚？""说啦。黎民实在穷！"

"穷，穷，穷！你是省长，你是黎民？"

张宗昌跳了起来，说："不许张口合口'穷'！我告诉你，山东的田赋每年收一千万元不够，得收四千万元；每两银子折两元两角也不行，得折四元四角，再不行折八元八角。咋对黎民说？你去想办法。"

林宪祖不敢再辩，只得点头答应："我们去办，保证军需。"

张宗昌眯着眼想了想，又说：

"你们得脑壳灵活点，税都是政府定的，本来有的，可以再加大嘛；本来没有的，你省长出个名目，不就行了。比如说，特别捐、营房捐、皮靴捐、帽子捐，通通加上去！百姓家中喂鸡、喂羊、种瓜、种果，都可以加税捐。老百姓敢不听官上的？"

省长也是军阀，大军阀说话了，小军阀当然乐意执行。于是，苛捐杂税，一时间在山东城乡"风行"起来。

官捐官税，都是带有强制性的，谁敢违抗？张宗昌在山东当督办的第二年，他上边说的那些话便全部成了"法"，谁不执行便以违法论处。于是正税之外，还有：

烟酒税由原来的年六十万元增至二百万元；货捐由过去的年一百万元增至六百万元；

新增的项目还有：房捐税、印花税、验契税、落地税、户捐税、烟酒牌照税、禁烟特税、司法罚金、临时特大宗捐款，甚至张宗昌做一个梦，也会有新的税项增加。有一次，张宗昌听说临城有一家中兴煤矿公司办得不错，他一张白条去，就勒索大洋一百万元；山东盐商东纲公司运盐车辆挡了一下张宗昌的马队，一次就罚款大洋三百万元。

苛捐似虎，民不聊生！于是，山东遍地民谣四起，他们唱道：张宗昌，坐山东，山东百姓受了坑；张督办，坐济南，也要银子也要钱；不怕雨，不怕风，怕的兵来一扫清；鸡纳税，狗纳捐，谁要不服用眼剜。

怨声之外，便是诅咒。老百姓扎草人，放火烧，开水浇，男女老少叫骂：也有葱，也有蒜，锅里煮的张督办；也有蒜，也有姜，锅里煮的张宗昌。

谁骂，累谁。张宗昌可不管那一套。该纳捐的纳捐，该报税的报税，谁办得不力就办谁。原来的赋税督察处长觉得税捐项目比外省多得太多，想减去两项。张宗昌知道了，大骂："妈的，吃我的饭不想为我办事，滚！"

处长被撤了。正巧，撤赋税督察处长这一天，他的七姨太王晓红的胞兄王寿峰来瞧妹妹。张宗昌心血来潮，问他："王寿峰，上过学吗？"

王寿峰生长在鲁南一个小镇上，家有几亩田，日子过得不错，可他本人，却只读过三年书，十八岁便混迹在地痞流氓中，是镇上有名的"二混子"、小流氓，偷鸡摸狗搂女人，啥事都干。三年学的字早忘光了，但他还是拍着胸膛说：

"我的学问，盖四乡。不信你去问问。"

张宗昌哪有那工夫，何况，眼下王晓红是他最宠爱的小妾。早几天，张宗昌就把她送到林宪祖省长那里，做了"监护省署印信"的官，凌驾于省长之上，气得林宪祖关起门来大骂张宗昌"孬种"！骂也没用，王晓红照当"太上皇"。这样一个宠妾的哥哥，还说什么呢！于是，张宗昌拍着他的肩说：

"好，既然你有学问，你就去赋税督察处当处长吧。"

一个小痞子一下子成了省里的大员，王寿峰竟惊呆了，忙问："您说的话，是真是假？"张宗昌一瞪眼，说：

"你放的嘛狗臭屁？我张宗昌啥时候说过空话？莫说一个小小的处长，省长、军长，还不是一句话！你还问我是真是假，我倒担心你有没有这个熊本事干好？嘛，不想干？不想干就滚！我身边有的是人。"王寿峰"扑通"一下子跪在地上，磕头如同鸡叼米，说：

"我的爷，您听错了，我不是那意思。我是说您这么任命我去当大官，我心里乐得怕是自己在做梦！"

"没出息，一个小小的处长你就掉了魂，给你个省长当，你还不得吓死？"

"放心吧，爷！我一定当好这个处长。"

"这还像个人模狗样！"张宗昌交代了他到赋税督察处该干什么，先干什么，怎么干之后，又说："我张宗昌不仅给官，还给你权。你记住，凡阻拦你办事的，你就按两句话办好：一句是'切开亮亮"，再一句是'听听电话'！"

王寿峰新从乡间来，不懂这两句话的意思，忙问："爷，这话啥意思？""不懂？"

王寿峰点点头。

"告诉你吧，"张宗昌说，"'切开亮亮'，就是把人头当西瓜，开开晒晒太阳；'听听电话'，就是把头割下来，挂在电线杆上。"

"娘呀？那不是要杀人哩！"

"不会杀人，还想办什么大事！"张宗昌摇摇头，说，"看起来，你们姓王的是完了，连个敢杀人的人也出不来。"

王寿峰忙说："我敢、我敢！"

王寿峰当赋税督察处长，其实是张宗昌封官中的一件不值一提的事，因为他们还是有裙带关系的。一些乡亲、邻居、旧时的土匪同伙，凡他想起的或上门来找的人，统统都登堂入室，戴纱帽，挎洋刀了。当时有歌谣是这样说的：

> 学会掖县话，就把洋刀挂；学会掖县腔，能把师长当。

心机费尽，钱仍不足。

钱怎么会足呢？张宗昌的队伍天天扩大。有人算过一笔账，从督鲁那天起，直鲁联军每月以万人的速度递增，一年新编几个军。山东怎么能养得起如此之多的兵！

张宗昌不甘心，他不认为是兵多，他认为是财政厅办事不力。他要惩办财政厅长。

财政厅长被传到督军署的小客厅。

客厅里，那张八仙桌边，只放一张太师椅，张宗昌钉定般地坐在上边。显然，是没有为财政厅长备坐。因而，财政厅长只得站在张宗昌面前。有点儿心神不安地问："督办大人，你找我？"

"我找你。"张宗昌头也不抬，"请你训示。"

"训示嘛？"张宗昌用愤怒的目光望望他，又说，"你天天训示我呢。你快把我'训示'死哩！"

"督办大人、督办大人……"

"我问你，你是不是想把我的兵全饿死？你想赶我出山东是不是？你摸摸你的脑袋还能再长几天？我可是玩枪刀的人，叫我魔王也好，叫我魔鬼也好，我可是杀人不眨眼的呀……"

财政厅长叫徐仁知，五十岁的人了，有点儒雅气，是随着林宪祖当省长就任此职的。人很精干，办事有点拘谨。上任伊始，就为钱发愁。他觉得张宗昌之需，是个无底洞，不知要多少钱才能填满？他向省长谈过这事，省长也毫无办法。他想谢辞这个职务，既不忍心，又怕张宗昌怪罪。赋税征收，已经搞得怨声载道，张宗昌传他，他已知凶多吉少。路上，他便思考脱身之计，虽觉不是上策，万不得已时也可作为退步。现在，张宗昌发难了，徐仁知只好摊开了：

"督办大人，办法也不是没有，只是，影响太大，务必得你签署答应。""有办法为嘛不早说？"张宗昌还在愤怒，"说吧，我听听。"徐仁知想的退路其实只是为自己，对山东百姓还是百害无一利的。这办法就是由财政厅发行金库券，每年五百万元，另由山东公债局再发行一次性的善后公债两千万元，以弥当务之急。徐仁知说：

"如果督军大人能把军队安排一下，配合地方行政长官，这事或可完成。光凭地方官长，就怕有困难。"

"可以，可以。"张宗昌连思索也不思索，便满口答应。财政厅长觉得"生存"有望了，又进一步献计，说：

"咱们还可以让银行发行纸钞，由军队发行军用票。该花的钱，全用纸币，该收的钱，全收现洋。这样，咱们不就有日子可过了吗？"张宗昌笑了，冲着门外喊一声：

"来人！为徐厅长看座，拿茶！"然后又说，"本来，我觉得你这个厅长是个饭桶，正想撵你滚蛋哩。听你这么一说，你还是个有点小能耐的人。这个主意出得好，当财政厅长还算够格，你去办吧，我派兵帮助你，再委你一个督办署副参谋长职务，以便管军队。谁不听指挥，你就先来它个'切开亮亮'，如何？"

徐仁知不想丢掉那个厅长肥缺，张宗昌又给他撑腰，给他尚方宝剑，他何乐而不为？于是，他从刚刚坐下的板凳上站起来，挺了挺腰杆，提了提嗓门，说：

"督办大人，你放心，有你这训示，我一定谨遵照办，并且一定能够完成军饷任务，不辜负你的希望。"

"有信心完成收钱任务哩？"张宗昌问。"有！"徐仁知响亮地答。

"再完不成就别怪我也给你来一个'切开亮亮'哩。"

徐仁知听了这话，虽然头皮紧皱，还是挺着胸脯，大大咧咧地说："到时候，收不上军需，不用督军大人下手，我一定提头来见！"别看张宗昌平时粗粗鲁鲁，这一次，他却细起来了，细得咬文嚼字。他绷起脸来问：

"你提谁的头来见俺？"

徐仁知被这么一问，灵机一闪，知道话说得有毛病了，忙改口说："让我的属下，或者督办大人的兵提着我的头来见你……"

"这还差不多。"张宗昌说："你记住，军中无戏言！"

"记住了，记住了。"

任务领下来，办法有了，决心表过了，军令状也下了，财政厅长这才躬着腰、低着头，从督办署走出来。

于是，山东的天阴了，乌云密布，电闪雷鸣，一时间天昏地暗起来——财政厅的金库券发行了；公债局的公债发行了；银行的纸币夜以继日地印刷；各式各样的军票充街塞巷……

山东省，从城到乡，一时间，五颜六色的纸钞，漫天飞舞！

上午，一元纸币还抵一元银元，下午，一元纸币只抵三角银元；上午，鸡蛋五分钱斤，下午鸡蛋四角一斤，市上已不见卖；抢货物，换银元，纸币暴跌，物价狂涨；人人面上恐慌，处处怨声载道……

就在这时，在济南城东北不到百里的地方，大天白日，一群蒙面汉拦路抢劫一对中年夫妇。这对中年夫妇是去济南投亲的，从家中出来，几乎把财产变卖一光，原说可以坐车到目的地，谁知钱到手，车票暴涨，连一半路也未走完，钱便花光了，只好步行。拦路匪拦住他们时，早已身无分文。可是，无论如何乞求，劫徒就是不放。后来，经翻抄，发现他们身上真的无钱了，一个为首的便说："妈的，我们白干一场，把这女的拉到沟里去，让老子玩玩！"两个劫徒把那妇女拉着走了。中年男子大声说：

"你们不能玩，不能玩！你们知道我们是谁吗？我们是官亲！""你们是什么官亲？冒充！"劫首扬起拳头朝中年男人打过去。"我们真是官亲。"中年男人辩解："我们是掖县莘里村的贾姓人家，是督军大人张宗昌的内侄，这次去济南就是去投亲的。你们抬抬手，有好处。"

劫首没有被张宗昌的名字吓倒，反而哈哈大笑起来，并且咧着大嘴说：

"张宗昌在山东，坏事干绝了，被他强奸的女人说不清，我们玩他一个内侄媳，小事！兄弟们，咱们一起去玩！"

那中年男女还在苦苦求情。看看求情无望，便狠狠咬牙，恫吓起来：

"你们听着，我到济南姑父那里告你们一状，他不会饶了你们的。你们等着吧！"

劫首一听，眼都气红了：

"张宗昌杀了那么多山东人，咱也杀他一两人！"说着，手起刀落，那中年男子便做了鬼。劫匪们对那妇女轮奸之后，也送她上了西天。

光天化日之下，抢劫、轮奸、杀人案发生了。发生了就发生了，人们只顾抢物保命，连议论也无人议论……

第二十二章
军歌是军人唱的歌

兵多了，得练。

张宗昌想起了当年五站练兵"认爹"的事。虽然觉得被人克得太难为情，但现在想想，心里也还是服气的：兵不练怎么行呢？乌合之众，连个走步都不齐，打仗咋办？平心而论，张宗昌自觉军事上没有一点经验，土匪变兵，变变而已；上海当团长，赶上了好时机；南昌一败倒是有点教训，关东东山再起，收胡匪、接纳白卫军，改编吴佩孚的队伍，几乎都是老天爷恩赐的；南渡长江，屯兵徐州，赶跑郑士琦督鲁等，全不是靠着军队素质好、能打胜仗取得的，而是这种环境给了他张宗昌机遇。现在，张宗昌手下有十一个军了，他真怕这些人一窝蜂散了板。他下了那么大狠心抓钱，甚至要杀了财政厅长，都是想收买军心，不散板，以保住他的牌位。可是，最近他渐渐开窍了，约略明白了光靠钱收不住军心，还得有一套铁的纪律。有位高人指点他，要向军队进行宣传教育，让当兵的人人都能为他张宗昌卖死命，这样，才能保住永久地位。张宗昌并不想当一辈子督军，别看当年跟老爹敲钹跟不上"点"，现在，他倒想干大事，当大官，甚至当中国第一大的官。他暗自唠叨过："终天赊狗肉吃的刘邦可以当皇帝，偷鸡偷牛的朱元璋也能当皇帝，红胡子张作霖至今还做皇帝梦，难道我不行？我为嘛不行？"

这几年，张宗昌养成一种嗜好，清闲时候，常让人给他讲《三国演义》。听入迷了，可以通宵达旦，可以不管任何大事，他很崇拜曹操，崇拜赵子龙、张翼德。他认为这些人都是真正的英雄！这样，他不仅想当皇帝，还想当英雄。

他把自己认为"足智多谋"的参谋长李藻麟找到密室，要同他商量练军的事——往天，他多找王翰鸣。现在，王翰鸣去当十一军军长去了，让他多关心那个军吧。李藻麟是摇羽毛扇式的人物。

"伯仁，"张宗昌亲切地呼唤着李的雅号，说，"咱们军队多哩，人马也多哩，咱得想法子稳住他们。你想个主意，咱得向当兵的宣传咱的好处，让他们跟咱死心塌地；定几条纪律，要他们遵守。嗯，对了，你再编个军歌，就叫《直鲁联军军歌》，让他们一天几遍唱唱，也像个军队样子。怎么样？"

"应该，应该。"李藻麟十分赞成，"军队没纪律万万不行。我马上就去办，先在一个部队办出一个样子，请您看看。行了，咱就全军照办。"

"好，先弄个样子看看。"他想了想，又说，"别弄得花里胡哨的，要实打实。当兵的都是大老粗，文哩、洋哩他们不懂，白费劲。""我明白了，照你说的去办。"李藻麟去办这些事了。

张宗昌心里觉得轻松了，觉得自己办了一件大事。他等着去检查、推广到全军——

其实，张宗昌起了练军的念头，还有一个他不愿意说的原因，那就是大势所逼。

张宗昌坐山东期间，已经不只是北洋军阀内部之争了，革命党的北伐军由南向北节节胜利，步步推进，眼看着要把北洋派消灭了。他心里在嘀咕：革命党这么厉害，凭嘛会节节胜利？他派了一些人到南方去，钻进革命军里，了解情况。

回来的人向他汇报，添枝加叶地说了两件事：

"革命军能打仗，有两条：天天出操训练，脚步走得一个点。""这咱能办到。咱也训练。""第二条是，都唱一个歌。""什么歌？"

"歌名不知道。只听他们唱'打倒列强，打倒列强'，一唱大家的劲就十足。"

"这也好办，咱也唱歌。唱咱们鼓劲的歌。"

可是，练兵、唱歌这两件事，张宗昌绝口不谈是从革命军中学来的，仿佛他灵机一动，就想出来了。

没有仗打了，有人替张宗昌练兵去了，张宗昌清闲起来。一连听了两天

《三国演义》，也到一个"结口"了，索性不听了。他在督军署里闷坐了两天，坐不住了，他要两个随员轻装微服，随他去街上逛逛。

一个春尽夏来的季节，泉城济南，又是家家流水，户户垂杨，街巷两侧，姹紫嫣红。张宗昌微服简从，走在大街上也没有人注目，索性更自由自在了。他反剪着双手，走走停停，停停走走，仿佛对什么都感兴趣，又仿佛他什么东西也不想采购。他采购什么呢？他什么都应有尽有，山东人说他"自己不知道有多少兵，自己不知道有几个老婆，自己不知道有多少银钱"。走在大街上，连自己出来干什么，也不知道。

名城济南，并不像节令那样，温馨宜人，它"病"了，病得萎靡不振：商铺冷清，行人稀少，连车马也少见了；街巷深处，倒是不时可见饿倒在地的男女和衣衫褴褛的乞儿；少有的路人，也多半面黄肌瘦——大混战带给人们的，只有这些；张宗昌带给人们的，也只有这些。然而，这些灾难的缔造者们，又几时会虔诚地忏悔呢？

张宗昌从一条宽敞的大街上，走进一条狭窄的小巷子里。正在他漫不经心地向前迈步时，迎面来了一老一少两位女人。老的一身青素，腋边衣衫纽扣上系一条天蓝色的丝手绢，头上戴着一顶只有有身份、有家产的人才戴的黑绒球帽，鬓边露几丝灰白的头发，脸上虽已皱纹满布，却不失一派高雅；那年少的，大约二十岁，流行的短发，穿一件淡灰色的旗袍，带线儿的圆口布鞋，雪白的长筒丝袜，手提一只工艺颇精的提篮，胸前插一只闪着红光的胸花，刘海下露出的脸蛋，可以同盛开的桃花争艳。她一只手挽着老妇人的臂，不言不语，缓缓前进。这一对，顿时给悄悄的小巷平添了一道风采！

迎面走来的张宗昌，两眼一闪，不觉打了个寒战：啊？！这一对……他先是被老妇人的高雅所动，他觉得她大约跟他的老娘年龄差不多，但相比之下，他猛然觉得自己的老娘竟那么不堪一顾了，尤令他失神的，是那少女，光是一双含情脉脉的眸子，就令他倾倒：乖乖，天底下竟有这样美的女人？想想他身边的女人，原配贾氏，自然天壤之别，无法相比；就是那些上海的、扬州的、南京的、徐州的，甚至包括那两位来自白俄的女人，都显得那么暗淡，那么无颜色了！他脑门一热，竟迎上去，用高大的身个儿挡住去路，而后搭讪起来："老人家，嘛地方去哩？"

老妇人侧目瞅了他一眼，大约觉得那宽又长的脸膛颜色不正。她只把身子一闪，便躲了过去，还用力拉少女一把，走去几步，还愤愤地骂道：

"狗逮耗子……"

张宗昌被"呛"了一下，脑门猛地燃起火焰，他勾着鹫一般的双眼，真想走过去拉住她们，并且每人给她几个耳光！要么，对随从使个眼色，让他们把那少女驾了过来，驾到自己衙门。可是，他只瞪着人家的背影，并没有行动。等到这两人走出巷子之后，他才对一个随从说：

"去，跟上，看看这是谁家的女人？"——张宗昌不是不想拦抢这个少女，他想。他终日想着把所有有点姿色的女人都占为己有，何况这位天资出众的少女。刚刚一照面，他就恨不得把她抱在怀中，狠狠地揉她一阵子。往天，他在北京城里就这样干过。正是北京城那次教训，这次，他不得不收敛了。

那一次，他随着张作霖进了北京城。他的参谋长王翰鸣做了北京卫戍总司令，他在街上横行起来。正巧遇上一位很有姿色和风度的年轻女子，他竟连拉带扯抢回住处，强行蹂躏了人家。后来发觉，此女竟是曾经做过国务总理的"北洋三杰"之一的王士珍的侄女。王士珍是三杰中的"龙"，当年连袁世凯也得敬他三分，眼下虽然闭门归隐、无权无势了，他的影响却还是极大的。张宗昌虽野性比天大，他也知道自己只长一个脑袋，生怕那条北洋之龙再翻江倒海，便忙着托人求情，又送大洋三千元作赔礼，这事才算了结。事后，张宗昌惊悸地想：以后还真得谨慎行事哩！

三天之后，一个喜讯传来，那一老一少两个女人，原来只是清末一个知府的家眷，闲住济南，家景尚不败落。张宗昌几次想派人去抢，到底未能行动。那位少女只算暂时免落虎山了。张宗昌却发下誓言："弄不到手，也得抢过来玩她三两天！"

这是济南郊外一片没有房子，没有树木，也没有庄稼的田野，几队联军正在操练。纵纵横横排着方阵，南南北北列着长队，几个小头目站在队前"立正、稍息"地发号施令，阵容颇见一番威武！李藻麟是操练总指挥，他站在一个高坡上观察，他身边便是一群文文武武的助手。

张宗昌是坐着检阅车到这里来的。车在高坡前停下，有人护着他走上高坡。高坡上那群人一齐向他行了军礼。

今天，张宗昌戎装齐楚，腰挂长刀，宽大的脸膛也红光四射。他向人群还了一个军礼，便站在高坡上举目眺望，望着面前的列队，心里有点起浪：都说我张宗昌的队伍是土匪兵，嘛？这是土匪兵吗？当年袁项城的小站兵也不过如此，纵横成行，走步一致，转向都不乱，够气派的哩！他对李藻麟说：

"你把队伍训练得不孬，该奖励你。以后全军都按这个标准，咱就成了天下无敌的军队哩！"

李藻麟向他汇报了训练安排，又说了今后全面展开的打算。张宗昌边听边点头。李藻麟汇报完了，张宗昌忽然想起了早天商量的事，问：

"不是要做宣传教育吗，宣传嘛？定了没有？还有军歌。"他转过身，又说："军歌挺重要。听说革命军一唱'打倒列强'，全身都是劲，子弹也不入。咱一定得唱一个比'打倒列强'还强的歌！"李藻麟说：

"歌子编了几首，正在排练。等一会儿咱们到队伍中，让他们唱给咱听听。""还等嘛，现在就去。"

李藻麒领着张宗昌等一群官儿走下高坡，走进操练场。有人高喊："立正——！敬礼——！"

队伍还算整齐，一齐站直，行了举枪礼。

张宗昌等走进队伍，没有还礼，只摇着手让大伙把枪放下。张宗昌站在操场中心，临着阳光和飘动着的尘土，提高嗓门说：

"好好练！练好本领，打好仗，我有的是奖金，我会多多奖给你们的。记住了吗？"

"记——住——了——！"操场上一片欢呼。

"好，好，好！"张宗昌说，"让他们宣传宣传，我听听。"

李藻麟叫出一个文职小官，对他叽咕了几句。那小官对他敬了一个礼，然后转身走到队伍中间，立正站定，又向列队敬了礼。这才拿出稿子，开始宣传讲演：

"各位长官、各位兄弟们：

今天，在下奉命向各位宣传问题。第一个问题，是咱们的队伍问题。咱们是个什么队伍呢？是张督军领导的好队伍！张督军神仙似的英明，指挥一仗胜一仗；张督军爱民如儿子，爱兵如兄弟！打胜仗了给大奖……"

张宗昌大步走进操练场，一把把那个小官推出去，几乎要扬起巴掌扇过去。他瞪着眼睛说：

"你这个混账王八蛋，当着我的面说瞎话，胡说八道糊弄人……"

张宗昌这么一骂，大家都怔住了，人人面上疑团一把。"没说错呀！都是捧督军的，督军怎么发这么大的火？"

张宗昌见大伙疑惑不安，自己又朝队伍走走，接着骂道：

"奶奶的，我张宗昌是嘛人，谁不知道？玩女人、刮地皮、增税加捐，山东人恨不得扒了我的祖坟！只是连我自己也不知道祖坟在哪里。老百姓让我害苦了，你们还说我'爱民如子'，这不是瞎话，谁能相信？"

谁也没想到张宗昌会来这一套，而他说的又是真真切切，人人皆知。可是，这怎么能作为宣传内容呢？这不是骂督军吗？

李藻麟也迷惑了："别人拼命地为自己涂脂抹粉，歌功颂德，听一句贬词暴跳如雷。张宗昌竟揭自己的短，骂自己的娘，这为什么？难道这家伙是疯子，是混蛋？"他走到张宗昌面前，低声问："督办，您看怎么宣传才好呢？"

张宗昌望了望李藻麟一眼，又望了望刚刚那个做宣传的小军官，这才说：

"你们听着，照我的说法去宣传，对老百姓、对当兵的都这样说，就说张宗昌是个大坏蛋、大土匪，他刮地皮，坑老百姓，把老百姓坑得很苦。可是，你们得知道，他打你们、手里拿的是软棍子，是木头棍子，打得不疼，不入骨。你们要是把张宗昌打倒了，赶跑了，革命党来了，那可就不得了哩，他们嘴上说好听的，可是，动手打你们的时候，手里拿的是铁棍子，比张宗昌打你们疼十倍、一百倍！你们想不受罪，就得跟着张宗昌打革命党。听明白了吗？"

大伙听了，想笑又不敢笑，个个心里嘀咕：这叫什么话？这话怎么对老百姓说？但谁也不开口，连李藻麟，也只得频频点头。

宣传问题落锤定音了，几个文职人员忙把张宗昌的话整理出来，写在纸上，准备让他点头、签字。张宗昌又忙着问军歌的事。

"把军歌唱给我听听。看看好不好？"

一位年轻的文职官把几个年轻的战士调出来，列成一队，然后指挥他们唱军歌。

军歌编了好几首，歌词都是鼓舞人的；谱子谱得也很响亮。唱完一首歌，词谱的作者就详详细细介绍一首歌的意思。张宗昌听着，眨着眼睛，就是不说话。几首歌都听完了，他才问："就这几首？"

指挥唱歌的年轻军官点点头。"没哩？"

军官又点点头。

张宗昌把嘴一撇，摇头了。

"不怎么的。没劲，没味，还不如'打倒列强'好听呢。你们咋就超不过革命军呢？"

"这些歌，都是鼓劲的，是高唱着闯天下的。有劲，有味！"年轻军官大胆力争。

"我说没劲就没劲，我说没味就没味。"张宗昌说，"还不如唱'打倒列强'呢。"

有人说，打倒列强是革命党军队唱的歌，咱们不能唱。张宗昌把眼一瞪，问：

"为嘛不能唱？好歌谁都能唱。那三国戏唱多少年了，咱不照唱、照听吗！"说罢，他大约又想明白了，这是不能相比的。于是，又说："对，对。打倒列强这歌咱不唱，咱也不打倒列强。听革命军打倒列强，咱再打倒革命军。"

编好的军歌都被否定了，又得唱军歌，这怎么办呢？有人觉得张宗昌会写诗，也许会写歌，于是便说：

"还是请督军大人写个词吧，那一定是超过打倒列强的。"张宗昌也想写歌词，有人这么一提，他便不推辞地说："行，我写。容我想想。"

说罢，张宗昌真的闭目沉思起来。

可是，这歌词却有点难，平时作诗，多是触景生情，今日这歌，可是鼓舞人、表明态度的。"远看泰山黑乎乎"不行，"听说项羽力拔山"也不行。这写什么呢？张宗昌肚里没词，往日的几句打油诗也是见啥说啥，这次啥也不见，只好啥也说不出。推敲之际，忽然想起了三国英雄——他崇拜他们，平时记住了他们，脑子一转还是他们。灵感来了，面上的愁绪也消失了，他笑着把手招了招，让那位年轻军官来到面前，对他说：

"过来、过来，我的歌词有了。是顶好的，我念，你记下来。"年轻军官拿出纸笔，站在张宗昌面前，望着他的脸，等待他说"词"。张宗昌说：

"你记，一段一段记。"年轻军官点点头。张宗昌这才念道：

　　三国中，曹阿瞒，亲自去出征，人马八十单三万，仗仗都打赢，你看多威风！

三国战将勇，第一赵子龙，长坂坡前显英雄，怀里揣着小阿斗，又挡百万兵！

再说张翼德，当阳桥上横，嗓子特别中，对着老天一声吼，喝断桥梁两三空！……

人们傻眼了，"这也叫军歌？"

"好了，"张宗昌乐哈阵子，说，"我说好就好。军歌是军人唱的歌，督军唱的歌，当然是好歌。"

第二十三章
我玩的鹰叼了我的眼

自 1926 年下半年起，国民革命军便长驱北上。中国，将面临一场巨大变化。北方更乱了。

段执政不执政了，北京处在群龙无首之状；张作霖又雄心勃勃想做国主，但他的骨干郭松龄却反叛了他。消灭了郭松龄叛变之后，1926 年 3 月，张作霖才率八万大军入关，说是"为了讨伐郭松龄残部"，其实是抢权来了。段祺瑞下台之前，存有幻想，以为多给张奉点笑脸或可残喘下去，于是，拿一顶"义威大将军"的帽子戴在张宗昌头上。由此，提供了张宗昌在北京施暴的一个良好机会。可是，形势对段并不利，张作霖还是挤走了他。他不得不狼狈下台，隐入天津，去过他的"正道居士"生活去了。

五省联军总司令孙传芳原本是积极反奉的，在蚌埠还杀了奉军老帅、准备做安徽督军的施从滨。可是，他在南方却被蒋介石打得落花流水，结果，不得不跑到天津，跪在张作霖面前"认罪""求助"。一时间，京津的大小报纸都在极亮的位置上用最显眼的大字报道："孙传芳拜山！"

孙传芳附了奉，吴佩孚潜逃至川甘一带，中国北方自然是张作霖的了。而张作霖的最大支柱是张宗昌。在张宗昌、孙传芳等人的密谋下，当年 12 月 1 日，张作霖在天津以帝王登基之形式就任安国军总司令，以孙传芳、张宗昌、阎锡山为副总司令，杨宇霆为总参议。没过几天，张作霖便决定进京，在黄土铺地的仪式下，他控制了北京大权。随后，他把安国军组成七个军团，分别以孙传芳、张宗昌、张学良、韩麟春、张作相、吴俊升和褚玉璞为军团团长。张作霖又在怀仁堂宣布就任中华民国陆海军大元帅职，北京——成了张氏的军政府。

北方有着落了，南方还在乱，革命军北上之势日增，孙传芳的五省联军无立足之地了。于是，张作霖便决定派大军南下御敌，以救孙传芳。结果，南下任务便派给了直鲁联军张宗昌。

许多日子没打仗了，张宗昌很想打仗。打起仗来多威风，一声令下，排山倒海，除了江西那次被陈光远击败之外，张宗昌还没有打过败仗呢，他的队伍就是在一个又一个战争中扩大起来的。

接受任务之后，张宗昌从北京匆匆回到济南，又匆匆召开了军事会议。在会议上，张宗昌对他的军长、师长们说：

"现在又要出征打仗哩，咱们二下江南。要你们办的头一件事是，各部都报报你们有多少枪？要说实话，谁说瞎话，我撤谁！往天吃空名字再多，一概不究了。这次得报实在。枪实了，人实了，我心里才有底，你们也才会打胜仗。"

几句话后，一军一师的写条子、报数。报数结果，联军实有枪支十七万多；一人一枪，那就是十七万多兵。张宗昌点着头笑了："我有十七万多兵马哩，这就不是十一个军哩，我得再多设几个番号的军。"张宗昌不仅实有兵马十七万，最近一个时期，各省失意的旧军阀也先后来到济南，如广东的陈炯明，广西陆荣廷的大将刘志陆、马济，福建的杨化昭，陕西的刘镇华等，都来投靠张宗昌了。张宗昌趁此机会，想每人给他们个头衔。

张宗昌挺胸站起，提高嗓门宣布：

"你们听着，现在我把队伍重新编制，重新任命军长：第一军，我兼军长；第二军，军长方永昌；第三军，军长程国瑞；第四军，军长孙宗先；第五军，军长王栋；第六军，军长褚玉璞；第七军，军长许琨；

第八军，军长毕庶澄，兼海军司令；第九军，军长朱泮藻；第十军，军长杜凤举；第十一军，军长王翰鸣；第十二军，军长寇英杰；第十三军，军长刘志陆；第十四军，军长孙殿英。"

……张宗昌一气宣布了三十四个军，就连那些荣任了军长的人也感到惊讶："那里有这么多人马？十七万多条枪，一个军只有五千条枪？"也有人说："到南边一打仗，人马不是就多了吗；再不够，江南地少人多，抓兵填上，买枪买马，不是一样吗？"

张宗昌不管这些，他是坚持兵马越多越好的，名称多，声势大，威武。他又宣布：

"南下进军的总指挥是我——张宗昌。我任命：前敌总司令褚玉璞，参谋长李藻麟。各人做各人的准备，等待出发命令。"

张宗昌此番南征，是打着援助孙传芳的旗号进军的。孙传芳的五省联军被革命军打败了，他带着残兵败将在天津"拜山"，张作霖接纳了他。然而，张宗昌的队伍却是孙传芳的对头星。当初，张宗昌没有当上苏、皖督军、撤兵北上时，就是孙传芳趁火打劫，蚌埠一战，张宗昌的队伍死伤甚重，老师长施从滨就是被俘之后又被孙传芳杀害的。现在，又去援助孙传芳，人心不顺呀！有人去找褚玉璞，反映了不愿援孙的意见；有人去找李藻麟，反映了不愿援孙的意见；有人找军长……

李藻麟在夜深人静的时候，走进张宗昌的小客厅。

张宗昌正在为自己即将挥师南下而颇有兴致地自斟自饮。见参谋长来了，便高高兴兴地说：

"伯仁，来，陪我喝两盅。"李藻麟淡淡一笑，说：

"大帅！"——张宗昌自从在北京任了安国军总司令之后，他的直鲁联军便通通改称他为"大帅"了——"我有重要的事情要向你汇报。"李藻麟站着说。

"没嘛重要事，先喝酒。""真的，有要事。"

"有要事，也喝着酒说。"

李藻麟坐在张宗昌对面，先对饮了两杯酒，而后说："大帅，此番南征……"张宗昌摇手阻止他，说：

"别说了，我知道，有人不乐意援助孙传芳，孙传芳曾经打得咱好惨。是不是这件事？"李藻麟点点头，说：

"孙馨远这个人，不怎么样。杀施从滨师长，太伤害大家感情了。若是支援他，大家情绪确实承受不了。"

"你能承受了吗？"李藻麟摇摇头。

张宗昌摇着头，说：

"你呀，聪明一世，糊涂一时！不能承受就错了。""怎么错？"

"你实当我是真心实意帮孙传芳？屁——！"张宗昌仰起面，满满喝了一杯酒，用手背抹一把唇边的酒渍，笑了。

"那你为啥？"

"我恨不得把孙传芳一刀两断，为施从滨报仇！"张宗昌说，"可是不能。你知道咱为嘛帮他吗？"李藻麟默不作声。

"咱一下子就扩了那么多军，光是山东能养得起吗？咱得扩大地盘，不向南打，行吗？出兵得有出兵的理由，支援孙传芳就是理由。孙传芳还五省联军，他连一片立足的地方也没哩。咱们打过去，收回来，还不是咱的哩！哪找这样的便宜事？你们还有意见，真是一个一个都是混蛋、糊涂蛋！"张宗昌说的这话，不是出自他的脑壳，他想不出这样的高招。是他在北京闹情绪时张作霖对他说的，张作霖答应他"收回多少地盘都归他"，他才愿意以支持孙传芳的名义二次南下。李藻麟轻松地笑了。

"大帅，咱们好久没有碰杯了，好好碰一下，醉它一个天昏地暗！"

直鲁联军南下，兵分两路：一路由褚玉璞率领，过长江、扑南京；一路由张宗昌率领，经皖北，去合肥。

济南出兵时，张宗昌已任命第七军军长许琨代理安徽省军务督办，所以，入皖的军队是以许部为先导，并以第十一军王翰鸣部为后继。安徽北部之敌是原督军、皖系骨干倪嗣冲安武军旧部马祥斌师。此时，马已被蒋介石委任为第一集团军军长。马祥斌勾结地方势力倪道烺部结成同盟，战斗力颇强。因而，许、王两部至皖北寿州、颍州一带，即无法前进，接连激战，难突防线。

攻皖计划受阻，张宗昌在距合肥一百多公里的一个小县城住下了，许琨在颍州一线被困，王翰鸣激战在寿州城外的四顶山。张宗昌锁眉了："原来安徽还是一块硬骨头！"

许琨急胜心切，几次强攻不下，兵员伤亡过大，士气一落千丈。再发动进攻，声势便相应弱下来；张宗昌的正面之敌是马祥斌，马祥斌知道张宗昌求胜心急，竟避而不战。对峙两军虽胶着三月，仍不可决出一个你死我活。张宗昌一怒之下，径自回了济南。

王翰鸣寿州激战，自知是被敌三面包围，无法脱险，即亲自出来，到颍州调袁家骧师前来助战。由于袁师正在正阳关激战，抽不下来，无法来助。此时正处阴雨连绵、道路泥泞，且连雨七日，王翰鸣难以回防。此时，却出了枝节——

袁家骧鏖战正阳时，其心已异动，想独树一旗，占山为王，以观日后形势变化，再决定去向。一天，在滂沱大雨之中，他携带精致烟枪来到王的住室，一边陪他吸鸦片，一边谈当前形势。袁说：

"这两年来，革命军不断壮大，似有得势之状。不能再对他们小视了。"
王翰鸣说：

"我军此番南下，甚是轻敌。结果，造成如此被动局面，还不知战局最终如何？"

"听说眼下河南空虚，不知军长有无去河南之意？""怎么说法？"

"我们如能去河南，河南自然为我所占。"袁家骧说，"到那时，军长便可以督办河南军务，我呢？我做省长帮助军长。"

王翰鸣闪了闪由鸦片冲击得兴奋的双眼，又把眉微微锁起，思索好一阵子，才叹息着说：

"我和张效坤关系太深了，现在战事正急，胜负难分，结局还不知胜负。此时此刻，我不好离他而单干。"

袁家骧见王翰鸣无心占河南，忙用话岔开，说：

"我也想有一条退路，不得已时去走走，并不想今天就离效坤而去。"

王翰鸣由颍州返部时，寿州已失守，他只得随军撤走。由此，李藻麟等人便猜疑王袁多日相聚，必有异图，即以此上报济南、北京。张作霖大怒，通令各军，"务把王翰鸣就地正法！"

王翰鸣部退出寿州之后，自觉无路可走，便重整队伍，集中重兵，一举将寿州夺回。可是，王翰鸣的军长职务已被他人占去，他只得躲于新任一军军长张敬尧处。后来，在褚玉璞失守南京之后，张作霖为平衡各方关系，才未再坚持杀王。

皖战不利，苏战又败，又在此时，第八军军长毕庶澄在上海不战而逃去青岛。张宗昌一下子气昏了：

"妈的，上海离南京近在咫尺，褚玉璞被困他毕庶澄不战而撤，南京之败，责任全在毕，我不能饶了他！"

褚玉璞江南之败，并非毕庶澄援助无力，而是蒋介石采取分化收买手段，使褚部互不相顾而致失败。毕庶澄兵退青岛，另有其他原因——

直隶督军一职未到手，毕庶澄就心存芥蒂。在张宗昌的直鲁联军中，毕庶澄是最年轻的将领，年轻气盛，眼中掺不得灰星，一直认为张宗昌是不器重他了。

八军到上海，没有做继续打仗的准备，只环顾左右，观望形势。毕庶澄自忖：安徽已给许琨了，褚玉璞到了南京，浙江、江西去得去不得，还很难说。我兼着海军司令，海军基地在青岛，此番南下，对我无多大利益。这么想着，不多几日，他便获得消息：安徽进不去，张宗昌回济南了；江苏进去了，褚玉璞又被赶出南京。毕庶澄知道自己成为孤军了，索性一走了之，转回青岛。

撤离上海之前，毕庶澄给逼近上海的革命军指挥发去一个表示"免战、和睦相处"的电报，用意是：你们不必强攻，我已决定不守退让。这个电报，自然包含着毕庶澄的暗送"秋波"，但说有什么默契，还不是。谁知毕自己家中有内奸，把这个电报"走水"报了上去。电报到了张宗昌手中，自然便"身价"倍增，张以为抓住了毕叛变投辞的"依据"。他便马上派人去侦探。

安徽久攻不下，江苏战败而丢，张宗昌的南下扩军梦已经破灭大半了，他为此事既迷惑不解，又恼羞成怒。他坚信他的兵是无往不胜的，安徽、江苏的什么队伍也不是他的对手，他会旗开得胜！结果，他竟是处处败北。"为嘛会这样？"他反复自问。恼怒的是，他信任的将领都这么不争气：许琨打不败马祥斌，王翰鸣临阵脱逃，褚玉璞进了南京又被人打出来，跑到徐州……他恼他们太不争气了！

侦探人员回来报告上海情况，说："毕部的防地是在未听枪声的情况下顺顺当当交给革命军的。"由此张宗昌便认定"毕庶澄与蒋介石有密约"。于是，他大骂起来：

"妈的，我玩的鹰竟叼了我的眼珠，我只得把它摔死，喂狼狗！"一怒之下，张宗昌给退住徐州的褚玉璞发了个急电，十万火急地要他"返济"。

褚玉璞来了。张宗昌开门见山地说："我有一件重要的事，你能替我办吗？"

褚玉璞正因为败走南京惶恐不安，电报已使他心跳不已，张宗昌又要交给他"一件重要的事"，他以为是要他脑袋以谢天下、安军心呢，忙颤抖着说：

"大帅，大帅，督办……"

"是这样……"张宗昌开门见山，把要杀毕庶澄的原因说了出来，并且把那份所谓的"通敌电报"也拿给褚玉璞看。

褚玉璞一听不是杀自己，深深地叹了一口气，悬着的心也落了下来，忙说：

"只要督办有命令，我一定办成。"

张宗昌遂把已办好的命令交给褚玉璞。

——张宗昌要杀毕庶澄，虽属不得已而为之，却也事出有因，且积怨已久：直隶督军案是导火线，毕庶澄没当成直隶督军，情绪颇大，人前面后说了张宗昌不少闲话；新编军队，毕又对自己任职有意见，再次对张流露不满。张宗昌是个吃软不吃硬的人，徐州镇守使孙钵传失地丧师，只在他面前跪倒认罪，他便仍旧让他去当旅长，而他却偏偏容不得一个对他有情绪的军长，却又不愿自己动手，而把杀人任务交给了失地丧师的褚玉璞。这倒是张宗昌一个狡猾的举措。

——褚玉璞跟毕庶澄，是吉林五站练兵时的好兄弟，私交甚厚，结成金兰，多年来形影不离。往天，毕对张宗昌有所要求，也都是先同褚玉璞商量，或干脆请褚从中融融。但由于毕年轻气盛，褚多少也有不快；直隶督军一事之后，毕明显嫉妒褚，不快又加深；更有因为嫖娼事——

济南有一名妓，为褚玉璞包揽，再不许接客。毕庶澄走去，一定要占。老鸨再三说明情况，毕非占不可，几至动刀。该妓不得不接待毕庶澄。正巧，褚玉璞来了，老鸨只得讲明，褚顿时大怒："你没说明是我包下了？"

"说哩，"老鸨添枝加叶地说，"客人说'他褚军长又怎么样，有本事娶了过去，在这里就得接客'！俺有什么办法？"褚玉璞命令随从说：

"上去，把那个东西拉出去毙了！"

随从走上楼去，踢开房门，一看是褚玉璞的金兰兄弟、军长毕庶澄，自然不敢下手。忙想退出。毕庶澄发怒了：

"混蛋，哪里来的野种？不知道大爷在此开心？跪下赔礼！"随从只得跪地赔礼求饶。这才被放出来，走下楼来，只好伏在褚玉璞耳上，说明情况。褚也只得把气吞进肚中，转身走了。至此，不快进一步加深。

现在，张宗昌有命令，自己也想对张表表忠心，以释丢失南京之过。所以，接受任务很是坚决。

褚玉璞接受杀毕任务，从督办署出来，在自己留守部做了一番布置，便以长途电话与在青岛的毕庶澄通了话：

"莘舫，我是蕴山，你还好吧？我有一件要事想同你商量。我在济南家中，你安排安排，速来一下吧。"

毕庶澄虽与褚玉璞有隔阂，但无论如何他也想不到褚玉璞会杀了他。于是，在电话上高高兴兴地说：

"蕴山大哥，你回到济南了？"毕庶澄也想通过褚向张宗昌说明一下不得已退出的苦衷。所以，他满口答应："我今夜即乘车西行，明晨即可到济南。"

"好，我在我的留守司令部等你。"

第二十四章
放下屠刀就不是张宗昌了

直鲁军南下失利不得不纷纷北撤之际,在安徽的北部却发生了一件令张宗昌大为兴奋的"闹剧",竟把蒋介石委任的国民革命军第一集团军军长、致直鲁军惨败的马祥斌押到济南,丧生在张的刀口之下,解了张宗昌的心头一恨——

张宗昌从皖北怒返济南的时候,把一军军长职务交给了张敬尧。其实,张敬尧领不了这个军,他自己手下只有一个团。张敬尧同袁家骧关系极密,袁家骧动员王翰鸣去河南未成,又战败,生怕张宗昌忌恨他,对他不利。于是,二人为了讨好张宗昌,便合谋定出一条"苦肉计"去骗马祥斌——假意去投降马。

马祥斌是胜利之师,正在得意忘形,又见直鲁军纷纷北退,以为袁张来降绝无欺诈,便欣然接受。

袁张二人来到马的指挥部,把归降的打算叙说一遍,然后说:"大军早已北撤了,我们所以没走,就是等待这一天。"马祥斌说:

"欢迎你们。这几年,张效坤太不自量了,总是到处挑起战争。原本都是一家人,何必如此呢?"

袁家骧见马祥斌已毫无疑心,便又说:

"我和张军长先回防地,等候军团长前去接收。"张敬尧也说:"军队的工作我已做好,会毫无异动地全过来。到时候,最好请张军团长能够亲往训示，以后也好共处。"

马祥斌大喜过望，安徽又是他们自己的天下，去接收这么多降军，自然没问题。于是，马祥斌满口答应："没问题，我一定前往。"

双方约定好时间，马祥斌只带几个助手和少许随从，便大摇大摆地走进袁家骧的营房。

谁知袁部早把鸿门宴摆好，一入门，即被活捉，并随即秘密地押往济南。

张宗昌把马祥斌叫到面前，笑了：

"姓马的，我以为你还是一个三头六臂的天神呢，原来你也是一个貌不出众的匹夫。你把我害得好苦呀！没想到你会有今天吧？安徽不再是你的了，你知道吗？不是我的兵投降你，而是你将要倒在我面前哩！你还有什么话说？"

马祥斌看这情形，知道已无生还的可能了，便冷笑着说：

"往日，有人说你张宗昌'是个大流氓，是个混世魔王，刮地皮、抢女人，杀人不眨眼'。我还不大相信，以为是有人中伤你。今天一见，方知以上所传全是真的，并且你这个真面容比传说的更有过之而无不及！如果说我还有话，那只是两句：一句是，我倒在你手下，深感遗憾，太失我的身份了；二句是，你等着，有一天，你不会有更好的下场！"

张宗昌也冷笑了。

"你骂得一点不错，对极了。我张宗昌就是这样的人。我高兴的是，我将亲手杀了你；你遗憾的是，你却永远也看不到我的下场如何如何哩。对不对？"马祥斌一言不发了。

张宗昌果然杀了马祥斌。但是，安徽的形势并无丝毫好转，他的直鲁军还是北撤了。

济南火车站，刚刚披上第一抹朝霞，青岛开来的一列客车便驶进来了。站在车站上的褚玉璞，列车还在缓缓地游动，他朝那节特等包厢走去——他去欢迎他的金兰兄弟、直鲁联军第八军军长兼海军司令毕庶澄。

毕庶澄走下车来，紧走两步，来到褚玉璞面前，伸出双手，笑容可掬地说：

"大哥，谢谢你亲来迎接。"

"自家兄弟，不必客气。"褚玉璞拉着毕庶澄的手，说，"先到家中坐坐吧。"

毕庶澄和他的几个随员被分别接进等候在站台上的汽车上，汽车缓缓地开出。

褚玉璞陪同毕庶澄乘坐的汽车，单独开进一个小院落，二人下来，并肩走入客厅。

院落，静悄悄的。客厅的门敞着，八仙桌上，既无茶又无烟，连平时所见、出出入入的茶童侍女也不见。毕庶澄走进客厅，陡然颤了一下，心里想：不像待客？是他约我来的，不仅早餐未进，连脸也未曾洗，他应该知道。

正是他疑惑不安的时候，褚玉璞在客厅门外高喊一声："来人！"

从院落深处，从房舍内间，突然走出一群武士，全副武装，宛如凶神，院落密处，客厅内外，早已严密封锁。"蕴山兄，这是为何？"毕庶澄急问。

褚玉璞不再答话，随时从衣袋中拿出张宗昌的命令，高声朗读起来——无非说他叛变投敌，擅自撤出阵地等罪名。读完命令，又说：

"莘舫弟，我是奉命行事。至于你的罪证如何，情理如何？我无法顾及。来人！"

四个大汉闯进来，立即将毕庶澄驾住。"拉出去，正法！"

四人连接带驾，拖出客厅。

毕庶澄这才明白无法挽回的末日到了，他拼命挣，高声疾呼："张宗昌，我 × 你八代老祖宗！张宗昌，我、我……"

执行枪决任务的，是褚玉璞的干儿子、贴身卫士刘振邦——四大汉之一，他们把毕庶澄拉到客厅一侧、小花园傍，"乒、乒"两声枪响，一个威武半世的军人倒在血泊之中，再也爬不起来……

毕庶澄被杀之后，张宗昌匆匆跑到北京，见到张作霖，便痛哭流涕地说：

"大帅呀，张宗昌向您请罪来了，您交给我的南下任务我没有完成，您处罚我吧，我领罪。"

张作霖为南方战事正在恼怒，苏皖就那么几个残敌，张宗昌兴师动众，还是各路皆败，纷纷退出。他真想撤了张宗昌，杀了张宗昌。张宗昌来请罪，他也不能饶了他。

"南方的局面你搞成这个样子，你还有脸来见我！他妈拉个巴子，自裁去吧！"

"我可以自裁，但我自裁前得把话禀明。"张宗昌流着泪说，"是我用人不当，我不该让第八军军长毕庶澄去上海。上海这么一片要地，我信任他，交给他哩。谁知这个东西见利忘义，投靠了蒋介石。上海一枪不响就丢哩。上海一丢，我全线都溃散了，再想调整，已来不及了。结果……"

张作霖拍着桌子说：

"你为什么这样信任这个毕庶澄，毕庶澄这么坏个东西你还让他当军长？"

"这是我的罪呀！"张宗昌说，"所以，在我到北京来见您之前，我把毕庶澄叫到济南，扎扎实实地给了他三枪！""你把毕庶澄毙了？"张作霖惊问。

"毙哩。"张宗昌说，"这样毁了大帅事业的东西，留他何用？杀一儆百，看以后谁还敢对大帅事业三心二意？"

南下失败，固使张作霖恼怒万分。现在，张宗昌不仅来京请罪了，还把招致失败的军长就地正法，张作霖猛然间又大为感动起来。他收敛怒气，站起身来，走到张宗昌面前，叹息着，摇着头，说：

"效坤呀，杀了毕庶澄，该杀！可是，我也知道，你心里也不痛快，难过。总是出生入死，相依为命多年……我想处理你，我心里也不痛快。我的天下，有你一半，我怎么忍心呀！南下败退，你既然已经处决一个军长，就到此为止吧。你回去，好好整理队伍，办好山东的事情。"

一场杀身之祸，一个借故，便轻而易举躲闪过了。张宗昌内心的深沉，不仅瞒过了老师张作霖，连为他杀人的褚玉璞也被蒙在鼓里。只是，这位前敌总司令再也想不明白，张宗昌浩浩荡荡南下，却凄凄惨惨退回，而大帅张作霖却依旧器重他。为何？

本来该平静地收拾自己的败局了，但张宗昌却平静不下来，他的直鲁联军在北撤途中，又与冯玉祥的国民革命军第二集团军第八方面军遭遇了——

战争就像魔术师在变戏法，奇奇妙妙，跌跌宕宕，似真似幻。国民革命军第二集团第八方面军总指挥是刘镇华。刘镇华不是冯的嫡系，是在西安被冯玉祥打败后归降的。归降后原部编成，冯玉祥只派了个亲信将领郑金声作为副总指挥。

这次冯张之战，是在豫东北、鲁西南大片平原上打的，从兰封到马牧集，从马牧集到曹县，一天紧，一天松。正在胶着状态中，刘镇华的旅长姜明玉忽然同张宗昌私通了，要归顺张部。

张宗昌知道姜明玉也不是冯玉祥的嫡系，便想让他带点"晋见礼"：

"我很欢迎你来，你来了，原部不动，我再提你三级。只是……"姜明玉明白，张宗昌在索见面礼了，便说：

"请大帅放心，今日带给您一件连您都不敢想的礼物！"

"嘛？别骗我。"张宗昌说，"你说袖筒有胳臂，我得摸摸。"

果然，姜明玉带一份厚礼，他把冯玉祥的亲信郑金声给捉来了。

郑金声被押到济南，张宗昌把他作为一个"奇货"珍藏起来，当然厚待姜明玉。

姜明玉一个旅的队伍另加一个方面军的副总指挥，张宗昌高兴了，笑了——笑完，高兴了之后，同时思想也放松了：这一仗，我胜哩！苏皖之败，这次重振哩！

天有不测风云！

本来看去是晴朗的天空，瞬间，竟布满了乌云；瞬间，竟降临了狂风暴雨——

新归降过来的原国民革命军王鸿恩师，趁着一个关键的时刻又倒戈过去了。这一反戈，张宗昌的直鲁联军从豫东的兰封败起，直败到济宁、败过南四湖，一气败到了老巢济南府。清理一下队伍，主力骨干就损失了一万多人马！张宗昌这一恼怒，几乎发疯了——

做了军长之后，张宗昌的性子就渐渐变了；做了督军之后，性子又有大变；做了直鲁联军总司令，尤其是在北京做了安国军副总司令之后，性子更变了。变成什么样了？连他自己也说不清。但有一点，是大家公认的：人的生命在他眼中更加不值钱了，常常想杀人。杀平民百姓如踩小虫，杀有头有脸的人也只是心血来潮。他从安徽北部败回济南的时候，杀毕庶澄那是意料中事。杀毕庶澄前一天，他自己也说不出什么原因，竟反掌似的一举手就把一个宠妾杀了——

这位宠妾叫什么名字？张宗昌叫不清，也记不得了，因为他的妾太多了，有时一个月中就多了两三个，"妾"了一阵就丢下了，怎么记得住名字……张宗昌回到济南，在自己的书房里气呼呼坐半天，无心无意地走进内宅，走到一个小妾的门边停下脚步，仰起面，望着半掩的门洞，不知在想什么……

张宗昌的妻妾多，谁会被"幸"却从无定律。张宗昌想着谁了，就钻谁房里去；忘了谁，一年半载也不进门。

这位小妾见张宗昌在门外站着打量，还以为是想着自己呢，欢天喜地地出来，甜甜蜜蜜地叫一声：

"大帅——！"随时伸过手去，把张宗昌领进屋里。洗脸、净身、宽衣解带；张宗昌也不冷不热地同她云云雨雨。云雨一过，张宗昌忽然翻了脸腔：

"你是谁，你叫嘛？我没想到这里来，你为嘛把我拉进来？嘛意思……"

那小妾娇滴滴的，尚未转过神，受宠余韵未消，免不了使使性子，小嘴一撇，撒了娇：

"我是谁？我还是我！睡了半天，还没有睡出味来，你真坏！"别的话张宗昌没有意，唯独"你真坏"，他听清楚了——战场失利，他最怕人指责他。有人当面骂他"真坏"，这还了得！一怒之下，拔出手枪。

"我就知道你不是个好东西，竟敢当面骂我，看我宰了你！"手起机动，"乒"的一声，那小妾笑嘻嘻地倒在床上……张宗昌转身走了，只是把门死死地锁上了。三天之后，直到褚玉璞向他报告"杀毕庶澄事已办完"，他才忽然想起那个房子里还被他毙了一个小妾。自然，有人草草抬出，选一片荒地埋了，也就完了。

现在，河南大败，张宗昌又气得六神无主了，他却猛然想到了姜明玉给他送过来的国民革命军第二集团军第八方面军副总指挥郑金声，一股怒气全都倾到他身上去了——第一想法就改变了把他做人质的决定，要杀了他。

"来人！"张宗昌大叫一声，"把那个姓郑的副总指挥带到我这里来。"

一个身材高大、气宇轩昂的中年男子被带到张宗昌面前。他就是郑金声。只是，他已经脱去了将军服，便装打扮。虽然济南已是初冬，郑金声还是秋装，光头。

张宗昌欠了欠身子，反而呼着郑的雅号起敬起来："振堂将军，请坐。"

"谢谢。"郑金声没有客气，缓缓地坐在指定的位子上。然后，再一次对张宗昌致谢似的点点头。

张宗昌还是平平静静地笑着，说：

"我记住哩，你是国民革命军第二集团军第八方面军副总指挥，对吧？"郑金声点点头。

"还有个临时头衔，是国民革命军援鲁军副总司令。"

"大帅有什么吩咐，尽管说。"郑金声自落入张宗昌之手，便不向好处想。他对张宗昌近来的脾气是略有所闻的，连自己的军长说杀便杀了，会轻放别人？

"吩咐？不敢当。"张宗昌说，"想跟你谈谈心。"郑金声淡淡一笑，没有说话。

"在河南，我失败哩。知道吗？"张宗昌说得很坦诚。"胜败乃兵家常事。这事古已有之，不足为奇。"郑金声说得也很坦诚。

"我是没有打过败仗的人，知道吗？"

"古今中外，常胜将军有之。但一次不败的将军，是很少有的。"谈话平平静静，仿佛是一次朋友谈心。然而，杀机却在这平静中渐渐萌生出来。

张宗昌说话间，从抽屉里拿出一沓电报、函件，摊了摊，又说："我在河南失败了，你却做了我的俘虏。有人担心哩，怕我一怒杀了你。于是，纷纷来电、来函，要我保住你的性命。这是函电，请你看看吧。"

"不必了。"郑金声说，"一到济南，我就没有打算活着出去！现在，我只能通过你，向给你来函、来电保我性命的各方人士表示衷心的谢意！"

"你没有想着你能活吗？""没有。"

"为嘛？"张宗昌满以为郑金声会说一句忏悔或者求情的话。那样，他也许会一拧脖子，像对待徐州镇守使孙钵传那样，把举起来的屠刀再放下。

可是，郑金声是郑金声，却不是孙钵传。他对张宗昌说：

"如果不是为了杀我，你就不会在姜明玉身上花那么多钱。你不花钱，姜明玉也不会叛变。姜明玉叛变了，我落到你手了，杀了我，你的钱花得才值得！""我要不杀你呢？""你会放下屠刀？"

张宗昌冷哈哈地笑了：

"放下屠刀，我就不是张宗昌哩。放下屠刀，我也对不起死去的兄弟！你们不是胜利了么，可是，胜利却没有你的份哩！"说罢，他对门外招招手，门外进来两个全副武装的士兵。他又挥挥手，背过脸去，发出沉沉的一声令："毙了！"

郑金声在平平静静中被杀了。而后，张宗昌又将其在山东的全部家产没收一光，并下令褚玉璞"追杀郑的过继儿子郑继成"，以达斩草除根的目的。但却未能得逞，郑继成辗转到了开封，投到冯玉祥军中——这就为五年后的1932年9月张宗昌被杀埋下了根。因为是后话，暂不提。

第二十五章
山东暂时让给陈调元

做了陆海军大元帅的张作霖，虽然实际上已经是国家的领袖人物，由于名不正——不叫总统，也不叫皇帝——心里不踏实。想正正名，几个亲信又以"树大招乱"相劝，他不敢贸然。张作霖进了北京之后，兵分两路：一路去打包头、五原的冯玉祥，一路下江南。结果两路皆败，打冯玉祥的退到北京，打江南的退到济南，而冯玉祥和江南的国民革命军又纷纷朝着北京发兵。张作霖心乱了，乱得一筹莫展：妈拉个巴子，难道还要把我挤出北京，赶到长城以外去？

张作霖心情乱的时候，中国也乱了：蒋介石在南京、上海发动了"四·一二"政变，大肆屠杀共产党人和革命群众，一股刚刚萌生的革命力量被严重摧残。为了彻底消灭南方的革命势力，蒋介石决定中止北伐，将北伐之军转而对付共产党；武汉政府的汪精卫，利用陈独秀投降主义，发动了"七·一五"政变，把已经进入河南的北伐军撤回武汉，以对付共产党。

蒋汪呼应，把一场已经形成巨大声势的讨伐军阀的战争，变成了通力合作镇压共产党的战争。

张作霖面临的强大威胁，被一阵风吹得烟消云散了。不仅轻松了，猛然间又产生了南北合作，共同对付共产党的思想。

事情远非如此，山西军阀阎锡山不甘心作张作霖的安国军副总司令，反叛了他，和冯玉祥走到一起，兵出娘子关，跟奉军打了起来，直打到1928

年1月6日，才握手言和。

为了和蒋介石求得平等的联合，张作霖在北京竟杀害了共产党人李大钊。可是，蒋介石同他联合的先决条件，是要他易旗，把奉军改成国民革命军。张作霖恼了："蒋介石欺人太甚！他妈拉个巴子不看看自己有多大力量，就想吞了我？好吧，咱们较量较量再说吧！"

蒋介石也不示弱，重任北伐军总司令，和冯玉祥、阎锡山、李宗仁联合起来，组成一、二、三、四四个集团军，对奉军发起进攻。

国民革命军来势凶猛，新败回山东的张宗昌眼看不支，心情十分焦急，他三番两次找亲信问计，可是，谁也无计可施——张宗昌哪里知道，远在江西坐镇指挥北伐作战的蒋介石，已经派人带着众多军的番号来到济南，并且同他的主要骨干许琨、王翰鸣等人都有接触，连军长的任命书都交到他们手里了。只是，他们都在犹豫不决中。

山东形势紧张了，张宗昌无力抵御了。他想稳住山东，但也没有稳住的办法。几天来，他一直闷在小屋里，连茶水也不思了——不容易呀！张宗昌想：我有山东这片地方，易吗？丢了山东，我又到哪里去呢？

正是张宗昌愁虑交加的时候，侍从来报："一个叫张怀斌的人来拜。"

张宗昌把眉锁起来，思索半天，记不起这位张怀斌是何许人了。于是说：

"你们告诉他，我有急务在身，暂时无法见他。"侍从去了，马上又回来。说：

"这位张先生说，他有急事，一定要见见您。他还说，他是张怀芝的弟弟，曾经见过您的。"张宗昌想起来了，此人在郑士琦督鲁的时候曾经做过烟台镇守使的。当初张宗昌赶郑士琦时，他也曾在外起了点促进作用，有些儿好感；何况他的哥哥张怀芝也曾经做过督军，在山东也是个人物。在我困难时，也许这位镇守有回天之术，或另有新路。于是，便对侍从说："小客厅，请。"

张怀斌被领进小客厅。张宗昌迎他到门外，二人寒暄、问候，对面坐下。

张怀斌，一个四十岁出头的人，中等身材，脸膛有点赤红，方方的，两只机灵的眼睛，留一唇并不显见的八字胡；由于是便装打扮，颇带点文人雅士之气。坐定之后，笑容可掬地说："效帅一向可好？"

"谢谢你还惦记着，"张宗昌也乐哈哈地说，"好着呢！阁下今日光临，一定是有见教的了，请讲。"

"算不得见教，只是有几位同乡，对咱们山东事放不下心。""哪几位？"张宗昌问。

"都是些省城士绅，如唐柯三唐先生，唐仰杜唐先生，夏蒲斋夏先生，还有一位'一身轻'的靳云鹗先生。""有什么高见？"

"也算不得高见。"张怀斌说，"诸位先生觉得，当今无论南方、北方，都很不平静，山东地处南北要冲，无论南来还是北往，无论大祸还是小祸，祸祸都波及山东。效帅治鲁以来，形势大好，有口皆碑。大帅又是鲁人，鲁人倾心拥护，自然也盼着效帅能够尽其所为，为鲁人谋更大平安……"

张怀斌唠叨了这么多，还没说出个眉目，张宗昌有点急了，他没有那个闲心去听那些不着边际的奉承话，他要开门见山，要一针见血。"有话请先生直讲，效坤能办到的，自然不敢推辞。"张怀斌点着头，说：

"效帅是个真诚人，敬佩、敬佩！是这样：各位有个意思，是不是效帅出个面，咱们山东组织地方保安，保家安民。当然，保安司令，自然由效帅担任，各方人士都会极力拥护的。不知意下如何？"

张怀斌建议组织山东保安司令部，又说是代表乡绅和失意官僚军阀。张宗昌缺乏思想准备，他不知道是好事还是坏事，勾着眉想了半天，才说：

"组织保安军，事关重大，容我再想想。为山东老乡保安，效坤不推责任，只是，这件事要让我再跟有关人商量商量。"

"那也好。"张怀斌站起身，拱起手，说，"敬候效帅佳音，告辞了。"

送走了张怀斌，张宗昌闷闷地坐下来，闭目沉思：保安军，地方性太强。他想起了当初张作霖在奉天组织保安军，他似乎明白了什么——保安军是保地方安然无事的。搞了保安，就等于独立了。当初张大帅就是脱离北京才搞保安军的。现在，山东人要我组织保安军，是不是也让我独立？他一想到独立，他的心就跳了：难道让我离开大帅独立于山东？他猛地站起身来：不，不！我不能离开大帅，我不能自己独立！于是，他对下边交代：

"以后张怀斌再来，务必把他轰出去。我永远不见了！"郁闷难忍，张宗昌要两个随从陪他到外边走走。

春尽夏来了。

夏来酷暑尚未来。

济南城郁郁葱葱，风是凉爽的，滚动着的泉水，叮叮咚咚响遍泉城。

这本该是一个温馨的季节，但是，纷乱的形势，给每一个有理智的人脸上都蒙着浓浓的阴郁。四面的战乱，四面的炮声，未来是什么样子，明天是什么样子？谁也卜不透。

战争太残酷了，战争带给人民的灾难太沉重了！谁又来承担这个责任呢？

漫步在一条街上的张宗昌，他脑子里不思考这些事。他不想去思考这些事。这些事都是该别人思考的。他思考的是面前自己的处境，是江南、是河南的败北：我只有一个军的时候，向什么地方打都战无不胜！我十几个军、三十几个军了，为嘛总是吃败仗？他找不出答案，但他还是要找。

在大明湖畔的一个小亭子间，张宗昌就着亭中的石台坐下了。大明湖的荷，刚刚洒在水面上片片巴掌大的绿叶，岸畔的柳，却早已依依翠绿；湖水清澈透底，燕子在水面上荡来荡去。张宗昌不是游客，他不欣赏湖的清秀，也无心陪伴燕子欢乐，仿佛他只是到这里来坐坐，至多呼吸几口这里独有的充满着馨香的空气。

亭子里没有别人，两个随从兼保镖只在亭外像没事人似的走动。坐在亭子中的张宗昌由于心神不安，他一直四处观望，像是在寻找什么？

湖畔冷清清的，没有人喧哗，连孩子也很少。整个大明湖，静悄悄的。

此刻，一个着长衫、戴方块帽的老朽迈着八字步从湖心亭走过来，嘴里有律有韵地朗诵着诗句，头和身子还随着韵律在摇动：

三面荷花一面柳，一城山色半城湖……

又往前走走，大约是发现湖畔亭中有人闲坐，有点儿想卖弄自己，把嗓门提高点，又朗诵道：

历下此亭古，济南名士多……

张宗昌本来是没有注意他的。因为他朗诵前两句诗时，他根本就没去听。老朽声音高了，他注意听了；这一注意，竟听出"兴致"来了："济南名士多"？嘛名士，我倒要看你是个嘛名士？

张宗昌一抬头，一投目，心里动了一下："此人好面善，哪里见过的！"但却记不起来了。眯起眼睛，回想一阵子。啊！想起来了——这不是柴大法师柴翊真吗？不认识尚可，这一认出来了，张宗昌一股怒火从心底腾起，他

"噎"地跳起，大喊一声：

"来人，把这个柴翊真给我抓起来，带回督军府去！"

两个随从立即过来，但亭子中没有"意外"，只见亭外有一个长衫老者，便认定是他无疑。不容分说，就把他抓起来，随着张宗昌往外走。——这得把话朝远处说：

张宗昌苏皖败北，河南失利的时候，原本打算最后从曹县把兵全撤到济南，以保实力。此时，山东盐运使柴勤唐风风火火地去见张宗昌，说是他哥哥组织的"悟善社有法术，可以避枪弹，能够由败转胜"。张宗昌问他：

"悟善社是个什么样的队伍？"

"不是队伍，"柴勤唐说，"是家兄的一个法坛，用法术可以破敌兵。"张宗昌原本就相信邪说的，听说法术可以打胜仗，自然高兴，忙问：

"你哥在哪里？"柴勤唐说：

"如大帅要用他，我即可令他来见您。"张宗昌点头答应，"越快越好！"

柴勤唐的哥哥来了，就是这个柴翊真。张宗昌见了他之后便问："你的悟善社有能人？"柴翊真摇头晃脑地回答：

"不是有能人，而是有法术。""法术可以破敌兵？"

"法术不一定破敌兵，但法术可以枪刀不入。""你是大法师，可以试试吗？"柴翊真点着头，说：

"现在可以当面试来。"

说罢，便令人提来一只鸡，柴翊真拿一片黄表纸画上符，把符贴在鸡身上，然后说：

"大帅，你可以命人用枪打它了，看看能不能打死？"

张宗昌即命人对着鸡开枪。一声枪响，鸡腾空飞走。法师笑了："弹不入鸡，鸡已飞去。大帅可以命人把鸡捉回检验，连枪伤也不会有的。"

张宗昌着人捉回鸡来，前后左右看了一遍，果然不见弹伤，笑了："好，法术有用。"

"如每人身贴法符一张，便可直往前冲。"柴翊真卖弄法力了，"我的法术可以无敌于天下。"张宗昌不疑，便问：

"我前线有三万兵，人人给一张法符，你要多少钱？""一兵大洋一枚，一枚大洋可保一命。"张宗昌拍着屁股说：

"中！一元大洋保一命，人人不入刀枪，敌人总有百万，我不怕他哩！"

于是，银钱到手，法符写出。张宗昌命人分发下去，重发号令，进行反攻。

结果，凡对着枪口冲的人，无一不死！最后，全军惨败，损兵折将万余。张宗昌吃了个大亏，又不能说出口。他对柴大法师恨得咬牙。冤家路窄，无意间碰上了，张宗昌能饶他？

张宗昌把柴翊真带进督署，开口就大骂起来：

"柴翊真，你个小狗日的，胆子不小，你骗到我军营里来哩，害得我成千上万兄弟送了命。你说，我该咋处理你？"

"督军老爷饶命！督军老爷饶命！"柴翊真跪在地上，如同小鸡叨米，不住求饶："小人饿昏了眼，饿瞎了眼，不该到老爷这里骗钱。您饶了我吧，我卖孩子也还您钱……"

"我不要你再还钱，"张宗昌说，"我只要再试试你的法术。现在你再写一张符贴在自己肚子上，我开枪看看灵不灵？"

"老爷，老爷，那是绝对不灵的！我是骗人的。您饶了我吧，我万世不忘您的恩！"

张宗昌望着他那个孬种样子，心又软了，摇摇手，说：

"你滚吧，你滚吧，看你那个孬种样，给你一刀也辱了我的刀！""滚！"两个随从把柴翊真推了出去。

大法师像一条斗败的狗一样，夹着尾巴逃跑了。

张宗昌的形势越来越艰难了，济南四周，军情紧急，河南退回来的主力，也算散了。为他骗来马祥斌的师长袁家骥，因平时薄待部下，在退却的路上被他的护兵打死了；张宗昌最贴心的"哥们"十一军军长王翰鸣，把军权和司令部直属部队交给孙殿英代管，他也走了。说是回济南了，当张宗昌得知消息时，王已去天津做寓公去了。数来数去，张宗昌身边只有褚玉璞了。

此时，不仅军情紧急，政权也面临大难，蒋介石在南京发表了任命陈调元为山东省省长的命令，并派大军护送他来山东上任。

张宗昌着急了。他在自己的小房子里冲着天骂街，赌誓不让陈调元来山东。可是，当他把褚玉璞找到面前，跟他谈起这事的时候，却换了口气说：

"蕴山，蒋介石让陈调元来当山东省省长，你说这是好事还是坏事？"

褚玉璞知道张宗昌跟陈调元上海"花街"的轶事，也知道陈调元徐州让路的情意。于是说：

"陈调元得算是效帅的朋友。山东不能没有省长，能让陈调元来当省长，当然是件好事。"

"你和我的看法一样。"张宗昌脸上露出了笑容，"那样，山东就暂时让他代咱照管着吧，一俟将来咱们形势好了，他还不得还给咱。""咱们怎么办？"褚玉璞问。

"咱？"张宗昌眉头一皱，心里想：直隶不是咱的么，你是直隶督军，你也是我的部下，队伍当然退到直隶去，这还用问？可是，张宗昌总觉山东丢了，去任何地方都是借住。所以，他不能以过强的口气说出来，只得无可奈何地说："咱们只好暂屯直隶了。""山东保不住了？"

"力不从心，打大仗的本钱不足哩。"张宗昌叹息着说，"与其拼老本，不如保本吃利好哩。"

最后，张宗昌和他的直鲁联军不得不退出济南，北上直隶。这是1928年春夏之间的事。

第二十六章

大帅呀！你为嘛丢下东北了

1928 年 6 月 3 日。

傍晚，天阴了。不久，北京城便笼罩在蒙蒙细雨之中。

做了中华民国陆海军大元帅的张作霖，终于在无可奈何的情况下退出了古城，带着他的贴身随员靳云鹏、潘复、何丰林、刘哲、莫德惠、于国翰和日本顾问町野、仪我等离开了北京，要返回他的老巢奉天。

张作霖走了，临动身时，他给奉天留守司令吴俊升发了急电，告诉他"如有要电可拍到京奉路沿线专车中"。列车开动时，他告诉送行的儿子张学良说：

"六子，我先回去了，你们都放心！"

4 日，红日东升，专车到皇姑屯车站。奉天宪兵司令齐恩铭来接。专车继续前进，几分钟后，当专车开进高道口将要向东驶向去奉天车站的专线时，一声巨响："轰——！"列车被颠覆了……

这天上午 9 时 30 分，五十四岁的张作霖带着一世的轰轰烈烈走向另一个世界去了。

离开了济南的张宗昌，退到天津之后，经过与褚玉璞协商，鲁军的防地被确定在京（北京）奉（奉天）线的关内段滦东一带。张宗昌走进设在滦州城中一个旧衙门里他的指挥部时，竟通身冷飕飕颤了一下——说是到自己所属的地区来了，其实，张宗昌却大有寄人篱下之感。

军队驻定之后，张宗昌在滦州自己的指挥部里，把许琨叫到面前，两杯清茶，对面谈起心来。

刚刚四十七岁的张宗昌，两个月前，还生龙活虎一般，威风凛凛！一阵撤退，竟把精神也撤丢了，连身型也失去了往日的魁伟。坐在他的部下面前，头垂着，眼痴着，嘴巴也死死地闭起来，宽大的额头，仿佛也瘦薄了许多。许琨捧着茶杯，望着他这副模样，心里猛然有点酸楚楚的：战争把人催老了，催衰了！他仿佛想起了什么——是的，是想起了什么。二十年前，大约也是这个季节，是他陪着他从"冷冰"的保定府走向长城之外，走向白山黑水，去投奔张作霖。从此，他们便南征北战，出生入死，终无定日，好不容易有了一片山东，不想又梦一般地失去了。而今，一个虎将，竟变得无精打采起来，难道张效坤真的再无兴旺之日？

"效坤，"许琨许久没有这样亲切地呼他的雅号了，他在许多场合，都是严肃地称他的官衔。今天，大约是气氛的关系，使这一对难兄难弟又多了一层人情味。"你得振作起来。你影响着全军的情绪呀！万万不能消沉下去。"

张宗昌摇着头，叹息着，慢吞吞地说：

"我再也不能影响全军了！你看不见吗，天下是个大赌场，领兵打仗，争天争地，跟赌博一样。山东被咱输光了，现在跑到直隶来了。""直隶也是咱们的天下，褚蕴山会不敬重你？"许琨说。

"褚玉璞没有不敬重我。"张宗昌还是叹息、摇头，"不过，我的'号子'倒闭了，我是到他的'号子'里来当伙计、吃自己的劳动的。这叫吃'劳金'，你懂吗？"望着张宗昌这副忧心忡忡的情绪，许琨也叹息了。

"效坤，我有信心，咱们会东山再起，咱们并没有大伤元气。留得青山在，不怕没柴烧！不用多久，山东还不得是咱的？"

"原来我也是这么想。"张宗昌狠狠地摇头，"现在，不行了。陈雪喧（陈调元，字雪喧）不是当年徐州镇守使了，更不是当年冯国璋手下的上海宪兵司令了，他是蒋介石的山东省省长。蒋介石可不是冯国璋呀，这棵树不小。"

许琨还想再劝他几句，安慰他几句。可是，没有恰当的语言了，他不得不沉默下来。

"星门，我有句心里话想对你说说，你听了，别推辞。""什么事？"

"我老哩！人老哩，心也老哩。没有精神了。这支军队就交给你管着吧。""这……这怎么行呢？"许琨极为吃惊。

"看你惊慌的！怕嘛？我还在，不离队，只是不管事了，让你管着。代我管还不行吗？管不了，再给我。"

"这好吗？"许琨摸不透张宗昌为啥这样说。

"有嘛不好的？"张宗昌说，"让我歇歇吧，我累哩。"

——张宗昌是累了，这些年来，他脑子里终天装着十几万军队，十几万军队分散在两三个省，他能没心事？其实，更大的心事还不在这里，他也不是因此而累。他累的是：这么多军队，自认素质还不错，而又处在各派势力都不景气的情况下，自己为什么会走下陂路？几件事他都想不通：蒋介石为什么会起来？蒋介石要消灭军阀，为什么有的军阀偏偏帮助蒋介石消灭军阀（像阎锡山、冯玉祥，还有陈调元）？张宗昌心里憋得慌，他想丢开别的事，好好想想这些事。想出眉目，他要重振旗鼓，再开新业！他哪里是不要军队了，把军权交给别人了？军阀丢了军队，还有什么？他是想有点空闲，好好想想怎样才能把军队抓得更牢，这支军队怎样才能更强大。

听着张宗昌的话，想着张宗昌的为人，许琨仿佛明白了。他对张宗昌说：

"我只能代你料理一些琐碎的事，大事还得你做主。"张宗昌这才微笑着，点点头。

更让张宗昌想不到的是：日本鬼子觉得张作霖不听指挥，便在沈阳皇姑屯把这个以匪起家的大帅炸死了。张作霖的死讯传到张宗昌那里，正是他平下心来，想好好地思索东山再起的事情之时，一下子沉雷击顶，瘫在椅子上了。

张宗昌感到天昏地暗了，他感到自己那双"破筐"没用场了，因为没有"扁担"了，他闭起眼，痛哭："大帅呀，大帅呀……"

奉系这棵大树主干倒了，枝枝叶叶都必然失去了依托。

张宗昌痛哭失神了半日，一边命人向奉天发出唁电，痛表衷肠，一边命人在他的临时行辕里布置灵堂，他要开门祭奠。他一边命人为他的家人——尤其他自己——赶做孝服，他要为张作霖披麻戴孝，出一场大殡。

张作霖死了，奉军内部风波起了，张宗昌的这支奉军也被风波卷了进去——

已经隐居天津的张宗昌的老参谋长、十一军军长王翰鸣匆匆赶到滦州，匆匆找到临时管着直鲁联军的许琨，二人钻进密室，长谈起来……王翰鸣匆匆忙忙地离去时，许琨极其赞成王翰鸣的意见。他便匆匆忙忙把一身孝服的张宗昌拉到一个密室，单刀直入地说："效帅，不可再犹豫了，要把所有人马带着，立即占下奉天！""干什么？"张宗昌问。

"大帅已经去了，奉系主力全在效帅，今日应当义不容辞，举起大旗！"张宗昌尽管有点心神大震，但头脑还是冷静对待此事的——是的，张作霖虽号称大军四十万，但是，自郭松龄叛变之后，主力已大损，无论张学良，还是吴俊升，还是杨宇霆，都无多大实力了，而且自郭叛之后，各路主力多貌合神离，步调也难一致了；军队数量之一半在直鲁。直鲁之军统归张宗昌。若张宗昌能有大志趁此良机，率军出关，举起大旗，将会牢固守住东北！王翰鸣看到了这一点，王翰鸣去见褚玉璞，褚玉璞大加赞赏，促其滦州之行；王翰鸣见许琨，许琨同样大加赞赏，方直去见张宗昌；而张宗昌同样领悟了这个契机，但是，他默不作声。其实，他也是大加赞赏的："好，我正无处安身呢，返回东北，为大帅吊孝，名正言顺！"他也衡量自己的力量，虽无南下时的威武三十四个军了，自己的主力却还是原封不损的，拉出关去，占下东北三省，绝无问题。张宗昌想出关！

但是，他又犹豫了……

"效帅，不可寡断呀，良机瞬间即逝！大帅去了，大旗必易，您不去，总有人抢先的。不治于人，必被人治！"

张宗昌把眉锁起来了，锁得很紧。他在那个新设的灵堂背后急促地转动着身子，青砖铺的地面，发出沉重的"咚，咚，咚"的响声！片刻，他便把帽子脱下，把胸前的纽扣解开，让那初夏的并不炎热的轻风朝他扑来。

张宗昌毕竟是从草莽、流寇群中走出来的，占一座山头，已算"胸怀大志"了，要讲究的，也只是一股江湖义气；他想为王，也不过一个山头上的王。谋天下而有之，他还没有那种心胸。他觉得张作霖对他有知遇之恩，是张作霖在他走投无路的时候收留了他，虽然只给了他一个营的兵；那却是一条路，一条明光大路；就是这条路，才使他有了几万军队、十几万军队、几十万军队！他要报效张作霖，做张作霖的忠诚部下，做张作霖的忠臣、孝子！张作霖死了，张作霖还有儿子。何况，那个六子张学良已经羽翼丰满，早有"少帅"之称。东北是张作霖的东北；张作霖死了，他要把东北传给他儿子张学良。我张宗昌势力再强，我去占东北，都会落千古骂名！世人会骂我是叛臣、是逆子，是篡人朝纲的坏蛋！

张宗昌停下脚步，仰面望望飘着片片乌云的天空，望望在轻风中摇曳的树枝，望望地面上随风荡起的似有似无的尘沙，他轻轻地舒了一口气，转过面来，对许琨说：

"星门，兵出奉天，无论是你的意思，还是诸位将领的意思，都是好意。我感谢各位兄弟对我的捧场，到现在了，还这样拥护我！平心而论，大帅走了，咱得像顶梁柱一般把奉家天下顶起来。也只有咱才能顶起来。六子不行，六子没有他爹那个勇气。星门呀！我又不能那样干。那样干了，我对不起大帅，对不起大帅呀！"说着，狠狠地摇着头。

许琨一下子心凉了起来，他望着张宗昌依然高大的身影，语气有点儿忧伤地说：

"效帅，您既然已经看明白了少帅打不起这杆大旗，您为什么不能打？您不该袖手旁观。您该想想，老帅领着咱们闯出这片天地不容易。保不住这片天地，谁心里好受呢？您不出兵，结果会怎么样？要么，东北被日本人侵占了去，要么，少帅把东北拱手送给蒋介石，没有别的结果了。"

张宗昌的心急促地跳着，额角冒着丝丝冷汗，嘴巴紧紧闭着，再也不说一句话。

滦州。张宗昌为张作霖设的灵堂，庄严、肃穆。那是在一个旧官府的大堂里。大堂正厅，竖着用白纸扎成的高大大帅牌位，牌位下排着长长的供台，供台上布满着各类食品、水果，供品间撒满着白色的纸花；供桌两侧，排列着几十根白帆，白帆用白绸扎成；帆前对称放着四只巨大的花篮；牌位前一个圆形的大匾，匾心书着一个几乎出了框的"奠"字；花篮前面，从大厅梁上垂下两条挽幛，是张宗昌亲笔写的挽联：

> 张大帅，您走了，东北三省塌了天，全国黎民哭号啕；
> 张宗昌，把心表，今生今世跟大帅，您的事情我办了。

大门外，还高高搭起布棚，请了两班喇叭，从早到晚吹个不停。灵堂安排就绪之后，张宗昌换上孝服，用麻绳束腰，又让妻妾家人都穿上孝服，由他率领，在灵堂里守灵。

守着灵堂这种惨凄的气氛，想起大帅进北京又被挤出来的惨状，再想想自己，十几万人南下时是何等威风，山东济南自己的联军司令部是何等的威风，自己出出入入那个高大的署门又是何等的威风……而今，一切都烟消云散了，自己连家也没有了。直鲁联军连一片立足的"鲁"地都没有了，"直"

是他部下的，小小的滦州成了他张宗昌的借宿地；队伍，又是那么七零八落，几个大将、亲信也各自西东，日后会如何？渺渺茫茫。想今思昔，由今天想到未来，一种巨大的悲伤感涌上心头，张宗昌号啕着跪在张作霖的灵牌前，边哭边诉：

"大帅呀，大帅呀，您一拍屁股走了，把咱的大好形势也带走了。您咋不想想，撇下我们咋办呀？效坤俺对您是忠心耿耿哩，山东守不住不是俺的无能，是大势逼着俺，没有办法。我十几万人守不住山东？谁能吃掉我，谁能赶走我？是老天！老天要灭我，我有嘛办法？滦州不是我的存身处。有人劝我兵发奉天，去接您的大业。大帅呀！我张效坤忍心吗？您有六子，六子是我的金兰兄弟。我再贪权，也不会从兄弟手中夺权呀！大帅呀！我难哩，我的难处谁都不知呀……"

哭着，诉着，张宗昌便昏倒在灵牌前，他悠呼呼地走到了奉天，走到了大帅府，走到了张作霖面前。他对张作霖表明心迹，说明他不能率军出关，不能夺他的权。"我发誓只听大帅的，永保大帅的基业！"张作霖有点怒，他放下脸说：

"张宗昌呀，张宗昌，我原以为你是个英雄，有雄心壮志，有比我强得多的抱负。我为你开一片天地，你去好好地掌握它，将来成其大业。可你好，优柔寡断，抬不起放不下，竟然落入老俗套，要让我把大业传给儿孙，你错了。时代不同了，世袭天下结束了，现在是能者为王，贤者为王。你不想为王，那好，这王就让给别人。别人为王了，你可就得俯首称臣了！不称臣，你就彻底完了，成了无立足之地的人。你去吧，你不是我理想的继承人，从今以后，你走你的路吧……"说罢，长袖一拂，便飘然不见了。

张宗昌醒了。他睁开眼睛，望望四周，灵牌依旧，白帆依旧，供品还是原封不动。他依稀回溯梦境，心里忐忑不安："大帅呀！您真的丢下我们、丢下东北不问了？我们真的完了，不会东山再起了？"

晚上，当吊丧的人们都离开灵堂之后，张宗昌把许琨找到面前，心神不安地说：

"星门，你能把褚蕴山找来吗？"许琨眨眨眼睛，说：

"直隶形势很紧，只怕他脱不出身。"

"王翰鸣不是和你有联系么，"张宗昌记恨王翰鸣，所以他直呼其名，"找他来一趟如何？""效坤，王翰鸣没有背叛你。早几天我向你提的'进兵奉天'就是他的意见。他觉得你应该创大业了。如果你觉得他的意见可行，我就派人去找他，让他仍当你的参谋长。"

张宗昌愣了一下——我找王翰鸣是为这事？我去奉天夺权？他沉思着，又犹豫起来。"王翰鸣的意思是个好意思，除了我张宗昌，只怕谁也没有那个能耐领起全东北军。"不，张宗昌不会去夺那个权的。

"别找他们了。谁都不找了。"张宗昌对许琨说，"我会像对待大帅一样对待少帅，一切听少帅的。你对他们说，谁也别再提咱们怎样怎样了。咱们是张大帅的队伍，张大帅归天了，咱听少帅的。懂吗？这便是我的态度。"

许琨没有再说话，他默默地退了出去。

张宗昌走到灵牌前，又悲天怆地地大哭起来。

第二十七章
他成了无家可归的人

正像张宗昌在张作霖灵堂哭诉的那样，张作霖死了，他把"大好形势也带走了"。

其实，张作霖带走的，何止是长城之外的奉家天下形势，整个北洋天下，大势都去了：直皖之战，段祺瑞的皖系家族实际上是被消灭了；二次直奉之战，曹锟从金筑银垒的极位跌下来，吴佩孚漂海潜进了大西北，从军力来讲，直系也算消失了；现在皇姑屯一声轰鸣，张作霖走了，奉系势力也在风雨飘摇中。一天前，张作霖离开北京时，他的大好形势已经没有了，哪怕有少许，他也不会从北京出来。张作霖是想回东北休养生息，以待卷土重来的。然而，那躯体，却病入膏肓了。张宗昌已无力再征，连阵地也守不住了，才不得不移兵北退。北洋，再无兴旺之机了。

张宗昌到滦州不久，也就是他找许琨表明"让权"的前一天晚上，一个在他身边过着仅仅是"出有车、食有鱼"生活的幕僚师岚峰，走进他的密室，竟然摆出摇羽毛扇的神态，对他说：

"效帅，景云（师岚峰，字景云）承蒙厚爱，生活一直安安逸逸，但却从未为效帅分心丝毫，甚感不安。时至今日，效帅也日月艰辛了，有件事，我倒是想坦呈阁下，不知可否？"

师岚峰，原本是直系首领冯国璋的亲信，一度任冯的参谋长，算是一个足智多谋的人物。冯国璋死了，曹锟打起直系大旗，重用、依靠了吴佩孚，而吴佩孚又是一个恃才傲物的人物，从不把师岚峰放在眼里，师岚峰也便冷于政争，过起闲云野鹤的生活。在天津一次无意的聚集会中，结识了张宗昌，虽然知识层次天壤之差，但其性情坦诚，竟成了他们相处的机缘。张宗昌盛情款待他，师岚峰也对他推心置腹，坦诚相见。张宗昌窘迫了，师岚峰依然襟怀坦荡，张宗昌自然高兴。

"景云先生，咱们相处不止一天两天了，我的性子你也知道，有嘛话想说，只管说，我没有不尊重的。说嘛。"

六十三岁的师岚峰，展了展眉，领略了张宗昌的厚意，笑着说：

"效帅，您看见了吗，直隶也有直隶的难处，财政情况，早是捉襟见肘，鲁军虽兵员减少，但建制仍然依旧。这样，直军感到财力困难，是由于养了那么多鲁军，恐难免微词。我想，效帅能够将军队重新改组，将军改为梯队，既便于指挥，又形似缩小阵容，且还可减少直属机构，一举三益，岂不更好？"

张宗昌听着，思索着，心里动着——师岚峰所言，张宗昌也是耳有所闻的。只是，褚玉璞从未在他面前有此流露，所以张宗昌没有放在心上。现在，师岚峰提出来了，实情如此，再加上自己处境维艰，觉得师岚峰的意见倒是一个大好的意见。

"景云，你的意见好极了，跟我想的一模一样。你真不愧是冯华甫的好参谋长，只是我亏待你了，没有把你用好，埋没了一个大才。我对不住你。"

"效帅，万不可这样说。"师岚峰摇着头，表现出无所谓的神态，说，"效帅身边，什么人都有，各就其位，各谋其事。让我去顶替什么人，我心里会不安，不如做清客好。效帅能够如此以朋友相待，景云满足了。"说着，站起身，拱手告辞："所谈改制之事，既然效帅有同感，宜早不宜迟。祝效帅成功！"

张宗昌的队伍一夜之间，都由"军"变成了"梯队"。张宗昌原以为这样变变，可以"目标"小一点，或不至于断炊。哪料到，效果并不如此，直隶依然养不起那么多兵。没过多久，褚玉璞忽然对张宗昌发难了——

驻在天津的褚玉璞，自从张作霖还兵奉天、皇姑屯遇难之后，日子便不好过。南北两方受革命军夹击，自己队伍又连月发不起薪水，军情十分低落。一天，一个叫何绍南的师长来到督署，问他"几时可以发给当兵的薪水"，并说：

"你们蹲在城市里，风不打头、雨不打脸，有饭吃、有女人搂，我们在下边怎么办？直隶的兵没饭吃，直隶倒是养起山东的兵来了，你为什么不把山东的兵赶走？"

褚玉璞没有办法，只好亲自赶往滦州，说是去看望张宗昌，其实是把军中的情绪不明不暗地转告给了张宗昌。

"效帅，当初我们把李景林推出天津时，我就想让您兼着直隶督办，您一定让我去担当。我对您绝无二心。可是，军心一时难控，微言四处风起，我一时也拿不出办法……"

"这么说，你赶我出直隶哩？"张宗昌早已怒从心起，他觉得连最信赖的褚玉璞也叛他了。要是往日，他会眼睛一瞪，一个挥手，就命人把他杀了。现在不行，毕竟自己是在他的地盘上求生存。他把怒气控制住，吞进腹中，语气也缓了缓，说："蕴山，直隶不是我久居之地，我是要离开的。我得去奉天，去保老帅的大业。大帅遇害之后，东北乱哄哄的，少帅一时尚未收拾好，你容我几日，能走时，我会及时走。我知道，革命军对你压力很大，你的位置很重要。天津守不住，咱的天就塌了大半，你得好好地养住军心。这两天我去一趟奉天，少帅能帮咱一点呢，我全给你……"说这番话的时候，张宗昌不仅没有怒气，反而略带乞怜，连那声音都变得凄凄惨惨的。

褚玉璞动心了，张宗昌毕竟是他的多年靠山，能有今天，是他张宗昌提携的结果；直隶总督，也是他张宗昌给的。平心而论，他绝不敢、也不会反对张宗昌。只是形势太险恶了，他在挣扎，他在采用一切能够采用的办法稳住军心，努力保住这一片立足的地方。

"效帅，蕴山是大帅一手提拔的人，连骨头加肉全是效帅给的。若不是为了咱能有一支硬邦邦的部队，占一片自己的天地，我也不会对大帅说出上面的那些话。说出来了，也不过让效帅知道我的难处，体谅我一下，可从不敢有一毫非礼之念，效帅……"

张宗昌摇摇手，阻止他，然后背过身去，叹息半日，才说：

"蕴山，你知道的，我已把军权都交给许星门了，还有事呢，你就去同他商量。我很累哩。"

褚玉璞站起身，郑郑重重地行了个军礼，从张宗昌那里走出来。

不过，褚玉璞没有去见许琨——他觉得见许已无意义。他带领几个随员匆匆返回天津。他哪里知道，天津竟回不去了——

褚玉璞离开天津的时候，北伐军将领冷遹已派人来天津做游说、拉拢工作，他的主力师何绍南、徐源泉部已经易旗投奔了蒋介石，天津城头换上了青天白日大旗，褚玉璞不得不狼狈逃走。

褚玉璞逃跑了，他想逃回老家——微山湖边上的沛县。他对那个县有厚爱，他向那里的穷人施舍过银元，馈赠过欢迎他的教师、学生，他曾提拔过众多沛县的亲友当了县长、镇守使、运输司令。可是，那全是在他兴旺发达时期，是他们直鲁联军主宰沉浮之日。现在，一切都消失了，那些他封的官，自然一个一个都失去了官本价，谁也无力把他保下来，何况他又是一个赫赫有名的人物。

褚玉璞不敢回家，他偷偷地跑到滨海城市青岛，他想在那里养精蓄锐，准备东山再起。三年后，他果然在山东牟平重招旧部，拉起一支队伍，而且很像模像样的。就在这时，他原来的一个部下曾做过他的卫队旅旅长的刘珍年（此刻，刘已降革命军，成为烟台警备司令）突然袭击过来，将褚等三十一名将官全俘。本来，刘还想对褚敲诈一笔钱财而后放了他，但是蒋介石却放不过他，命令刘珍年"务必就地处决褚玉璞"，刘不得不对褚下了手，把他杀死在麻将桌上，割下首级，向蒋介石领了厚赏。褚玉璞赫赫一生，就此画上句号。这都是后话，略为交代而已。

褚玉璞放弃天津只身潜走，张宗昌的直鲁天下便完完全全地塌了，这时他才忽然醒悟，王翰鸣、许琨的"兵占奉天"意见是对的，是一个有远见的策略。现在，天津没了，滦州已难能守住，张宗昌除了出关之外，再无路可走了。他躺在密室里，死沉沉地苦思起来——但是，他真的山穷水尽了。

他把身边唯一的战将许琨找来，焦急而哭丧着说：

"星门，星门，咱真的就嘛路也没有了吗？只有等死了，等死！"许琨垂着头，没有说话——许琨不知道该怎么说，原先说得够多、够积极的了，可惜没有引起张宗昌的重视。回旋的余地全丧失了，后悔无济于事，再想途径，心力都已不足。所以，他只好沉默。

张宗昌不能沉默，他看到关内形势的险峻，看到了革命军的厉害，他要有决断去从之策，否则，他自知不会比褚玉璞好。

"星门，咱们是没有办法了，我想少帅会有办法。往天，咱不忍心出关去扛大旗，今天，咱回东北老家，听从少帅调遣总是可以了吧。你发个急电给少帅，咱们请求出关。"

许琨点点头，觉得也只有这一条路了，但却顾虑走不通。他只说："好吧，发个电报试试。"

请求出关的电报发出去了。电报到了张学良手里，张学良皱眉了。

二十八岁的张学良，被迫继承了老爹的东三省保安司令之后，他并没有能够一心洁净，励精图治。老子给他留下的摊子太大、太烂了，而国家大局又令他无法静心稳坐。他不甘心老子退出北京，就像当年他不情愿让老子进北京一样。张作霖从北京退出的前一天晚上，父子还有一段介乎短兵相接的争执，他坚决不同意老子出关。

"为什么匆匆忙忙出关？北伐军还不至于一口吞了我们，我们还有相当实力。守住北京就守住了军心！"

"你懂个屁！"张作霖把眼瞪圆，说，"正因为有实力才得回东北。有一天实力大损了，连守东北的本钱也没有了，岂不要灭！"

"非回东北不可，只能我回去。我去东北扩大实力。老爸离开北京不妥，既以北京为天心了，决不可不战而退。"

"不是退！你在这里就说明我没有败。去东北扩大实力，我比你有办法。再说，东北还有日本人，你对付不了他们。"

张学良无法改变老爹的决心，让老爹去了。结果，却被日本鬼子炸死在了皇姑屯。张学良自己不得不匆匆回到东北，来收拾残局。

张学良不能让张宗昌回到关外，张宗昌要为他守住山海关这个大门。否则，东北更加孤立。几年来，东北财力已是库空四壁，寅吃卯粮了，再进来十几万军队，怎么承受得了？于是，张学良不得不咬咬牙，发出了拒绝张宗昌出关的回电。只是在回电上多说了几句慰勉的言语。

张宗昌再发电报，请求出关；张学良又来电报，拒绝加慰勉。

张宗昌灰心了。"少帅不要我这支人马了，他想让我灭在长城以内哩！"张宗昌坐在孤灯下，守着冷冰冰的电报，想着折折曲曲的往事，他叹息了：当年，我在济南听从张怀斌的劝告，成立山东省保安总司令部就好了，我能守住我的山东呀！大帅死了，我又失了一招，没有听王翰鸣、许琨之劝，出兵奉天。我若是占下奉天了，张学良算个屁！想到这些，张宗昌悔悟了：张宗昌呀，张宗昌，你不是个办大事的人，你是个草莽、流寇，你只有妇人的柔肠，没有英雄的豪气！你是个孬种，是个赖狗，是个谁也托不上墙头的赖狗！他痛心地哭了，哭得很伤心。

将帅之情绪，对三军影响甚大。张宗昌在自己房中的悔恨、悲痛之情，很快传至军中，并且在军中煽起了一阵不大不小的风浪。现在，单说一个叫张骏的军人。

张骏，刚刚四十岁，像张宗昌一样的高大身材，像张宗昌一样的江湖性格，为朋友可以两肋插刀，疾仇恶能够杀人如割草。他本来是吴佩孚当三师师长时的学兵，许琨在直军时，跟许琨相处很好。许琨跟着张宗昌离直归奉了，张骏也从保定随他到奉天。此人勇猛机智，颇具指挥才能，由连长、营长升起，直至旅长。现在，他已是驻防滦州的一个梯队的梯队长。得悉张宗昌的情绪之后，他匆匆走进他的密室。"效帅，我听说你这几天对局势大伤脑筋，是吗？"

张宗昌对张骏一直比较欣赏。见他进来，忙招手、示坐。

"你来得好，我是在伤脑筋哩。我总觉得，连老天爷也在挤兑咱，想把咱挤死。""不至于吧？""你不信？"

"不是不信，是不甘心！""那咋办？"

"办法多得是。"张骏有点兴奋，"常言说得好，'兵来将挡，水来土拥'，手下那么多兵，还怕有人不给生路！""兵谏？"

"谏谁？下臣对皇上才叫兵谏，咱头上还没有皇上，对他们还称不上'谏'。只能叫论论道理，给他们点颜色看。""咋给？"

"咱的出关电报都被阻回来了？""是的。"

"咱的大礼做到了，'礼'不行，就该用'兵'了。"

"容我想想。"张宗昌听说张骏要对张学良用兵，心里一颤。他说不明白是该用兵还是不该用兵——他又犯了江湖气。

"效帅，您别问了，您只管闲坐您的，闭起门来，两耳不闻窗外事。我先闯一阵，'将在外，君命有所不受'！一旦有了事，我一身承担就是了。何况，大家都知道，您把军权早交给许军长了。"

张宗昌不再说话了——他还说什么呢？只有出关一条路了，一条路又被张学良给堵死了。张宗昌不能眼看着自己的队伍走绝路——好吧，让张骏去闯闯，闯出毛病来，大不了我去低头认罪。只要队伍有路走了，张汉卿（即张学良）杀了我，我也值得。这么想着，便对张骏深情地望一眼，然后说：

"武，可不是好动的呀！要准备牺牲。"

"效帅，您放心，该怎么做，我有分寸。一定让世人知道咱们师出有名。"

张宗昌不再说话，挥挥手，让张骏去了。

张骏在滦州，以直鲁联军梯队长的名义发了一个通电，表明是为了求生存要求出关，"如遇有阻力，不得不清除，但求各方谅解"。电报发出之后，一支颇具声势的队伍朝着山海关开去。

张宗昌部出关的消息及时传到沈阳，张学良十分惊讶——难道张效坤有变？他跟张宗昌相处多年了，知道张宗昌有爽直性格，但也知道张宗昌有鲁莽的一面，冲动起来，什么事情都会干得出。他要亲自问问他，有无兵行之事？张学良要通了张宗昌的电话。

"效坤大哥，"他们是有金兰之约的，张学良年龄最小，"你的队伍出动了，要出关，是不是真的？"

"我听说了，"张宗昌说，"不过，我早不管军哩，是由许星门指挥着呢！"

"你何时不管军的，我怎么不知道？"张学良问，"我也不曾听老帅说过。"

"我没有对你说，也没有对老帅说。我累哩，就交给许琨哩。""这可不行呀！现在是紧急时刻，你千万不能离开军队！"

"我算个嘛？军队不能吃我。山东没有哩，奉天又不许回，让我咋办呢？我无能哩，得让有能的人来办。"

"当务之急是不能出兵！"张学良说，"有天大的事都可以商量，千万千万不可动兵。请你务必制止张骏！"张宗昌只冷笑笑，便放下了电话。张学良发怒了，他在沈阳大发雷霆：

"张效坤太不识抬举了，我看你终久想干什么？出关，出关，我就是不许你出关！"

张宗昌没有发怒，他在滦州淡淡一笑：

"还是动兵有作用，张汉卿要同我商量问题哩。等一等吧，让张骏动一阵子再说，他张汉卿得来找我。"

第二十八章
有一天还得重振直鲁军

六月酷暑，大地笼蒸，冀东平原，到处都滚动着炙人的浊浪；长城流汗了，地面上的稼禾萎靡不振，大道上连行人车马也稀少了。

张宗昌没有接受张学良的劝告，他丢手不问了。他以为用战事会改变自己的处境。许琨却多了一个心眼，他在张宗昌扔下张学良的电话之后问他：

"效坤，汉卿新官上任，老帅身后留下的事多，能不打扰他的事是不是别打扰他？"

"我也是从帮他稳定局面出发。"张宗昌说，"我要求出关只会对他有利。"

"队伍多了，他承受不了。"

"这话说对了。他把我当外人了，不想承担我。动动武也是不得已。"

许琨看张宗昌态度坚决，便不再劝。但心里却是不安：万一汉卿被激怒翻脸了，事就麻烦了。

果然，时间不久，张学良便派胡毓坤、于学忠两部在张宗昌防地之外筑了一道围墙，把他团团束缚起来，并且轮番同他纠缠，弄得他吃饭不香，睡觉不甜，坐卧不安。

张宗昌滦州被缠之日，褚玉璞早已销声匿迹。此时，白崇禧率北伐军到达冀东，对他形成了另一侧翼的包围。张宗昌，山穷水尽再无路了。

张宗昌缩在密室里，密室有些闷，他像装在铁笼子里的豹子一般，焦焦急急地走动。他想找许琨来商量对策——但是，他已知没有回旋的余地了，说什么都多余了；他想回家去，家虽是临时的，妻妾们却有几位还在，跟他们谈谈去从，觅一条生路，或是还可——但是，他又在摇头，走不到理想的地方了，拖家带眷连走也走不动了，何况无处可走！他想到张学良——张汉卿会收留我，可我能去见他吗？走进山海关的时候，老帅给了我十万人马，现在，光杆一条，我向他说什么？我有何脸面去见少帅呢？等待吧，白崇禧过来了，顶不住就归顺他，做一个投降将军。他又摇头：不行，我对革命军无好感，革命军也不会对我有好感；我杀过革命军将领，革命军可能也会杀了我。

滦州四周，重重包围，但却没有枪声。

夏夜来得晚，但却来了。当夜幕蒙上这座小城时，小城竟静得令人心颤，仿佛一场震天撼地的大灾难，就将这静悄时刻来临！"三十六计，走为上，走！"张宗昌下了决心。

张宗昌匆匆忙忙换上便装，又拣了几件细物放在身上，公文包里还有几个钱和少许银票也带上，他便匆匆忙忙走出来，沿着小巷，避着行人，凭着当初接收直军时的记忆，在漆黑的深夜，他来到了滦河河口。

滦河口一派寂静，渡船无人了，渔船无人了，隐隐可辨的岸畔。这些无人的渡舟、渔船纵纵横横地交颈而沉睡着，只有轻风摇着它们微微浮动。张宗昌瞅了一阵子，却静得不见人。他想解下一条船，自己驾着走。他走下河坡，又停下了——不行，玩船的都是穷哥们，一条船便养活一家人。丢一条船，一家人便饿肚子。他想丢下几枚银元，又觉不行：不一定会落到船主手里。他又走上岸去。

在朦胧的夜色中，他终于看到不远处有一座小茅屋。他朝它匆匆走去。走到屋门外，张宗昌轻轻地敲敲门，问道："有人吗？"

半天，屋里应了一声："三更半夜，干啥？"

"有急事，要外出，能送一段路吗？""天亮再说吧。"

"有急事呀！可以多给钱。"

大约是"多给钱"诱惑力大，屋里一阵轻动，终于答应了。"等等，啊。"船主起来了，但没有开门，却在门里问："去哪？"

"要去秦皇岛。""那么远呀！"

"多给钱。亏不了你。""给多少钱？""你要多少钱？"

"两百里水路，给十块大洋吧。"

"太多了，给六块。"说着，张宗昌故意弄得衣袋里的银元响。"那你先把银元从门缝给我丢到屋里来吧。丢下钱，我就出去。"张宗昌只好数出六枚银元，从门缝塞进去。

船主收了钱，点上煤油灯，这才开了门。门开后，他没有瞧客人，还是唠叨：

"什么大事，黑天半夜的……""有个亲戚病了。"

船主看不见客人的脸膛、客人也看不见船主的脸膛，一个拿桨，一个上船，小船在滦河河心，轻轻地朝东南漂去……

滦州没有战事，张学良派来的胡毓坤、于学忠两部屯兵长城脚下，驻防而已。这几天，轮番前来纠缠的胡于二人也不见面了。听说回奉天去了，奉天将要发生的巨大变革，蒋介石派大员到了奉天。

拉开包围网的革命军白崇禧部，也是围而不打，仿佛也是驻防而已。不过，一个重要的代表人物已经化装齐备，奔赴滦州——他就是曾经做过直鲁联军第八军军长毕庶澄的旅长、而今是白崇禧部师长的章钧涛（鸿浪）。

章鸿浪算是张宗昌的老部下，关系也不一般，唯独对杀毕庶澄，他十分不满。据此，他叛离了张宗昌，投向革命军。此番入滦，他的任务是争取张部易旗归正，成为国民革命军。

四十二岁的章鸿浪对于滦州十分熟悉，当年接收吴佩孚直军时，他就担任滦州防务任务，他相信自己老马识途，更相信张宗昌会接受他的劝阻，欣然过来——他了解张宗昌，知道他是一个唯实力论者，只要不打乱他的军制，他会干的。事情非常意外，章钧涛找到张宗昌住处时，那里一派混乱，连张的爱妾也在哭哭啼啼地找张——张宗昌出走了，不声不响，无踪无迹地出走了。章钧涛面对着乱军，叹息一阵，打听到消息，得知这支军队是由许琨指挥了，章便返回总部，告知白崇禧，随后又携同随员到暂住天津的许琨那里，同他商量张部改编问题。希望许琨继续统领这支军队。许琨知道自己的军队已无法再振，当年一起冲闯的上上下下，走的走，死的死，老帅命丧皇姑屯，少帅已倾向蒋介石，奉家天下到此为止了，"铩羽难振，何必再做冯妇？"无论章钧涛嘴皮磨破，口干舌燥，许琨总是微笑摇头，一言不发！

章钧涛离开天津，白崇禧采取军事行动，张宗昌部群龙无首，不堪一击，残军遂悉数被虏，依国民革命军军制，改编为七个师，统归国民革命军第四集团军代总司令、桂系军阀白崇禧领导，转战于内战战场去了——轰轰烈烈十余年的"狗肉将军"张宗昌，和他的兵马一起，从政争的前台消失了……

张宗昌到了秦皇岛，已是次日中午。他领着船工在一家饭店里吃了午餐，又给船工两枚银元，打发船工去了，自己心神不定地走进轮船码头，买了一张去大连的船票，去了大连。

船到大连，张宗昌走出码头，猛然间感到茫然了：到大连了，下一步咋办呢？

是的，这么匆匆地走出，下一步该怎么走？他没有想过。往天，他不需要想，今天，他要想了，可是，怎么也想不准下一步该怎么走？四十七岁的人了，习惯了对千军万马发号施令，习惯了别人对他前呼后拥，而今，千军万马没有了，连前呼后拥的人也没有，只身一条，孤苦伶仃，他却不知道自己为什么要到大连来：我该去沈阳呀！少帅难道会不收留我，会不给我一个板凳坐坐？在滦州不出来也好，白崇禧总不会杀了我，就是做俘虏，我也得做得堂堂正正，威威武武！万不得已了，发一个通电下野，什么不干了，跟谁都不争了，我领着一家老老小小回掖县老家，也会有舒服日子过，何必只身出来，过这种流寇生活？

张宗昌在港口找了一片安静的地方坐下，把随身携带的包袱放下，垂头叹息起来。

夏去未去，秋来不来，夹在渤海和黄海之间的大连，既无酷热，也无秋凉，连轻风都饱润着温馨！在中国，这样气候宜人的城市实在屈指可数。然而，张宗昌却感到了郁闷，感到了窒息，感到流动在身边的空气都那么稀薄和污浊！一夜之间，仅仅是一夜之间，张宗昌由一个千军万马的统帅一下变成了孤独的流浪者，他怎么会适应、怎么能适应呢？退上几百步、几千步说，今天坐在大连街头的心情，远比当年孤身闯关东要差得多！那时，关东给他的是希望，是光明；今天，大连会给他什么呢？除了孤独、郁闷，他又会向大连要求什么呢？什么都茫茫然然了——

正在张宗昌去从无定、心神不定的时候，一个老人关注到他，他先是吃惊地打量他，又围着他转了一圈，而后缓步走到他身边，轻声地问道：

"先生可是掖县……"

张宗昌猛抬头，见面前站着一位须发苍白的老者，满面微笑，甚至慈祥，但却不认识。忙站起身来，抢着话头说："在下掖县，姓侯，不知老先生有嘛见教？"老头摇摇头，笑了。

"这么说就对了，先生姓了母姓，也是天经地义之事。老朽报一报家门吧，也许会有缘叙情。老朽姓程，名绍范，也是掖县人。你大约记不得老朽，但你一定不会忘了老朽的一位舍侄。""敢问……"张宗昌有点惊讶。"是你的好兄弟程国瑞。"

"啊？"张宗昌朝老人走近一步，说，"你就是人称'程五爷'的程……"

"是的。"程老汉拉住张宗昌的手，说，"大庭广众之下，不是说话的地方，走，贤侄，到老叔的寒舍一叙。"

张宗昌提起包袱，跟着程绍范离开了港口。

——程绍范，算是掖县的一个穷光棍，三教九流中广交朋友，凭着义气和信用以及扶正压邪而名噪八方。当年侄子程国瑞跟张宗昌下关东、拉土匪的时候，他并不歧视他，后来侄子当了师长、军长时，他也不想沾他的光，去要求他怎么样。在各方朋友的帮助下，早几年来到大连安了家，是在操办着一个半官半私的什么会社工作，在大连的三教九流行当中，也算个人伍头了。早年他见过张宗昌，张宗昌回家建造督军府时，程绍范也在掖县，只是因为不惯攀附高贵，只在外围和张宗昌照了一面，并没去祝贺。所以，他认识张宗昌，张宗昌却只闻其名，并不识其人。

张宗昌跟随程绍范来到一个十分幽静的四合院，走进小客厅，老汉亲自为他泡茶，端来洗脸水，而后又叫人去安排饭，这才对面静坐，叙谈起来。

"老叔，"张宗昌先开口说，"小侄混落蛋了，是窜逃到大连来的……"

"贤侄，大连虽在海湾一角，却也称得上'五省通衢'，陆海关联，什么消息都能及时传来，不是老朽说句不中听的话，三个月前见着贤侄了，我会拐着弯儿避开。为嘛？因为你身居高官，我怕人骂我攀高结贵。今天，贤侄已是山穷水尽了，老朽有三分力得拿出两分帮贤侄。贤侄的景况我全明白，不必再说，我只想问一句，贤侄下一步棋打算咋走？"

张宗昌叹息一声，摇摇头。

"事情来得快，小侄走出来也匆忙，啥也没想。今后怎么走？不知道。"

程绍范心中暗笑：张宗昌还是说了实话了，这就是他们这些草莽英雄的本能，胸无大志，心无远谋，吃了清早，不问晌午。于是，他说：

"这样吧，贤侄别嫌这里简陋，先在这里住下，静静心，养养神，让老朽仔细想想，看看下步棋咋走。说不定会帮贤侄一点小忙。""多谢老叔关照了。这样安排很好，容我先平静几日。"张宗昌在大连有了暂时的安身处。

老帅的丧事处理一毕，任了奉天军务督办的张学良，心情十分沉重，二十八岁的人，忽然间就挑起了四个省（东三省加热河省）的军政重任，而且又是面对着日本侵略者对中国东北的猖狂挑衅和无理要求，他的思想一时间混乱至极，不知该如何前进。东三省是独立了，老帅在北京时不提这话了，可东北独立是有过宣言公告于世的，至今也未曾宣告更改。1928年7月4日，东三省议会联合开会，又公推他为东北三省保安司令兼东北巡阅使。他想安安稳稳地过几年日子，把东北的事办得好些。但是，不能。日本人在步步紧逼，老帅同日本人签订的密约并没有因为老帅被杀了，日本就不追了，反而日本逼得更紧了。老帅的尸骨尚未入土，日本政府以及他们的关东军代表便多次上门，又要"租"地，又要修路，闹得他日夜不得安宁；蒋介石对他的进攻也在加紧，白崇禧率军入冀之后，一举吞掉了褚玉璞，改编了张宗昌部之后，长城以内成了革命军的一统天下。

张学良已经三天没出师府了，三天中不见任何人。他想认真地为自己、为东北思索出一条路，一条新路。

不知为什么，他最先想到的，竟是郭松龄。

张学良跟郭松龄，称得上是莫逆之交，他们最初就是一个军的正副军长，观点十分相一，共同认为老帅被杨宇霆等一群守旧派左右着了，东北将会坏在他们手里；郭松龄叛变之后，旗帜就是打出"拥护张学良"，要改革东北军政体系。郭松龄发出反老帅的通电之后，大兵起动了，张学良还两次赶到关内去见郭。第一次在天津，郭松龄十分坦诚地对他说：

"汉卿，一切都不必细叙了，现在不得不摊牌，老帅脑筋太陈旧了，杨宇霆这帮小子把老帅包围得太紧，老帅一意孤行。东北局面已不堪设想。我决定用兵谏请老帅下野……""兵谏？"张学良有点惊讶。

"汉卿，你不要误会，茂宸（郭松龄，字茂宸）此举绝无私心，只要求老帅让位，父业子继，由你接任镇威军总司令，来改造东北政局。这样，茂宸愿竭诚拥护。"张学良想了一阵子，说：

"茂宸兄如此行动，是不是太鲁莽了？""别无他策！"

"这样做，我不能同意。"

"关键时刻，汉卿你不该这样顾虑重重，这样做，可能要吃亏的。"张学良留下一封信，走了。

　　冯玉祥了知此事后，要在北京把张学良扣下，郭松龄立即写信给冯，说："我和汉卿相处多年，深知此人此心，务请放手。"

　　事起之后，张学良第二次去见郭，企盼劝阻他，并让老师撤去杨宇霆本兼各职。郭不愿见他了，说："所有的话儿已在天津说明，不必再见了。"并让送信的日本医生转告张学良，说：

　　"此次出兵，经过深思熟虑，若上将军（即老帅张作霖）下野，由汉卿接任，我愿下野，静度闲云野鹤的余生。"

　　……现在，张学良统帅一切了，他觉得郭松龄是对的，东北早下决心革旧，不会有今天，不会有老帅死的悲剧。他想给郭松龄一个明白的说法。可是，他毕竟是因反老帅而丢了性命的，为他正名，老帅咋办？张学良无可奈何了，他只好把满腹的怒恨和不安记在杨宇霆身上。这就为1929年1月19日张学良以"内乱罪"杀了杨宇霆埋下了根源。此是后话。

　　张学良思索三天之后，把老帅的密友、他的族叔张作相和另一个大将万福麟找到面前，毫不含糊地说：

　　"中国大局定了，东北大局定了，面对国难家仇，日本人步步紧逼的现状，我想了，咱们只有一条路了，那就是归附于国民革命政府，凭借国民革命军来稳住东北形势，来抵御日本侵略。否则，不是被蒋介石吃掉，就是被日本人赶走。到那时，莫说国难，连家仇也石沉大海。不知二位意见如何？"

　　蒋介石的势力扩大，直鲁联军的覆灭、日本人的进逼，东北这群土霸王看透了自己的命运，有了自己的想法，投靠革命军是唯一的出路，不能亡于日本侵略者！张万二人毫不犹豫地说：

　　"少帅决定十分英明！东北有希望了，老帅在天之灵可以安慰了。"

　　不久，张学良派出代表到北京碧云寺去见蒋介石，表示愿意归顺中央。蒋介石立即表示欢迎。1928年12月29日，张学良率东北全体将领发出通电：东三省、热河省同时易帜，"服从南京国民政府"。南京国民政府当即任命张学良为东北边防军司令长官。

　　张作霖一手培养的、红极半天的奉系军阀，从此彻底消失了，而同时为征征战战、杀杀伐伐十六年的北洋军阀大混战画上了一个利利索索的句号！

　　在大连住下来的张宗昌，经过汇集四面八方的消息，知道自己东山再起的机会不会有了，便极度消沉起来。消沉得几乎去跳海。张学良的易帜，更令他看到了自己的末路。一天，他对程绍范说：

"感谢老叔的周道款待。现在，大局已定了，效坤也想找个归宿了，向老叔告辞。"

"你打算到哪里去？"程绍范问。

"这么个大中国，走到哪里不行？"张宗昌悲观了，他叹息着说，"哪里的黄土不埋人呢！"

"贤侄，事情还不到山穷水尽的地步，这些日子，老叔也四方探探，并且与各方商谈，倒是为贤侄想了一条退路，正想征求贤侄意见。""请老叔明示！"

"东邻日本，虽侵略成性，倒也科学发达，政治进步，多少中国有志之士，都到那里觅寻发迹。贤侄何不去日本小住？也许会遇见志同道合之人，何愁再兴无日？"

"小侄也曾这么想过，只是……"

程绍范笑了，说："贤侄若有心前往，一切准备，自然由老朽一应安排，何况日本国中尚有老朽不少关系，贤侄只管放心。"

张宗昌一听这话，忙站起身来，深深一躬，说：

"承蒙老叔厚爱，小侄深谢了！郊坤若再有出头之日，我定要重振直鲁军威，以安天下！"

不久，张宗昌便由大连东渡日本。

第二十九章

争地争兵就得惨无人道

四年之后，1932 年 5 月，北京铁狮子胡同，张宅。

不争不夺，无战无斗了，平平静静的岁月，却也显得光阴如流水，不觉间，张宗昌五十二岁了。"五十而知天命！"五十过了，张宗昌依然不知天命——

他在日本过得并不好，若不是许琨寄给他三万大洋，连吃饭也困难；从日本回来，又想图鲁，结果被蒋介石通缉，再去日本，直至五个月前才返回北京和老母、妻妾一起生活。岁月艰难了，是由张学良每月供他八万银元，他才有今天的寓公生活。

一切都心灰意冷了，张宗昌想闭起门来编纂自己的诗选。他一生中写过许多诗，别看都是即兴而作的"远看泰山黑乎乎"那样的诗句，真正品评起来，还真有点儿味道呢！早年，许多文人、雅士都劝他结成集子，刊印出来；有人早为它起好名字，叫《效坤诗抄》。张宗昌总是笑着摇头：

"嘛诗？别丢人现眼哩，还诗呢，乱弹琴哩。不印，不印！"

现在，他无军、无官、无事做了，倒是有了雅兴。可惜，他半生中写了多少诗，谁也说不清；这些诗还能不能找到，更是个谜。好在张宗昌没事干了，又不是高产诗人，坐在静室里回忆一下，还是可以有眉目的。于是，张宗昌关起门来，搜肠刮肚，编起他的诗选来了。张宗昌没有静几天，忽有人报："石友三来拜。"

他这会儿来干嘛？张宗昌心里一惊——石友三是冯玉祥的旧部，是个反复无常、不守信用的人物，曾三次叛冯；东北军入关，主张和平，石首先通电响应，并且接受张宗昌的改编，被任命为十三路军总指挥，不久又反张。结果，所部全部溃败，他闲居天津。因为与张宗昌同病相怜，近期有了交往。张宗昌摇晃着肥胖的身材，迎到门外。"汉章（石友三，字汉章）老弟，嘛风又把你吹到北京来哩？""想老哥啦，就匆匆跑了过来。"石友三笑着说。

"怕不是只为了想我吧？"张宗昌摇摇头。"我知道你的，无利不早起。"

"到底咱哥俩相处不浅，效坤老哥对我如此熟悉。"石友三点着头，微笑着，说："到屋里我再对你细说说。"

二人走进小客厅，对面坐下，张宗昌泡好了香茶，说："说吧，有嘛好事，还是坏事？"

"当然是好事！"石友三说，"这些日子以来，我为大哥的事左思右想，心里不舒服。""嘛事？"

"大哥不该清闲！您这英雄一生的人物，咋能清闲度日呢？""你有办法？"

"没有办法，我就不来了。""啊！说说看。"

"效坤兄，您还不知道，当初小弟败北时，手下还有两旅亲兵，我便同韩向方（即韩复榘）商量，请他代管。韩也表示，待我东山再起时，他把队伍交给我。现在，我看到时候了，只是感到两旅人太少，想请老兄出来、招招旧部，咱哥俩一起干，您看如何？"

张宗昌无可奈何才蹲在铁狮子胡同编自己的诗抄的，其实，他何尝不想再领千军，威风沙场！一年前，他在日本闲住时，便打算招回旧部、东山再起，在日本把师、旅长的委任状都印制齐备了，谁知刚回到青岛，就被国民革命军查获，几乎丢了小命。现在，有两旅现成的兵，又有人愿意合作，这可是良机，便不加思索地说：

"好，我就再卖卖老。只是，那韩向方会不会把队伍给你？""您放心，我和向方是同生共死的朋友，他一定会给的。"石友三说，"咱有两个旅做老本，再请向方支持点枪，扩充些军队，我看就像个样子了。"

张宗昌听石友三说得有情有理，也就放心了，并且盘算着在山东招兵，招旧部的事。编诗的事，自然丢到一旁去了。其实，他没有弄明白石友三为何出此一举……

得到张宗昌的应诺，石友三匆忙跑到济南，见着韩复榘，把收回军队，再请他帮忙的事说了一遍，见韩复榘兴趣不大，便又说：

"这件事情不单单是我自己干，还有张效坤，他也愿意出面。所以，这一次，我一定能够成功！"

对于石友三重振旗鼓，韩复榘没有多少想法，要军队就给他，不就是两个旅么！可是，当他听说张宗昌又要出山，心里却立即警惕起来：石友三、张宗昌都是乱世的奸雄，张宗昌的旧部大多数散乱在山东，他能够一呼百应。万一起来了……

韩复榘是 1930 年 4 月蒋（介石）冯（玉祥）阎（锡山）中原大战后正式受蒋介石委任、以第一军团总指挥之衔率军开往山东对晋作战的。9 月，蒋介石胜局已定，他被委任为山东省政府主席。韩复榘在山东屁股刚刚坐定。听了石友三的打算，自然心惊，尤其是对张宗昌，他既是山东人，又治鲁多年，在山东的潜在势力很强。要是这两个人相互勾结起来，只怕我在山东就无立足之地了！想到此，顿起杀机。但是，他表面上还是很平静，微笑着说：

"汉章，你我兄弟，相识相知，有什么好说的呢，只要你愿意东山再起，我立即交还你的两旅军队，并且为你备足粮秣。对于张效坤么，我是十分敬仰他的，早想同他结识。当然是支持他的了，并且还请你从中帮助。这次机会良好，我愿意结识他！"

石友三见韩爽快，也说了些应酬话，之后又匆匆返回北京，向张宗昌报喜去了。

张宗昌兴奋了：我总算又有了出头之日，我要把我的部下通通找回来，给他们官、给他们兵！

张宗昌只顾兴奋了，他没有想到，韩复榘和他的谋士们认真地商量起灭他的事情，并且已经向蒋介石做了报告，蒋介石下了一道严令，让他的驻山东代表蒋伯诚和韩复榘一起"会商解决办法"。

蒋伯诚轻视了这件事，说，"派个人秘密杀了他，完事。"韩复渠认为不妥，理由是："张宗昌是个有影响的人物，杀之无据，会引起影响，对蒋介石声誉有碍。"

韩复渠想了另一个办法，说派人去北京行刺，完事。蒋伯诚认为不妥，北京名流荟萃，要人聚集，行刺一落魄大员，诸多不便。最后，蒋韩二人终于想出了一个"借刀杀人"的万全之策……

7月，北京城尚不见"流火"，铁狮子胡同张宗昌的府第依然门庭冷落。忽有一日，竟热闹了起来，几辆汽车、一群卫队光临这里。

失意将军石友三陪着新任国民政府委员、北平政务委员会常务委员、军事委员会北平公会委员、山东省主席韩复榘来到张府。这得算是一件大喜事，张宗昌竟然穿上长衫、拄着手杖迎出大门，并且以"老大哥"自居，频频向客人点首。张宗昌在家中设盛宴，并请来在北平的军政要人张学良，于学忠等作陪。这是张宗昌败北以来在自己家中举行的最盛大的宴会。宴席兴奋时，张宗昌又提议与韩复榘结为异姓兄弟，大家都表示赞成。于是，在庭院中摆设香案，共同跪拜，分别叙了年龄，张宗昌成了真正的"老大哥"。热闹半天，酒酣人醉，杯盘狼藉，大家方才散去，唯独韩复榘没走，张宗昌把他领进密室，这才"推心置腹"，开怀畅谈起来。

"大哥，"韩复榘亲切地对张宗昌说，"小弟莅鲁之后，便想立即拜访大哥，聆教治鲁策略。一是大哥行迹无定，二是小弟诸事纷冗，直至今日，方才如愿。山东情况，大哥最知，尤其是剿匪一事，虽耗尽心力，终不见成效。蒋先生在南京三令五申，可我已是智穷力竭，实在想不出办法。日前听汉章兄说，大哥有意收拾旧部、重新献身于救国救民之事，我想，何不就此良机，请大哥给我帮个忙，咱哥俩齐心治鲁呢？"

张宗昌跟韩复榘并无多深交往，以前也不认识。此番相见，听了他说那么"可亲"的话，心里也有所动。他却不知道其内藏着什么毒计？竟笑着说：

"向方老弟，你客气哩。天下谁人不知，你是胸有雄兵的大将！认识你，我都觉得太晚哩，要我这大老粗帮你，岂不是说笑话吗！"

"大哥，这可不是笑话，弟已准备呈报蒋委员长，特派大哥为山东剿匪司令。先由我拨给大哥两旅人马，再由大哥自行招足两旅。这样，便可组织两个师。薪饷问题，我想省和中央各解决一半。你看如何？"

张宗昌一听韩复榘说得头头是道，知道他已是安排有序，心中甚为感激，自然不会有任何怀疑。忙说：

"老弟这样周到地安排，对俺算是恩重如山哩！大哥日后一定补情，一定补情。"

"大哥说日后补情的话，咱弟兄就见外了。老哥既愿出山，便是对我的支持，说补情的话，那要由我先补。"停了片刻，又说，"大哥，还有一件事，还想同大哥商量。""嘛事？只管说。""大哥在山东时曾经让银行发行了不少钞票流落民间，我想由我出面，同财政部协商，把它清理一下，以免后患。这样么，就得请大哥早日去济南，咱们好商量。"张宗昌连思索也不思索便说："一定前来，一定前来！"

韩复榘见张宗昌如此坦诚地表示去山东，心里高兴了，悬着的心也扎实了，便在深夜告辞了。

和张宗昌接触之后，韩复榘除张之决心更大了——张宗昌，一个野心不减的大流氓，若是让他重返山东，山东可就再无安宁之日了，而我也别想有一日安生，说不定他会把我赶出去，或吞掉我。

韩复榘回到济南，立即找到蒋伯诚，把他与张宗昌的接触情况叙说一遍，然后说：

"我看，张宗昌已经入了咱们的圈套。下一步怎么办？咱得好好磋商一下。"

蒋伯诚已经得到蒋介石的"密示"，要想尽一切办法，尽快除掉张宗昌，以免他再兴风作浪。听了韩复榘介绍情况，蒋伯诚很高兴。眉头微锁，脑壳翻腾了一阵，对韩复榘说：

"主席现在要抓紧做两件事：一是写一封热情的信，派一个干练的人到北京，跟张宗昌把关系搞得更近些，让他死心塌地尽快来济南；一是把行动计划抓紧落实，把人员都落实下来，将行动步骤安排好；事成后如何做好收场工作，也需抓紧做好。"韩复榘赞同地点点头。

四十二岁的韩复榘，二十二年前投军到冯玉祥的部队时，凭着粗识文字的能力，在军中弄了个文司书生的饭碗，一年后才被提升为相当于今天排长大小的队官。冯玉祥因滦州起义事泄被革职，韩复榘也被递解回籍；1912年冯玉祥东山再起，他才重入冯部。那之后，倒是腾达得很快，十年后便由旅长升为师长，后升为军长，成为冯玉祥手下一员大将。以后虽然也反反复复，叛冯附冯，但总无大发展。1929年蒋（介石）桂（李宗仁）大战时，蒋介石派人拉拢韩复榘，他不久便公开发表声明"拥护中央"，与冯决裂。现在，韩已是蒋介石的干将。蒋要除掉张宗昌，韩自然不遗余力。

那一天，韩复榘把一个叫郑继成的人找到密室，以十分关切的心情对他说：

"继成，有件事本来早该找你，只是时机不到，拖了下来。现在，我觉得时机到了，也该帮你了却心事的时候了，特把你找来，一起商量。”

郑继成是山东省政府一个挂名吃闲饭的参议，省主席请他，已感殊荣；省主席又要帮他"了却心事"，他更有点受宠若惊，忙问："不知韩主席指的是什么？""杀父之仇就忘了？"

郑继成恍然明白，韩复榘提的事是五年前张宗昌杀了他的继父郑金声之事——此仇他怎么会忘了呢？继父被杀之后，张宗昌下令将其在鲁财产全部没收，并派人追杀郑继成，以达斩草除根之目的，逼得郑继成一家十余口人逃往天津。张宗昌又命直隶总督褚玉璞秘密捉郑。褚几番包围郑住处，均未捉住，郑潜去开封冯玉祥军中，直至北伐胜利，才返回山东，在省政府谋一差事。郑继成为父报仇之心却从来泯灭。听了韩复榘提醒，忙说：

"如此大仇，怎能忘却！不杀张宗昌，誓不为人！"

"好，好！"韩复榘连声称赞，"不愧为将门之子。我说的就是这件事。"韩复榘站起身，叹声气，又说："我与令尊同事多年，论起关系，情同手足，想起他的死，我常常悲愤，伤感得不能自已，总想寻个机会，为他报了这个大仇。今天……"郑继成忙说："今天机会是不是到了？""请你来，就为此事。"

"张宗昌在哪里，我何时下手？"

"别着急，你听我说。"韩复榘猛然慢条斯理起来，"张宗昌最近要来济南找我有要事相商。这是一个千载难逢的机会，你做些准备，我帮你一下，这次一定办成此事。""我听您的，韩主席。"

"如果你自己不行，可以再找几个人。"韩复榘说，"总之，只许办成，不能出任何差错。"

"我能找着助手，"郑继成说，"即使拼上性命，我也得亲手杀了此贼！"

韩复榘说："有几件事我告诉你，你千万千万要稳重。张宗昌在济南不会过多久，这期间不能动手，必须在他要离开时——准确地说，就是在他临上车时再下手。万一来不及，就追到车上干掉他。记住了吗？""记住了。"

"你不必担心害怕，"韩复榘说，"一旦事情办成功了，你就去自首……""我……自首？"

"别害怕么！到那时，我一定帮你在各方面活动，保你无事！"听到这里，郑继成猛然站起，双目含泪，给韩复榘深深地鞠了个躬，又说：

"小侄——自称'小侄'了——万分感激韩主席关怀，一切都仰仗韩主席了。"

韩复榘起身摆手，忙说：

"不必如此，不必如此，这样做，你就见外了。其实，你父亲的仇就是我的仇，我怎么能袖手旁观呢？"说着，拉起郑继成，又寒暄几句，这才把他送走。

郑继成走了，韩复榘平静地坐下来，心里感到十分舒服。自己无须动手，神不知、鬼不觉就除掉一个政敌，韩复榘得算是足智多谋！他仰面对天笑了：张效坤呀，张效坤，别怪我心肠歹毒，争地争兵争权，就是这样惨无人道，你也不止一次这样做过，心照不宣而已！

郑继成回到家中，左思右想，感到自己虽为父报仇心切，但张宗昌毕竟是一个武夫，是个有影响的领军人物，肯定有保镖。万一事不能成，不是辜负了韩复榘一片好心吗？这样想着，心里有点焦急。焦急中，他想起了陈凤山。

陈凤山是郑继成父亲郑振堂的旧部，少小便随郑形影不离。此人忠勇侠义，早有为官长报仇之心。他就住在郑继成左近。

郑继成找到他，说明将要行动杀张之事，陈凤山十分兴奋，立即表明态度，说：

"早该这样干。张宗昌该杀！"

郑继成表明有意请他协助。陈说："杀张这事，义不容辞！不必请，我算一份！"停了停，又说，"继成，我看这样吧，你是个没有操过刀枪的人，不顺手，你就别去了，这事由我来办。我一个人就可以收拾了那小子。再说，你家中老少十几口人，万一不测，全家受连累，我不忍心。我不同，没你那么多牵挂，我自己去干就行了。"

"不行，凤山。"郑继成说，"此事重大，又是我的家仇，你一人不行。到时出了差错，连个回转的余地也没有，我不能让你自己去。"陈凤山还想争执，但看郑继成如此决心，也只好点头。

一切都安排好了，郑继成才转屋里，把妻子李淑云找到面前……

第三十章
济南不是久留之地

北京，铁狮子胡同。

张宗昌在积极筹备着南行，他想带一批助手过去，他身边还是有一些助手的。

他的助手们很积极。离开政治舞台，他们中许多人都感到失落，谁不想重新粉墨登场呢？助手们大多赞成张宗昌"立即出山"。

有两个人倒是略持不同意思，一个是徐晓楼，一个是金寿良，都是张宗昌比较亲近的幕僚。

一个夜深人静的时刻，徐晓楼立在张宗昌面前，心神不安地对他说：

"效帅，有几句话我思考许多日子，不知该不该当面对您说说？""有嘛该不该？想说的话只管说，吞吞吐吐为嘛。""去济南的事，我看最好从长计议。""为嘛？"张宗昌问。

"韩向方是山东省主席，又是第三路军总司令，一身兼着政、军两大要职，位尊权重，又生性独断专行，他为什么会分兵权给外人呢？"徐晓楼望望张宗昌，觉得他并没有把他的话放在心上，于是又说，"效帅，论资格、论声望，您都比韩向方高，按道理，他也不应该让你这样一个会压倒他的人去与他合作共事。""这就让你说对哩。"张宗昌坦然地笑了，"山东的事韩向方玩不转，他不找我找谁？"

金寿良在一旁插话说：

"效坤，咱们得再想想。韩复榘投机善变，人所共知，是个有奶便是娘的人。革命军南口败退的时候，他不随队伍后撤，和石友三一起投靠了阎锡山；中原大战他又一次背叛冯玉祥去投蒋介石，把冯玉祥折腾得一败涂地……对他，不能太信任。"

张宗昌听完二人的话，思想有点动摇。可是，他马上又说：

"你们把韩向方想得太坏了。他往天的行为，多受石友三左右。他跟石友三情同手足。和他接触的事，是由石友三沟通的关系。他骗我可以，总不至于骗石友三吧？何况我们两个人都是无势无权之辈！"徐金二人还想再说什么，张宗昌早把手摇了又摇，说：

"俺老张身经百战，闯荡了大半个中国。见过的大世面多了！他韩向方不会对俺咋的。他也不敢！我见过他，待俺热乎着呢！"

徐晓楼见劝说无用，便去找张宗昌的老娘侯氏，想请她劝说儿子，不要到山东去。他知道张宗昌是个孝子，会听老娘的话。

侯氏老娘一听儿子又要出去闯荡了，心里"咯噔"一跳。老婆子把儿子叫到面前，揉着泪水说：

"忠昌呀！你不要再闯荡去哩，才过几天平安日子呀？天下不太平，难道你还要娘没日没夜地为你担着心么？咱经不起折腾了。你让娘多活几天呢，就在这里守着娘，哪里也不许去。你要让娘早点死呢，你就向外跑吧，谁让娘就是这番苦命呢？"说着，拉起衣襟揉着泪眼。

听了娘的劝说，张宗昌有些心动，老娘毕竟是古稀之人了。这两年，从济南到天津，从天津到北京，颠颠簸簸，离离散散，老人家担受怕，日子不顺畅呢！该让她老人家安安稳稳地过几天了。可是，张宗昌毕竟又是个流氓军阀，兵和权的诱惑比娘大，他只在心口窝里热火一阵，便挺起胸说：

"娘，您放心住在这里吧，少不了您什么。外边的事您不懂，您就别操那个心了。"

"娘的话也不顶用哩？"老婆子有点儿不高兴哩。"你能，你把娘丢到云外去吧！"

"娘，不是这意思，外边事您看不透，您问不到正经地方去，清闲您的吧！"说着，便离开了娘的屋。

老婆子一见儿子没听话，心里有点怒——不过，儿子毕竟是五十多岁的人了，不能扭着耳朵管教。独自气了一阵子，也想不出办法。最后，老婆子竟有能耐，派了几个人，把儿子要去济南找韩复榘的事告诉了吴佩孚、孙传芳和张学良三个人。此时，吴佩孚、孙传芳都是平民百姓，安心做寓公的人了，无论昔日有多少恩怨，相逢一笑了之。正由于今天命运相同，方才有了共同的灵犀。吴、孙二人得信，便先后赶到铁狮子胡同，再三告诉他：

"效坤，万万不可去山东！大局未定，韩向方反复无常，本不可与之为伍，何况去上门？还是静坐待观，以容后图！"

张学良赶到铁狮子胡同时，张宗昌正锁起眉来思考吴孙的劝言。张学良一进门，便说：

"效坤兄，你不能去济南。"

张宗昌望了望张学良，真想首先说几句感激的话，北京这座院子的日月，没有张学良的月供八万元，张宗昌会十分困难的。日本归来，他真想回山东掖县去了。可是，北京这条胡同里的这片院子，是老帅专门为他买的，丢下了，也很对不起老帅；再说，盘踞在掖县那一带的，是刘珍年的十七军，张宗昌素来与刘关系甚差，他怕落到一片天高皇帝远的地方受别人制。故而还是在北京住下来。刚刚他听了吴佩孚、孙传芳的劝阻，还真想取消去济南的打算。现在，张学良来了。张宗昌虽然感激他生活上的照顾，但对他当初的排挤他、不许他出关，也有满腹不满：老帅死了，我可以先出关，我可以把老帅的天下顶下来。我没有那样做，我不忍心那样做。可你怎么样？怕给我军饷，在我走投无路时还不让我出关；关内没有奉家一草一木了，你把我逼向绝路。不是你逼我，我会全军覆没，我会只身跑到日本、流浪青岛……越想，张宗昌心里越有一股怒气；越想，越觉得不能听张学良的。于是，他淡淡地笑着说：

"汉卿，我哪里想去济南。离开济南了，就不必再去。可是，不动济南我又去哪？你有东北、你有北京，你有队伍……我要有这些，我自然不会向韩向方乞饭吃。"

"大哥"，张学良比张宗昌小二十一岁，他们有过金兰结拜的，他没有忘，他叫他大哥，"你再忍耐一个时期，国家对你会有安排的。等各方面的事情都有着落了，我一定亲自到南京，去到委员长那里替你说话，你千万不必去济南冒险！"

一提向南京蒋介石求情，张宗昌猛然来了气：韩向方已经准备向蒋呈报，你何年何月替我说话？还亲兄弟呢，不如一个素不相识的人！我不等你向蒋求情了，我依靠韩向方了！这么想着，他说：

"汉卿，不必再费神了吧，你有你的阳关大道，你可以走向高峰；我有我的独木桥，过了独木桥，我也会走通，说不定也是一片好景致哩！"

张学良见张宗昌去心已定，便进一步说明利害：

"大哥，韩向方那个人你总是了解他的吧，不可靠呀！你和他无法合作共事，那人凶险奸诈……"

张宗昌不想再听下去了，但却改改口气说：

"好好好，汉卿你说得有道理。你的话容我再想想，能不去尽量不去。你请回吧。"

张学良去了，张宗昌还没有来得及再思考去还是不去，韩复榘、石友三又联名发来电报，促其"赶快来济"。张宗昌不再思考了，他派刘怀周到北京车站买了几十张头等和二等车票，又让徐晓楼、刘怀周、程伯容等人与他一起乘车去丰台，在那里登车去济南。

张宗昌走了。等到老娘发现儿子和一群随员离开家时，已经是他们走后三个小时多了，老婆子急得团团转，嘴里不停地叫喊："走了，走了！说走就走了，怎么说走就走了？"嚷嚷了半天，才想起来给张学良打个电话。张学良接到电话，心中一冷，便问："何时走的？"

老婆子颤抖着说：

"我也不知道啥时走的？只听说汽车打从家里开走有三个多时辰了。""还有谁的？"

"去了好多人。二三十个吧。"

张学良放下老太婆的电话，即给天津警备司令林宪祖打了电话，要他"务必截住他们"！

林宪祖是张宗昌的老部下，就是当年闹着要当山东省省长的那位。听了张学良的电话，也认为张宗昌不该去济南。去济南了，便凶多吉少。于是，立即亲自率人到天津车站。但是，张宗昌乘的那趟车早已驶过天津，无法追上了。

那是1932年9月2日，"霜降"节过去，但大地上尚未见霜；距离"白露"节还有几天，所以更不见露！济南泉城，依然呈现着柳青杨绿；流过家家门前的泉水，从早到晚、从日落到日出，无休无止地叮叮咚咚响着。

人有情时大自然有情。

人无情时大自然同样有情！泉城济南便是这样。

张宗昌到济南的时候，是午后，韩复榘的代表石友三、程希贤、张受骞等三人在车站迎接。当日，张宗昌即被安排在石友三公馆居住。住下之后，张宗昌即到省政府去拜会韩复榘。韩复榘又把往日说过的话不厌其烦地重复一遍，张宗昌更觉定心。

晚上，韩复榘以东道主身份在省政府大摆酒宴，为张宗昌接风。韩的师长、省政府厅长全都参加作陪。在酒宴上，韩说了一大片仰慕张宗昌的话，最后表示愿与他"同舟共济，相互扶持"。张宗昌也说了些仰慕的话，表示乐意合作。酒宴热闹非常，直至深夜。

张宗昌虽积极靠韩复榘，但经北京各位劝说，心里也不是没有别的打算的，更没有失去警惕。他自知同韩复榘没有深交，就是石友三，也多半出于同病相怜。到济南，是到了人家的一亩三分地中，张宗昌不得不热闹中加点小心。

张宗昌在酒宴大厅坐定之后，无意间发现壁上挂着一些各种人物的大照片，其中他一眼便看到了郑金声，他心里一惊：郑金声是韩复榘的好友？他壁上依旧悬着他的照片，旧情不忘。难道他不知道郑是我杀的？知道了，又不避我，这是为什么？他再仔细望望到场人的面情，却又发现并不都是满面热情，有的人颇有些情绪和冷淡。张宗昌暗想：我得防备点，免得被人暗算。

张宗昌回到石公馆，已是深夜。他告诉陪同人员"太累了"，便走进卧室。然而，那张不协调的照片，却一直在他头脑里盘盘旋旋，怎么也打它不掉。他锁着眉，就地打着旋转：难道盛宴之后真有杀机？石友三敲门进来了。一进门，他便满面春风地说：

"效坤，向方还是够朋友的，这样大的盛宴欢迎你，够隆重的了。""这是你汉章老弟的面子，"张宗昌说，"我得感谢老弟。""说什么谢不谢，还不是为咱弟兄有个归宿。"

说话间，石友三发现张宗昌手里正玩味着他的崭新的德国造手枪，便又赞道：

"效坤兄，你有一把这样好的德国造手枪呀！真漂亮。"张宗昌想让石友三能够全心保护他，以免出事，便说：

"老弟要喜欢它，就拿去。说实话，这支枪我也是头一次玩。试了试，挺顺手的。"

"既然是大哥的心爱物，我怎么好拿去呢？"

"不就一支手枪么，小玩艺，拿着，请拿着！"说着，张宗昌就把手枪塞到石友三的手里。

石友三收下手枪，又说："那就多谢大哥了。"

石友三又问了些生活情况，便带着手枪告辞了。石友三刚走，一个人闯进来，神秘兮兮地说：

"效帅，济南不是久留之地，您老快快走吧，迟了就不堪设想了！"说罢，转身走了。

张宗昌注目一看，仿佛认识他。再想想，原来是白天代表韩复榘到车站去迎接他的张受骞。张宗昌想再问他几句，可是，他已经无影无踪了。望着漆黑、空荡的院落，张宗昌有点紧张，又慌张，这时才感到不应该来济南。他立即把随员金寿良等找来，对他们说："连夜去办理火车票，我决定明天返回北京！""如何向他们打招呼？"金寿良问。

"告诉他们，老娘北京急电，说病重盼归。故而告辞。"

随从连夜购好车票，天亮之后便派人去省政府向韩复榘告辞。韩复榘听说张宗昌因为"母亲病重"要回北京，心里一下子惊了起：白费心机，竟落了一场空！但转念又想：张宗昌既来到我山东地上，他就别想利利索索地走开！他马上叫来一个高参，密令他去办几件事：第一，速派四名枪技高手，辅助郑继成；第二，派一支部队开进车站内隐蔽处，到时一起行动；第三，派精于暗杀的人员，在车内靠张车厢包房，在郑继成不得手时，让他们在车上消灭张……一切安排好之后，韩复榘赶到石公馆，又以盛宴为张宗昌送行。送行宴上，一再遗憾地说："大事尚未商定，不想伯母偶染疾病，只好改日再谈了。"另外，便安排一些人穷猛劝酒，企图弄醉他。怎奈张宗昌已有准备，便在酒场上逢场作戏起来。

"效坤兄，"韩复榘捧起酒杯说，"原说畅谈一番，不巧兄又匆匆离去。今日太不巧了，我早已安排定，今早在辛庄阅兵，我竟无法亲送老哥上车了。"

"不必客气，你事多，只管忙你的去。"张宗昌满不在乎地说。

"大哥，你放心，送行的汽车我已安排好，有人送大哥登车。"韩复榘说："我在济南等候大哥再来共商大事！"说罢，即先行告辞出去了。

那一天，郑继成跟妻子谈明情况之后，得到妻子李淑云的大力支持，他才放心去找助手。得到韩复榘的通知之后，他便邀着助手，携带枪支先进了车站，选一片隐蔽处，藏了起来。

3日下午6时，在夕阳将要落山的时候，张宗昌来到济南车站。为了防止意外，他与送行的石友三、程希贤稍事寒暄，即跨入车门，挥手告别。

突然，郑继成从一片隐蔽处跳出来，他急跑几步，来到张宗昌将要跨进的车门，高高举起手枪，大声喊道：

"张宗昌，我为父报仇来了，我打死你这个王八蛋！"说罢，即扣扳机。孰料这支手枪竟出现哑火！

张宗昌听得人喊，已感形势不妙；转身却见一人举枪，心想此命完了。但未闻枪响。张宗昌急抬脚步，跨进车厢，即朝餐车钻去。郑继成也紧紧追了上去。正是郑继成追到车门边时，张宗昌的随从刘怀周突然从身后抱住他，郑几次挣扎，均未挣脱；他用尽平生之力，朝后猛捣；刘感剧疼，将手松开。就在这时，张宗昌已跳下车去。

郑继成挣脱之后便下车追赶；陈凤山亦随张后紧追，向张开枪，却未打中；此时，又见刘怀周正向郑继成举枪，陈凤山向刘开枪，将刘击毙。

郑继成追赶张宗昌时，竟被铁轨撞倒，恰在此时，张宗昌的副官刘长清向郑开枪，弹响郑倒，却不是中弹。刘再向郑射击时，陈凤山在他背后开枪，将其打倒在地。

张宗昌继续逃跑，直跑到一列兵车前，本想钻进兵群中去，哪知兵车上有人向他开了枪，把他打倒在地。此时，郑继成已追赶上来，举枪朝倒在地上的张宗昌连连射击，他的手枪竟又不哑火了。"乒乒乒！"张宗昌蠕动了几下，再也不能动了！济南车站的枪声终于停止了。

此时，夕阳西下，寒鸦归巢，济南站一片凄凉！在纵横交织着铁轨的地方，张宗昌高大的躯体渐渐冰冷起来；地面上斑斑的血迹，也在渐渐凝固。只有从北京随张宗昌来的随员金寿良、徐晓楼等人，对着张宗昌倒在地上的血污尸体大放悲声……

张宗昌，时年五十一岁。

尾　声

张宗昌死了。张宗昌和所有的人一样，死了就完全消失了。人死如灯灭。灯灭了，一片漆黑……

不过，张宗昌这盏灯灭了，世界却没有黑，而且还荡起了大大小小的风波——

张宗昌被打死之后，郑继成、陈凤山一起去投案自首了。由于郑继成把全部责任承担下来，陈凤山被无罪释放。济南地方法院判处郑继成有期徒刑七年。

然而，社会各界、各民众团体纷纷呼吁、请求特赦郑继成，认为他是为父报仇，情有可原；而同时，举国民众、各地媒体纷纷揭露张之罪行，众口一词，皆曰张可杀，赞扬郑是当今英雄！有一家报纸给张宗昌的一生做了个形象的画像，说：

> ……其生活之豪华，起居无节度，公私财用之不分，实足旧式军阀最恶之典型，一时影响于军纪风纪，与社会风习、政界规律者，异常之大。其生也，已为国家无用之人，其没也，实为资后人之鉴戒。大抵张氏盛时，兵则多多益善，而饷之有无不问焉。妾媵之多，与兵之无数可稽相等，一门脂粉赏、赉之费，月总数十万金焉。不但军权财权，任情滥用，即声色之好，亦归独占，纵欲无

度，挥金亦无度，虽自号不蓄私财，而一夕挟妓赌博之费，足令千
人万人胼手胝足，劳力一年，亦不能供应之。长官如此，部属鹰
犬，乃为之吸髓敲骨，巧取于民。方其督鲁之年，捐输之重，全省
饮泣。以人民卖儿卖女之钱，供督办放荡淫昏之乐，世间不平事，
宁有逾此？

　　这样一阵呼喊，这样一个被杀者形象，事至顶峰，自然烟消云散。判
决书墨迹未干，南京政府下令将郑继成特赦无罪省释。这件杀人案也就了
结了。

　　张宗昌走了。有两个故事流传开了：

　　有人见他回掖县去了，他又去了那座五道庙。奇怪，这座庙宇明明是经
翻修一新，为什么还是他孩提时的破破烂烂？他走进小矮的山门，走进残破
露天的大殿，冲着五道神、五道将军问道："五道神，五道神，这庙宇和你
这金身，为什么又残破不堪了？难道有人破坏它了？你为什么不告诉他们，
这是我山东督军、直鲁联军总司令翻修的，他们就不怕杀头？"

　　业已体无完肤的五道神，把那双几乎变形的眼珠儿瞪了瞪，有些发怒似
的说：

　　"是哪个混账东西在这样的地方胡说八道？我的庙宇、我的金身是随便
什么人就可以修的吗？你对我无所求也不会花钱修庙造神。你花的钱只够
你风光二十年的，你已经风光了二十年了，够了。所以，庙宇、金身和你一
样，该冷清破落，该恢复原貌了。不信，你去村中看看你那督军府吧。"

　　一言未了，只听"轰——"的一声巨响，五道将军的残体倒下了，那片
殿堂倒下了。一阵弥漫半天的灰尘沸沸而起。等到尘消灰敛时，五道庙不见
了，只见一片砖头瓦片，荒荒芜芜、惨惨凄凄了。

　　张宗昌回到他记忆中的督军府，那里也是一片荒凉了，只有生他的那片
小茅屋还依旧。透门望去，他竟发现了他的老爹正在室内忙忙碌碌收拾着什
么。他忙走上去，哭泣着说：

　　"爹，这几年您到哪里去了。我怎么就是找不到您呀？"爹不转脸，无
表情，但却说了话：

　　"到我该去的地方去了。你找我嘛事？"

　　"儿当官了，当了大官，想请您老去享享清福！""享福？"老爹摇摇头、

叹声气，口中念念有词：

"官也大，财也大，后来儿孙祸也大。借问此理是若何？子孙仗着根子大，天样大事都不怕，不丧身家不肯罢！"

"我儿无官无财了，今日方有一面之缘。要不，永生别想见了。"说罢，收拾了他的喇叭器具，背在肩上，便匆匆出门。张宗昌追上去，大喊："爹，您到哪里去？"

"我去上活儿。今儿有一个大户出殡，我得给人家吹喇叭去。""我也去。""你去干嘛？""我跟着敲钹！""还会？""会！"

爹点点头，从捎搭里拿出一对铙钹，交给儿子，便领着儿子朝村外走去。

张宗昌倒在济南车站的乱枪之中，凶首投案走了，看热闹的人围上来成千上万。作为挂名秘书长的徐晓楼，拱起双手对大家说：

"求求各位了，求求各位了，倒在地上的这位是曾经做过山东督军的张宗昌，请大家把他抬到清静地方去吧，我出五十块大洋谢大家！"没有人动。只有人冷笑。"我出五百块大洋！"

还是没有人动。还是只有人笑。"我出五千块大洋！！"

还是……

故事终归是故事。实际上，最后，还是韩复榘派人来才把张宗昌的硕大尸体从铁轨间抬出来，送到济南的日本医院。

张的灵柩由济南运到北京后，暂厝于地安门外广化寺。不久，葬于西山脚下。

又一个一代枭雄——直鲁联军总司令张宗昌，在地球上消失了，消失得无影无踪！